예의범절

李青林 編著

太乙出版社

머리말

예(禮)는 자기완성(自己完成)에의 길

물질 문명이 고도화될수록 정신 문명이 갈급(渴急)해지고 있는 것은 왜인가?

옛날 우리의 조상들은 정신(精神)을 물질(物質)과는 비교할 수 없는 높은 차원에다 두었다. 그리하여 일상 생활의 법도(法道)는 매사에 인륜(人倫)이 앞서고 예(禮)가 따랐다. 한마디로 '인간 중심의 삶'을 지향(志向)한 것이다.

그러나 요즘은 달라지고 있다.

모든 가치의 척도는 물질화(物質化) 되어가고 있다. '한 사람의 가치'는 '그 사람이 가진 물질의 정도(量)'에 따라 평가된다. 제아무리 지극한 정성과 드높은 인품(人品)을 가지고 있어도 물질 앞에서는 기(氣)가 죽고 마는 사례(事例)는 얼마든지 있다.

왜 이렇게 달라진 사회를 맞지 않으면 안 되었는가?

또한 전통예절과 현대예절의 차이는 얼마나 되는가?

첫째, 전통예절은 형식과 절차를 중시하는 데 반해 현대예절은 형식이 간소화 되고 실용성과 합리성이 점차 강조되는 추세를 보인다. 둘째, 전통예절은 가족과 친척 그리고 이웃간에 친밀한 관계에 예절을 중시하여 왔는데 반해 현대예절은 글로벌시대를 맞아 다양화 되는 경향이 두드러지고 있다(문화의 다양성의 혼합으로 예절의 위치가 국적 불명의 애매함이 증가하고 있다). 셋째, 전통예절은 신분제도상의 신분 차이에 따른 예절을 중시 했으나 현대예절은 평등한 인간관계로의 변화로 이에 적합한 예절의 형식이 출현하게 되었다.

이상 전통예절과 현대예절의 변화된 면을 알아보았는 데 현대를 사는 우리들은 예절의 근본정신을 잘 이어 받아 한층 훌륭한 예절로 발전시켜야 하겠다.

이 책은 바로 그런 의미에서 엮어졌다. 자기 자신을 올바로 세우고, 나아가 밝고 명랑한 사회 생활을 영위해 나아갈 수 있는 '인간 관계의 올바른 지침서' 라고 할 수 있는 것이다.

'예(禮)가 앞설 때 그 사람의 품격(品格)은 물질적인 차원을 벗어난다.'

이 한마디를 명심하여 예(禮)로운 삶을 추구해 나아간다면 결코 인생은 외롭지 않을 것이다.

편저자 이청림

차 례

제 **1** 장
한국인과 예의 사상

1. 예(禮)란 무엇인가?

■ 예는 마음의 근본

예(禮)란 무엇인가? 이러한 물음에 대해 한 마디로 대답하기란 어려울 것이다. 인간이 생존을 영위하고 있는 이상 예는 필수적으로 상존(常存)하는 의식과도 같기 때문이다.

그렇다면 예란 인간이 가진 순수한 감정과도 상통하는 것이라고 할 수 있다. 인간이 가진 감정이 행동이라는 하나의 채널을 통하여 겉으로 나타난 의식의 작용이 바로 예라고 할 수 있다.

배가 고파서 무엇인가를 먹지 않고서는 배길 수가 없는 상태이지만 남의 것은 함부로 손을 대지 않는다는 의식의 작용, 자기 혼자서 먹어도 배가 고프지만 먹을 것을 덜어서 옆에 있는 사람에게 나누어 주는 인정미, 윗사람에게는 존경으로서 대하고 아랫사람에게는 거짓 없이 이끌어주는 인간 본연의 마음, 이러한 모든 마음의 발로는 다 예라고 할 수 있다. 어떠한 일에 대해서 정성을 다하는 것도 예이며, 남이 싫어하는 것을 하지 않는 것도 예이다. 남을 의심하지 않고 진심으로 믿어주는 것도 예이며, 나를 믿어주는 사람에게 충성을 바칠 수 있는 것도 예의 표현이다. 또한 남과 약속한 것을 어기지 않고 지키는 것도 예이며, 불의를 배격하고 정의를 수호하는 것도 예이다. 그러므로 공자는 '예는 마음의 근본'이라고 하였으며, '사람은 예가 아니면 행할 수 없다'고 하였다.

■ 예(禮)와 인(仁)의 사상

  공자는 인(仁)으로 사람의 근본을 삼았다. 인(仁)은 '어질다'는
뜻이다. '어질다'는 것은 '인자하다'는 뜻으로 '사랑의 실천'을
의미한다. 사랑이 없는 인간사회를 생각할 수 있을까? 사랑은 인
간의 생활 속에서 가장 기본이 되는 요건이다. 그러므로 공자는
'예'와 '인'을 같은 의미로서 생각하였다. 사람에게 예가 없는 것
은 곧 인이 없는 것이나 같다고 하였다. 예와 인은 다같이 사람과
사람 사이에서 생겨나는 하나의 감정표현이다. 그러므로 혼자서
는 의미가 없는 사상이라고 할 수도 있다. 마치 사람이 혼자서는
살아갈 수가 없듯이 예와 인도 사람과 사람 사이에서 비롯되는
하나의 의식의 발로인 것이다.
  공자는 '인'을 묻는 제자에게 '인이란 곧 자제심과도 상통한
다'고 하였다. 자기 자신을 이기는 것이 곧 인(仁)이라는 것이다.
여기에서 말하는 '자기 자신'이란 다름아닌 '인간의 욕망'을 의미
한다. 사람은 자기 자신의 욕망을 억제하고 이길 수 있을 때 비로
소 인을 행할 수가 있다. 인이 이루어 질 때 '예는 그 스스로 일
어선다.' 따라서 인이나 예는 다른 사람이 대신해 줄 수 없는 것이
다. 자기 스스로가 하지 않으면 안 된다. 이미 주어진 인생을 자기
스스로 살아가듯이 인과 예도 자기 스스로 실천해 나아가지 않으
면 안 되는 것이다.

■ 사회 생활의 기본이 되는 예(禮)

예는 곧 마음의 근본이며, 예는 곧 인(仁)의 사상이며, 예는 곧 사랑의 실천이라고 앞에서도 강조하였다. 사람은 혼자서는 살아갈 수 없는 사회적인 동물이다. 따라서 예는 사람의 마음의 기본이 될 뿐만 아니라 사회 생활의 기본이 되기도 한다.

만약 우리의 일상 생활에서 예(禮)가 없다면 어떻게 될까? 마치 약육강식의 생태계의 사슬에 묶인 채 예정 없는 삶을 살아가는 짐승들과 하등 다를 바 없는 족속이 되었을 것이다.

말을 함부로 하지 않는 언어의 예와 남을 의식하고 차려입는 의복의 예, 위아래를 지킬 줄 알고 자기 자신의 욕망만을 앞세우지 않는 질서의 예, 선과 악을 구별할 줄 아는 슬기의 예 등은 우리의 삶을 올바로 영위할 수 있도록 이끌어주는 바탕이 된다.

우리의 사회 생활은 한 마디로 예(禮)로부터 시작하여 예로서 이루어지고 예로서 막을 내린다고 보아도 과언이 아닐 것이다.

이렇듯 우리의 생활에서 기본이 되는 예를 모른다면 올바로 살아갈 수가 없을 것이다. 예는 바로 인간관계의 바탕이 되기 때문이다.

2. 경천사상(敬天思想)

■ 하늘 숭배의 사상

옛날부터 사람들은 하늘을 숭배하면서 살아왔다. 하늘은 곧 절대자라는 생각이 지배적이었다. 따라서 인간이 하는 모든 일은 하늘이 다 알고 있다고 믿었다. 사람들은 그 때문에 선을 추구하였다. 하늘은 항상 악을 징계하고 선을 보호한다고 믿었기 때문이다. 이러한 권선징악의 사상은 예(禮)로서 발전해 왔다. 남에게 피해를 주어서는 안 된다는 사상이 바로 예의사상(禮義思想)이다.

하늘 숭배의 사상은 요즘의 일반적인 종교사상보다도 선을 추구하는 마음이 더 강한 것 같다. 요즘의 종교사상은 일종의 내세에 관한 영생(永生)을 그 목적으로 하고 있기 때문에 남을 위하는 '선사상(善思想)'보다는 자기 위주의 합리주의적인 이기심이 강하다. 그러나 하늘 숭배의 사상을 가진 옛날 사람들은 자기보다는 남을 위하는 사상을 더 귀하게 여겼다.

■ 경천사상은 곧 자연 숭배의 사상

사람들은 하늘을 절대자의 거처로 알고 절대자인 상제(上帝)가 우주의 섭리를 주관한다고 믿었다. 그래서 인간이 겪는 모든 길흉화복은 모두 상제의 뜻에 따라서 결정되고 실현된다고 생각했다. 인간이 하늘을 두려워하고 무조건 숭배한 원인은 바로 그러한 믿음에서였다.

옛날 사람들의 경천사상은 말하자면 요즘의 기독교인들이 말하는 '하나님에 대한 신앙'과도 같은 것이었다. 인간의 모든 생사고락을 주관하는 하늘의 절대자에게 무조건 경외하는 마음을 갖게된 것이다. 이러한 하늘 숭배의 사상(경천사상)은 곧 자연 숭배의 사상과도 통한다. 하늘은 곧 자연의 섭리를 주관하는 곳이고, 자연은 곧 하늘의 뜻에 따라 그 섭리를 베푸는 대행자로서 하늘과 자연을 일체시하였던 것이다. 이러한 사상의 바탕은 나아가 예의사상(禮義思想)으로 발전하였다. 자기 혼자만의 삶이 아닌 보다 많은 사람들이 함께 공존할 수 있는 '인간적인' 바탕이 되는 예의 생활을 구현하게 된 것이다.

3. 조상(祖上) 숭배사상

■ 경천사상에서 유래된 조상 숭배의 사상

하늘 숭배의 사상을 가진 인간들은 모든 경사도 재액도 하늘의 뜻이라고 믿었다. 나라가 흥할 때는 임금이 열심히 정사를 돌보고 지성으로 백성들을 다스리며, 나라가 망할 때는 임금이 정사에 게으르고 간사한 무리들이 판을 쳐서 백성들로부터 원망을 사게 된다. 이러한 화복도 신이 알고 스스로 내린다는 것이다. 그리고 사람들은 한편으로 인간이 죽으면 신과 같은 힘을 가진다고 믿었다. 죽은 사람은 영혼의 세계에서 산사람에게 영향을 미친다고 생각하였다. 그래서 사람들은 죽은 사람을 함부로 취급하지 않고 경외하였다. 이러한 사상이 발전하여 조상 숭배의 사상이 되었다. 그러므로 하늘 숭배의 사상과 조상 숭배의 사상은 동일하다고 할 수 있다.

■ 조상 숭배사상과 예(禮)

오늘날 조상 숭배사상은 예(禮)로서도 중요한 위치를 차지한다. 윗사람을 공경하는 마음과 조상 숭배의 사상은 같은 맥락에서 이해될 수 가 있다. 그래서 예나 지금이나 조상 숭배에 관한 예(禮)는 엄격하게 지켜지고 있다. 종교적인 의미로서가 아니라 하나의 예절로서 조상 숭배는 받들어지고 있다. 인간의 생존과 존립은 조상 숭배를 불가피하게 만든다. 만약 조상 숭배에 관한 사상이 소멸된다면 인류의 역사는 매우 큰 위기에 직면하게 될 것이다. 조상 숭배를 외면하는 사상은 결국 인간의 생존 그 자체를 부정하는 결과가 되고 말 것이기 때문이다.

4. 한국인의 예의사상

■ 백의민족(白衣民族)

우리 한국 민족은 예부터 백의민족(白衣民族)으로서 널리 알려져 왔다. 흰옷을 즐겨입었고 흰 것을 좋아하였다. 이는 깨끗한 것을 사랑하는 정신의 발로였다고 본다. 흰 것을 좋아하는 정신은 곧 하늘 숭배의 사상과도 통하며, 평화를 사랑하는 마음과도 통한다. 또한 우리 민족이 예의를 숭상하는 정신을 가지고 있었음을 나타내주는 본보기이기도 하다.

역사적으로 살펴보아도 우리 나라는 '동방예의지국'으로 알려져 있다. 그러나 요즈음은 어떠한가? 옛날 백의민족으로서, 또 예

의민족(禮義民族)으로서 알려져 온 우리 조상의 얼을 요즘의 우리
는 얼마나 이어받고 있는가? 한 번쯤 생각해 볼 일이다.

■ 유교사상(儒敎思想)

우리 민족은 유교의 사상을 정통사상으로 존중하여 왔다. 그러
나 너무 예의의 형식에만 치우친 나머지 지나치게 관혼상제 의식
에만 빠져 유교의 근본적인 철학과 예(禮)의 본질을 망각하였다는
비난을 받고 있다.

물론 이것은 한말의 비운으로 나라를 송두리째 일본에게 빼앗
긴 원인도 있겠지만, 그보다 더 큰 원인은 당파싸움에 의한 끝없
는 내분에 있다고 볼 수 있다. 너무 형식화된 싸움 때문에 외국 문
명을 받아들이는 젊은 층에게 반항의식을 준 것이 사실이다. 여기
에서 젊은이들의 사고 방식은 '인사는 악수정도면 충분하다' 든지,
'효도란 케케묵은 것이다', '부모는 반드시 자식을 길러줄 의무가
있다' 는 등의 그릇된 쪽으로 기울어지게 된 것 같다.

그러나 사실 중국에서 비롯된 유교의 정통적인 사상은 그렇게
케케묵은 형식화된 사상만은 아닌 것이다. 우리가 어떻게 이를 받
아들이고 소화해 나아가느냐에 따라서 우리의 사상은 우리의 생
활 속에서 꽃을 피울 수도 있고 형식 속에 머물게 할 수 있다.

■ 선(善)사상

선(善)사상은 맹자(孟子)의 학설을 그 바탕으로 하는 사상이다.
인간은 태어날 때부터 그 본성이 착하다고 하는 사상으로서, 자연

과 도덕의 본능 가운데 도덕적인 본능은 후천적이 아니라 선천적으로 타고난다는 것이다. 맹자는 인간의 본능을 양능(良能), 본성을 양지(良知)라 했다.

사람은 어렸을 때부터 본능적으로 사람을 사랑할 줄을 안다. 어린이를 보면, 사랑하는 법을 배우지 않고도 자기의 부모를 사랑할 줄을 안다. 누구에게 배운 적이 없어도 자기의 부모를 사랑할 줄을 안다. 누구에게 배운 적이 없어도 자라서 제 형제자매를 사랑하고 존경할 줄을 안다. 그것은 양심에 관한 문제이다. 양심대로 살고 싶은 것, 양심에 거리끼는 일은 하고 싶지 않는 것, 이것이 곧 선(善)이다.

우리 민족은 공자의 인(仁)의 사상과 맹자의 선(善)의 사상에 많은 영향을 받았다. 악을 미워하고 선을 옹호하는 마음이 우리 민족의 바탕이 되는 성격이라 하겠다.

■ 오덕(五德)과 오륜(五倫)사상

우리 민족성의 바탕을 형성하고 있는 또 하나의 사상은 오덕과 오륜의 사상이다.

오덕(五德)은 인(仁), 의(義), 예(禮), 지(智), 신(信)이다. 사람이 사는데 필요한 근본 윤리관을 다섯 가지로 분류한 것이다. 이를 오행설(五行說)이라고도 한다. 인(仁)은 어질고 착한 마음을 갖는 것을 말하며, 의(義)는 의리(義理)를 지킬 줄 아는 충성심을 말하며, 예(禮)는 실천하는 힘을 말한다. 또한 지(智)는 이성(理性)과 지혜(智慧)를 터득하는 학문을 말하며, 신(信)은 인간으로서 지켜야 할 신용의 도리를 말한다. 이상의 다섯 가지를 갖추어야만 비로소 사람의 구실을 할 수가 있다는 것이다.

이와 같은 오덕(五德)의 사상은 사람이 살아가는 데 필요한 오륜(五倫)의 규범을 만들었다. 오륜은 곧 군신유의(君臣有義), 부자유친(父子有親), 부부유별(夫婦有別), 장유유서(長幼有序), 붕우유신(朋友有信)을 말한다.

군신유의(君臣有義)는 임금과 신하와의 사이에 필요한 충성과 봉사의 정신을 말한다. 이러한 정신은 요즘에 강조되는 애국애족(愛國愛族)의 정신과도 상통한다.

부자유친(父子有親)은 부모와 자식 간에 지켜야 할 인(仁)의 도리를 말한 것이다. 부모와 자식 간에는 사랑으로서 이어져야 한다는 것이다.

부부유별(夫婦有別)은 제아무리 부부간이라 할지라도 서로 존경하고 남녀가 따로 자기의 직분을 지켜야 한다는 것이다.

장유유서(長幼有序)란 어른과 아이 사이에는 반드시 위아래의 구별이 있어야 한다는 것이다. 선배와 후배, 상사와 부하, 노인과 젊은이의 차례는 인간의 근본적인 질서이므로 반드시 그 차례를 지켜 예(禮)로써 실천해야 한다는 것이다.

붕우유신(朋友有信)은 친구와의 신의를 강조한 대목이다. 친한 친구일수록 믿음이 있어야 한다는 것을 강조한 것이다.

이상과 같은 오덕(五德)과 오륜(五倫)의 사상은 우리 민족의 기본적인 도덕관념으로서 발전하여 왔다. 특히 현대에 이르러서도 이러한 사상이 중요시되고 있는 것은 이러한 사상이 바로 인간의 삶에 없어서는 안 될 기본적인 진리이기 때문이다.

5. 현대 생활과 예의(禮義)

■ 예의는 인간의 삶의 기본

인간의 삶에서 예의가 없어진다면 어떻게 될까?

인간의 삶 속에서 예의가 없어진다면 사람은 짐승 이하의 삶을 살게 될 것이다. 이 세상에 법(法)이 존립할 수도 없을 것이다. 모든 질서와 모든 믿음이 사라지게 될 것이다.

예의는 인간이 살아가는 데 있어서 생활의 기본이 된다. 특히 고도의 물질 문명 앞에서 점점 쇠퇴해가는 인간의 정신적인 사상을 올바로 유지해 나아가기 위해서는 무엇보다도 먼저 예의가 올바로 살아야 한다. 예의가 없이 인간의 삶이 존속될 수는 없기 때문이다.

■ 예의를 모르면 성공할 수 없다.

예의를 모르는 사람이 성공할 수 있을까? 예의는 인간관계의 기본이 되는 규범이다. 예의를 모르는 것은 인간으로서 지켜야 할 도리를 모르는 것이다. 이러한 사람이 인간 사회에서 올바로 살아갈 리는 만무하다. 현대 생활 속에서 예의는 인간적인 능력과도 통한다. 사람으로서 행하여야 할 도리를 올바로 행할 수 있다는 것은 바로 그 사람의 능력인 것이다. 그러므로 예의에 밝은 사람은 인간관계에서 충분히 성공할 수가 있을 것이다.

제 **2**장

예절의 기본

1. 마음가짐

■ 예는 지극히 자연스러운 것

예의 기본은 꾸며진 하나의 묘사가 아니라 마음에서 스스로 우러나오는 것이다. 예의 바탕은 바로 정성이다. 그 형식은 지역이나 시대의 흐름과 변천에 따라 달라질 수도 있지만 그 기본만은 결코 바꾸어질 수 없는 것이다. 우리의 기거나 생활습관의 특징은 주택과 의복구조에 알맞은 좌식 생활로 이루어져 있다. 조용하면서도 우아한 동양적인 기품을 느낄 수가 있으며, 그 형식적인 면에서도 인품을 고귀하게 보이게 하며 정적인 면에서도 침착성을 기르는 데 도움을 줄 수가 있어서 한국의 독특한 예를 느끼게 한다. 우리는 이러한 생활을 통하여 심신을 단련시키기도 하고, 나아가서는 마음의 안정과 성품의 수련까지도 가능하게 할 수가 있다.

특히 요즘은 동서양의 생활 문화가 교류되어, 우리는 양복을 입고 의자에 앉기도 하며, 아울러 온돌에 앉는 좌식생활을 병행하고 있다. 사실 이러한 생활은 다리의 굴절과 신축이 크게 되므로 생활하는 데 매우 불편하다. 따라서 우리는 우리의 생활 속에서 서양 문명을 슬기롭게 소화하여 흡수하고, 이를 생활 속에서 무리없게 수용할 수 있는 지혜를 길러야 할 것이다. 잘못된 점은 바로잡을 줄 알고, 아름다운 것은 계속 계승시켜서 발전을 도모할 줄 아는 현명함을 갖는 것, 이것이 바로 현대에 몸담고 있는 우리의 의무가 아닌가 한다.

어차피 사람으로 태어난 이상 즐거움과 괴로움을 겪으면서 다함께 보람을 느낄 수 있는 생활을 갖는다는 것은 매우 추구할 만한 가치가 있는 일이라고 생각한다. 서로 아끼고 존경하는 마음가짐, 보다 아름답게 살고자 하는 지속적인 노력이야말로 인간이 가진 가장 존엄스런 행위가 아닐까 한다. 윗사람을 존경하고 친구와 사이좋게 지내고, 아랫사람을 사랑하면서 보다 밝고 명랑하게 살고자 하는 마음가짐, 그것이 바로 예(禮)의 기본이다. 그러므로 예는 가장 순수하고 가장 자연스럽게 우리의 생활 속에서 실현되고 지켜지는 민주시민의 필수적인 교양이라고 할 수 있다.

■ 예는 마음의 표현

예는 마음의 표현이다. 마음 속에 가지고 있는 바를 겉으로 표현하는 것이 예이다. 그러므로 올바른 마음을 가지고 있으면 예를 바로 지킬 수가 있을 것이다.

그러나 예로운 마음을 가지고 있으면서도 그것을 표현하는 방법에 익숙하지 못하다면 자기의 마음에 가진 바를 상대방에게 올바로 전달할 수가 없을 것이다. 서로를 존경하는 마음과 그 마음을 충분히 표현할 수 있는 방법을 익힌다는 것은 예로운 생활을 위해서 꼭 필요한 일이다. 우리의 삶이 예롭게 이어질 때 우리의 생활은 보다 밝고 명랑해 질 것이다.

■ 예는 사랑의 실천

예(禮)는 어디서부터 비롯되는 것일까? 예로운 마음은 어디서부터 출발하는 것일까? 그것은 사랑으로부터 비롯된다고 생각한다. 자기 자신에 대한 사랑은 물론 남에 대한 사랑, 그리고 온갖 사물과 자연에 대한 사랑이 바로 예(禮)의 근본이라고 생각한다.

　가령 당신이 음식점에 갔을 때, 종업원이 컵이나 물건을 함부로 난폭하게 테이블에 놓는다면 당신은 매우 불쾌하게 생각할 것이고, 아울러 그 종업원에 대해서 예의를 모르는 사람이라고 생각할 것이다. 그것은 바로 종업원이 컵이나 물건 등의 사물에 대하여 사랑하는 감정을 가지고 있지 않기 때문이다. 만약 그 종업원이 사물에 대한 애정을 가지고 있다면 그렇게 사물을 함부로 취급하지는 않을 것이다. 예(禮)의 결핍은 사랑이 없는 마음으로부터 나타난다. 사랑하는 마음이 있을 때 예는 스스로 지켜진다.

2. 몸가짐

■ 예로운 몸가짐

　다산(茶山) 정약용 선생은 평소에 가르치시기를 '발은 무겁게 하고, 손은 공손하게 가지고, 입은 다물어야 하며, 머리는 곧게 하고, 눈은 단정하게 가지고, 인상은 정숙하게 가져라'고 하였다.

　우리의 모든 행동의 기본은 몸가짐이다. 서 있을 때나 걸어갈 때, 앉을 때나 일을 할 때나 항상 바르고 자연스럽게 몸가짐을 가져야 한다. 단정하고 우아한 몸가짐을 가진 사람에게서는 인품이 저절로 드러나 보인다. 몸가짐이 바르고 정중한 사람과 함께 있으면 편안하고 안정감이 든다. 말로써 표현하기는 쉽고 단순하지만 자기 자신의 자연스러운 습관이 되는 것은 그렇게 쉽지 않은 일이다. 또한 한 번 잘못 들여진 습관은 바로 잡기가 어렵다. 그러므로 평소부터 올바른 몸가짐이 몸에 배일 수 있도록 노력하여야 할 것이다.

■ 바른 몸가짐은 교양의 척도

외국에서는 사교(社交)를 통해 예의범절을 높일 수 있는 기회가 많지만 우리 나라에서는 그러한 기회가 적다. 그래서인지 수준이 높은 파티나 모임에 참석을 하게 되면 기가 죽는 경우가 많다. 즐겁고 경쾌하게 지내야 할 자리에서 오히려 주눅이 들어 조금도 즐거움을 느끼지 못한 채 마네킹처럼 굳어져 버리는 이유는 무엇인가?

이는 바로 예의범절에 익숙하지 못하기 때문이다. '예의범절은 사람을 만든다'는 속담이 있듯이, 예의가 밝으면 인격도 높아진다. 예로운 마음가짐을 가지고 노력하면 누구나 다 바른 몸가짐을 가질 수가 있다. 몸가짐이 바르면 어떤 곳일지라도 어색해할 필요가 없다. 제아무리 수준 높은 파티장이라고 하더라도 떳떳하게 행동하면 된다. 스스로 예를 가지면 그 몸가짐은 저절로 예로와 진다. 몸가짐이 예로와지면 그 인격도 또한 저절로 향상이 되는 것이다.

■ 서 있을 때

□ 바로 설 때

바로 설 때에는 몸 중심을 안전하게 잡고 선다. 얼굴을 똑바로 들고 앞을 향하도록 하며, 시선은 앞쪽을 향하여 5~6미터 앞을 응시한다. 이 때 표정은 딱딱하지 않게 하고, 부드러운 미소를 띠는 것이 좋다.

발뒤꿈치를 모으고 두 다리를 가지런히 붙인 상태에서 발을 딛도록 한다. 입은 가볍게 다물고, 손은 양 옆으로 자연스럽게 내려뜨린다. 이 때 손가락은 붙인다. 만약 윗사람 앞일 경우에는 손을 허리 높이에서 마주 잡도록 한다.

□ 편히 설 때

휴게실이나 길가, 또는 정류장 등에서 편한 자세로 서 있을 때에는 흔히 자세가 흐트러진 사람이 많다. 그러나 이런 곳에서일수록 올바른 몸가짐을 갖도록 해야 한다. 인격은 때와 장소에 따라 달라지는 것이 아니기 때문이다.

편히 설 때에는 한 쪽 발을 약간 뒤로 빼어 딛도록 하여 한쪽 발에 체중의 중심을 둔 채로 안정성있게 선다. 손은 앞이나 옆으로 자연스럽게 둔다. 편히 선 자세는 항상 자기 자신도 편해야 되며 곁에서 보는 사람도 부담스럽지 않아야 한다. 만약 손에 물건을 들었을 때는 자연스럽게 몸의 중심을 잡고 서도록 한다.

□ 이런 자세는 금물

서 있을 때 주의해야 할 자세가 있다. 남이 보기에도 좋지 않을 뿐만 아니라 스스로도 단정하지 못한 자세는 되도록 삼가해야 한다.

첫째, 무릎을 벌리고 서지 말 것.

둘째, 어깨를 올리고 서지 말 것.

셋째, 뒷짐을 지고 서지 말 것.

넷째, 서 있을 때 손가락을 벌리지 말 것.

다섯째, 몸의 중심이 잡히지 않는 자세를 취하지 말 것.

이상과 같은 자세는 보기에 좋지 않을 뿐만 아니라 자신의 인격에도 마이너스를 가져오는 자세이므로 삼가해야 한다.

■ 걸을 때

□ 올바른 걸음걸이

흔히 걸음걸이에는 그다지 신경을 쓰지 않는다. 그래서인지 걸음걸이가 올바른 사람이 그다지 많지 않은 것 같다. 자기 자신의 걸음걸이를 직접 볼 수 있는 기회는 그다지 많지 않으므로 흔히 소홀해지기 쉽다. 거울을 대하고 걷지 않는 이상 자기 자신의 걸음걸이를 본다는 것은 불가능하기 때문이다. 따라서 걸어갈 때에는 항상 자신의 걸음걸이의 모습을 의식하고 걷도록 하자.

걸을 때는 바로 선 자세로 시선은 앞쪽으로 5～6미터 앞을 바라보도록 하고, 어깨는 수평으로 하되 몸을 흔들어서는 안 된다. 발은 일직선상으로 떼어놓도록 하고, 발의 중심과 양 어깨가 정삼각형이 되도록 하되 발바닥이 보이지 않도록 주의해야 한다. 팔은 자연스럽게 젓도록 하고, 윗사람 앞에서는 손을 허리 높이로 마주 잡고 걷는 것이 정숙해 보인다. 걸을 때 신을 끌어 신는 것은 여간 상스러워 보이지 않으므로 주의해야 한다. 항상 발끝과 뒤꿈치가 동시에 땅에 닿도록 발을 딛도록 한다. 손에 물건을 들고 걸을 때에는 몸의 균형을 잡고 어색하지 않게 걷도록 한다.

□ 실내에서 걸을 때

실내에서 걸을 때는 실외에서 걸을 때보다는 팔을 작게 젓도록 하고, 발자국도 실외에서보다는 작게 떼도록 한다. 여성의 경우, 치마를 입었을 때에는 발끝을 높이 들지 말고 치마 끝을 발끝으로 차는 듯이 하며 걷는다. 문을 드나들 때에는 문지방을 밟지 않고 넘나들도록 하며, 바쁘다고 하여 큰 걸음을 떼어놓는 것은 좋지 않다. 바쁜 용무로 급히 걸어야 할 때에는 잔걸음으로 빨리 걷도록 한다. 시선은 앞쪽으로 2∼3미터 앞을 내다보며 걷도록 한다.

□ 남의 앞을 지나쳐 갈 때

남의 앞을 지나쳐 갈 때에는 상대방에게 미안함을 표시하며 지나가도록 한다. 남성일 경우에는 '미안합니다' 라고 공손하게 말하며 지나가도록 한다. 여성일 경우에는 '죄송합니다, 용서하세요' 하고 미안한 마음을 다소곳이 나타내며 지나가도록 한다.

이 외에도 계단을 오르내릴 때에는 천천히 조심성있게 걷도록 하고, 여성일 경우 긴 치마를 입었을 때에는 앞자락을 들어서 옷이 질질 끌리지 않도록 한다.

■ 앉을 때

□ 방이나 마루 바닥에 앉을 때

방이나 마루 바닥에 앉을 때에는 가급적이면 실내장식이 가려지지 않게 앉도록 하고, 사람이 드나드는 통로는 피해서 앉도록 한다.

앉을 때는 한 쪽 발을 발길이의 절반쯤 뒤로 **빼어** 딛고 몸의 중심을 잡으면서 두 무릎을 꿇어 앉으면서 남성은 바르게 앉고, 여성은 무릎을 꿇은 채로 앉도록 한다. 두 손은 무릎위에 자연스럽게 올려놓도록 한다. 허리와 가슴은 바르게 펴고 얼굴은 앞쪽을 향하게 한다. 앉아있을 때는 항상 마음을 차분하게 가지도록 한다.

앉았다가 일어설 때에는 발끝을 세우고 몸을 일으키되 한 무릎씩 세워 일어선 다음 발을 한 곳에 모아 바로 선다.

□ 의자에 앉을 때

의자에 앉을 때는 대개 의자의 왼편에서 앉는 것이 상례이다. 그러나 방의 위치나 사정에 따라서 오른쪽에서 앉기도 한다.

의자의 왼편에 서 있을 때는 의자 등에 오른손을 대고 앉을 자리를 확인하면서 왼발을 앞으로 내어 딛고 의자로부터 손을 떼면서 체중을 의자 쪽으로 옮기면서 오른발을 의자 앞으로 내어 딛고 왼발을 오른발쪽으로 옮겨 놓아 바로 선 자세로 의자에 앉도록 한다.

만약 의자의 오른편에서 앉아야 될 경우에는 발을 그 반대로 움직이면 된다. 의자에 앉을 때는 되도록 의자 안에 깊숙이 앉도록 한다.

앉은 후에는 허리와 가슴을 곧바로 펴고 두 무릎을 단정히 모아 붙이면서 두 손을 가볍게 모아 잡도록 한다.

의자에 앉을 때 주의하여야 할 점은 다리 모양이 아름답게 앉아야 한다는 것이다. 무릎을 꼭 붙이고 다리를 가지런히 뻗는 것이 비교적 아름답다. 의자가 낮을 경우에는 무릎과 다리를 모아 옆으로 비스듬하게 뻗는 것이 좋다.

의자에 앉은 후에는 어깨와 턱에 힘을 주지 말고 편안한 자세로 앉도록 하며, 표정은 부드럽게 한다.

의자에 앉았다가 일어설 때에는 앉을 때와는 반대로 몸을 일으키도록 한다. 일어선 다음에는 의자를 바르게 놓아야 한다. 테이블 밑으로 밀어 넣도록 한다.

의자에 앉을 때에는 그 동작이 자연스럽게 연결되도록 해야 한다.

여성의 경우, 한복을 입고 의자에 앉을 때에는 치마 뒤를 잘 여민 후에 앉도록 한다.

의자에 깊숙이 앉는 것이 바람직하지만, 그렇다고 다리가 짧은 사람이 너무 깊숙이 앉은 나머지 다른 사람에게 발바닥을 보이게 해서는 안 된다. 항상 상대방에게 허점을 보이지 않도록 해야 한다.

□ 이런 자세는 금물

의자에 앉을 때는 특히 다음과 같은 자세를 삼가도록 해야 한다.

첫째, 의자 끝에 매달리듯 앉는 일. 이러한 자세는 상대방에게 불안감을 주게 되므로 삼가해야 한다.

둘째, 손을 어깨 뒤나 등 뒤로 가져가는 일. 특히 여자일 경우 이런 자세는 상스럽게 보인다. 마음이 해이되어 있는 느낌을 주게 되므로 삼가해야 한다.

셋째, 무릎을 벌리고 앉는 일. 의자에 앉았을 때 무릎을 벌리고 앉는 자세는 매우 보기 흉하다. 마음이 흐트러져 있는 느낌을 주기 쉬우므로 삼가해야 한다.

넷째, 다리를 의자 밑으로 집어 넣는 일. 이런 자세도 역시 상
　　대방으로 하여금 불안정한 느낌을 갖게 하므로 삼가해야
　　할 자세이다.

3. 몸차림의 기본

■ 예의는 인간을 성숙하게 한다.

흔히 어린 아이들이 예의에 어긋나는 행동을 할 때면 '철이 없
다'고 한다. 그리고 보면 예의란 인간의 성숙을 재는 바로 미터가
될 수도 있다는 것을 알 수 있다.

자기 몸을 청결하게 관리하고, 건강에도 스스로 힘쓰며 스스로
아름답게 치장하여 상대방으로 하여금 즐겁게 대할 수 있도록 하
는 것도 하나의 예의이다. 이러한 예의를 지킬 줄 안다는 것은 그
만큼 성숙했다는 것을 의미하는 것이다. 예의바른 사람이 된다는
것은 곧 성숙한 인간이 되는 것을 뜻한다. 그러므로 우리는 항상
예의를 추구하면서 스스로 인간이 될 수 있도록 노력하여야겠다.

■ 산뜻한 머리 관리

날마다 신경을 쓰지 않으면 안 될 것이 바로 머리 관리이다. 머
리 속은 분비물 관계로 항상 젖어있기 때문에 먼지나 때가 잘 묻
게 된다. 머리의 불결은 각종 피부병이나 염증을 일으키게 되는
원인이 된다. 그렇게 되면 모발의 성장에 이상이 오게 되고 탈모

증이 생기기도 한다. 그러므로 건강을 위해서나 미용을 위해서도 머리의 손질과 청결한 관리가 필요하다.

머리를 감는 정도는 환경에 따라서, 또는 땀을 흘리는 정도에 따라서 각각 다르겠지만 보통 우리 나라에서는 4~5일 정도에 한 번씩 감는 것이 적당하다고 한다. 머리를 감을 때는 되도록 알카리성이 약한 비누나 샴푸를 사용하도록 하며, 마지막 헹구는 물에 식초나 레몬즙 등의 산류(山流)를 한두 방울 떨어뜨리면 비누 속의 알카리성분을 중화시켜주며 머리칼을 윤기있고 부드럽게 하여주므로 좋다.

머리를 올바로 감는 방법은, 처음에 머리를 솔로 빗어서 먼지나 때 등을 골고루 떨어낸 다음 손가락으로 머리 전체를 고르게 맛사지한다. 그런 다음 머리를 잘 빗어서 일단 더운 물에 담가 축이도록 한다. 머리가 골고루 축여지면 비눗물이나 샴푸를 짜서 머리에 묻히고 손가락으로 머리 전체를 골고루 주물러 감는다. 감을 때 손톱으로 살갗에 상처를 내지 않도록 한다. 비눗물이나 샴푸를 머리에 묻혀 감는 일을 두세 번 반복한 후에 미지근한 물을 깨끗이 따루어 헹구도록 한다. 비눗물이나 샴푸 성분이 충분히 없어지도록 헹구는 것이 좋다. 다 헹구어지면 타올에 머리를 싸서 물기를 없앤 다음 손질을 하여 머릿결을 말려 다듬도록 한다. 머리를 말릴 때 불에 쪼인다든지 아이롱을 사용하는 것은 별로 좋지 않다. 억지로 말린다든지 퍼머넨트를 자주 하게 되면 머리칼이 갈라지거나 머리칼의 빛깔이 누렇게 바래질 염려가 있으므로 가급적이면 삼가는 것이 좋다.

머리의 스타일은 자기의 신분이나 옷차림 등과 조화를 이루도록 하는 것이 바람직하다. 학생의 신분일 경우에는 귀여운 단발머리나 약간 짧게 깎는 것이 좋겠고, 대학생일 경우에는 자기의 개성을 살리는 것이 좋겠다. 여자의 경우에는 지혜로와 보이는 스타일인 짧은 머리의 퍼어머나 핀커얼을 한 긴 단발머리, 또는 땋아늘인 머리 등이 빗기에 편리하고 단정해 보이므로 무방하다 하겠다. 만약 직장 여성일 경우에는 너무 요란스럽게 꾸미지 않는 것이 바람직하다.

부인들일 경우에는 환경이나 자기 자신의 개성에 맞게, 또는 옷차림에 어울리게 머리 모양을 다듬는 것이 이상적이라 하겠다. 너무 유행만을 쫓는 나머지 자기 자신의 차림새와는 어울리지 않는 머리 스타일을 하는 여성이 있는데 이러한 차림은 오히려 자기 자신의 품위를 손상시키는 일이 되므로 주의해야 한다.

■ 청결한 피부 관리

인간의 몸에 있어서 피부란 매우 중요하다. 외부의 자극이나 병균의 침입으로부터 우리의 몸을 보호해 주는 동시에 몸 안에 있는 여러 가지의 기능을 순조롭게 진행시켜 주는 역할을 하는 것이 바로 피부이다. 그러므로 피부의 작용이 둔해지면 건강은 물론 미용에도 큰 지장을 가져온다.

피부를 올바로 청결하게 관리한다는 것은 건강하고 탄력성이 있는 싱싱한 피부를 아름답게 지니는 것이 된다. 싱싱한 피부를 지니고 있다는 것은 그만큼 젊음을 유지하고 있다는 것이 된다.

청결하고 아름다운 피부 관리를 위해서는 적당한 식이요법과 알맞은 운동을 하고 항상 피부를 깨끗이 하며 영양보충을 충분히 해주어야 한다. 경우에 따라서는 얼굴이나 목, 손 등의 마사지는 물론 화학적인 파크나 전기를 이용한 미용법을 쓰기도 한다.

얼굴, 목, 손 등에 대한 일반적인 마사지 방법으로는 크림 마사지가 있다. 콜드 크림이나 크린싱 크림 등으로 얼굴이나 목, 손 등을 깨끗이 닦아낸 다음 타올을 뜨거운 물에 적셔서 얼굴 등에 눌러 대어 피부에 습기와 열 등의 자극을 준다. 이렇게 되면 피부의 공기구멍과 털구멍이 확대되어 혈액 순환이 잘 될 뿐만 아니라 땀이나 때 등도 잘 씻어진다.

뜨거운 타올의 열기가 다 가시기 전에 콜드크림을 손가락에 묻혀서 얼굴 등에 골고루 바른 다음 두 손으로 가볍게 마사지한다. 이마의 중심으로부터 양쪽으로, 양 눈 언저리로, 볼과 코, 입술, 턱, 목, 손 등의 순서대로 각 부분마다 4~5회씩 마사지한다. 그런 다음에 콜드 크림을 닦아내고 뜨거운 타올로 눌러 닦는다. 살결을 좀더 신경 써서 손질해야 될 필요성이 있을 때는 이러한 작업을 두세 번 반복하도록 한다. 마사지하는 동안에 살갗을 토닥거려 주는 것도 필요하다. 가령 뜨거운 타올로 문지른 후에 다시 차가운 타올로 문질러 주면 살갗에 자극을 주게 되어 좋다. 그런 다음에 화장수를 바른다. 마사지 요법은 주로 잠자리에 들기 전에 하는 것이 가장 효과적이다.

■ 개성 있는 화장으로 단정한 몸차림을

흔히 화장을 한다고 하면 화려하게 꾸미는 것을 연상하기 쉽다. 그러나 진정한 화장의 의미는 피부 손질을 잘하여 항상 젊고 싱싱한 살결을 유지하고 보존하는 것이다. 그러므로 화장품을 자연스럽게 바르고 개성 있게 꾸미는 방법을 알아두는 것이 무엇보다도

효과적인 화장을 할 수 있는 비결이라고 본다. 아름다운 살결을
유지하고 보존하는 데에도 화장이 필요하지만, 특히 개성을 살려
자기 자신의 살결이나 얼굴의 결함을 수정하는 데에도 화장의 목
적이 있다.

따라서 화장은 자기 신분에 맞게 하는 것이 효과적이다. 젊은이
일 경우에는 너무 화려하지 않게 하는 것이 좋다. 남성일 경우에
는 간단한 크림 정도로도 충분하다. 젊은 여성일 경우에는 너무
짙지 않게 밑화장만 깨끗이 하여 탄력 있는 피부를 드러내 보이도
록 하는 것이 좋다. 화장은 무엇보다도 자연스러운 것이 좋다. 가
급적이면 자연 그대로의 자신의 살결을 살리도록 하는 것이 가장
바람직한 방법이다.

부인일 경우에는 너무 짙은 화장을 하는 것은 바람직하지 못하
다. 적당히 자신의 살결의 결함을 수정하는 것이 좋으며, 너무 지
나친 수정은 보는 사람으로 하여금 오히려 부담감을 느끼게 한다.
어색한 화장은 자신의 품위를 떨어뜨리는 결과를 가져온다. 자기
자신의 몸매나 피부의 색깔, 차림새 등에 알맞은 화장을 하는 것
이 개성 있는 화장이라고 할 수 있다. 또한 때와 장소에 따라서는
적당히 조절할 수 있다. 가령, 파티나 호화스러운 사교장에 나갈
때와 그냥 집에 있을 때, 그리고 부담 없는 친구를 만나러 갈 때
등은 각각 그 특성에 맞게 하는 것이 바람직하다 하겠다.

■ 손발에도 청결미를 주도록

몸차림은 얼굴이나 어떤 특정한 부위 만을 돋보이게 하는 것 보
다는 머리 끝에서부터 발 끝까지 청결하고 아름답게 다듬는 것이

중요하다. 얼굴은 신경을 써서 다듬으면서 손끝이나 발 등은 소홀하게 다루어 더러운 상태로 있으면 보는 사람으로 하여금 천박한 느낌을 갖게 한다.

흔히 소홀하기 쉬운 손발의 손질도 자주 하도록 해야겠다. 아침저녁으로 손질하는 것은 물론 일이 끝난 뒤라든지, 외출에서 돌아온 뒤, 또는 화장실에서 용변을 본 후 등은 꼭 씻도록 하여 청결미를 간직하도록 해야 한다.

손발을 씻을 때는 따뜻한 물에 비누질을 하여 타올로 잘 닦아내도록 한다. 특히 손가락이나 발가락 사이 등을 철저하게 씻어서 더러움을 제거하도록 하는 것이 중요하다. 손톱 밑이나 발톱 밑은 솔로 잘 씻어주도록 하고 다 씻은 후에는 손발에 물기가 남아있지 않도록 타올로 잘 닦아주도록 한다. 그런 다음에 로션이나 크림을 바르고 마사지를 해주는 것이 피부 보호에 좋다. 특히 겨울철에는 손발이 더러우면 트기 쉬우므로 더욱 청결하게 해야 한다.

■ 예(禮)가 풍기는 몸 전체의 균형미

사람의 외적인 아름다움은 어느 한 부분만의 아름다움 보다는 몸 전체의 균형미에서 오는 탄력성과 안정감이 중요하다. 아름답고 균형 잡힌 몸매를 갖기 위해서는 날마다 전신 운동을 하지 않으면 안된다. 규칙적인 생활과 미용체조를 겸하는 것도 하나의 좋은 방법이다.

몸이 비대한 사람은 목욕탕 등을 이용하여 땀을 많이 흘리도록 한다. 지방질이 많은 음식은 되도록 피하는 것이 좋다. 육류 대신 야채류를 많이 섭취하는 것도 한 가지 좋은 방법이다. 단음식을 삼가고 음식의 양도 줄이도록 한다. 날마다 규칙적으로 많이 걷도록 하는 것이 좋다. 약간 무리가 된다는 기분이 들도록 다리 운동을 많이 하는 것도 효과적인 건강 관리법이 될 것이다.

그러나 너무 깡마른 사람은 항상 마음을 안정시키고 소화가 잘 되는 음식을 먹도록 한다. 되도록 잠을 충분히 자도록 하며, 신경질적인 어동을 삼가고 항상 명랑한 기분을 갖도록 노력한다. 날마다 규칙적인 운동을 하되 너무 무리하지 않도록 유의한다.

이 밖에 자기의 몸에 결점이 있다고 생각하는 사람은 항상 그 결점을 고쳐나갈 수 있도록 신경을 써야 할 것이다.

고운 살결에 아름다운 몸매를 유지한다는 것은 그리 쉬운 일이 아니다. 그러나 누구든지 노력하면 어느 정도는 아름다운 몸매를 가질 수 있다고 본다. 스스로 아름다운 모습을 지니고 다른 사람으로 하여금 친근감을 느끼게 하는 것도 하나의 예이다. 균형미를 갖춘 사람으로부터는 몸차림의 예가 풍긴다. 그런 사람은 한결 기품 있는 사람으로서 돋보이게 된다.

■ 향수의 사용

화장의 매력 중에는 향수를 빼어놓을 수 없다. 제아무리 아름다운 꽃도 향기가 없으면 그 아름다움이 빛을 잃고 만다. 그 모습이 제 아무리 아름답다 하더라도 향기가 없으면 매력을 잃고 만다. 그러나 향기가 좋은 꽃은 비록 눈에 띄지 않는다 하더라도 다정함과 아름다움을 느낀다.

사람도 마찬가지이다. 향기가 은은한 사람은 한결 기품이 있어 보인다. 그러나 한 가지 주의하여야 할 것은, 오늘날에는 향도 그 종류가 다양하고 그 향기도 가지각색이어서 자칫 잘못 선택한 향은 오히려 자신의 품위를 떨어뜨릴 위험성이 있다는 점이다.

향을 선택할 때는 자기 자신의 취향에 맞는 향수를 정하여 일단 같은 향수를 계속하여 사용함으로써 제2의 체취가 되도록 하지 않으면 안 된다는 것이다. 향수를 사용할 때에는 먼저 몸을 깨끗이 한 후에 사용하도록 해야 한다. 옷에 그냥 바르게 되면 얼룩이 지기 시우므로 보이지 않는 부분, 즉 목이나 가슴 등에 가아제나 탈지면에 묻혀서 살갗에 바르도록 한다. 향수는 주로 땀을 많이 흘리는 계절에 사용하는 것이 바람직하다.

너무 자극적인 향수는 살결을 해칠 염려가 있으므로 피하는 것이 좋다. 향수는 항상 약간씩만 발라서 은은하게 향기가 나도록 하는 것이 바람직하다.

■ 교양인의 필수 소지품

현대 교양인이라면 항상 몇 가지의 소지품 정도는 가지고 다녀야 한다. 남성일 경우에는 손수건, 수첩과 필기도구, 신분증, 도장, 지갑, 기타 소지품 등을 들 수 있겠고, 여성일 경우에는 손수건, 휴지, 간단한 화장품, 빗과 거울, 바늘과 실 주머니, 옷핀, 신분증, 메모지, 필기도구, 도장, 지갑, 기타 필요한 소지품 등을 들 수 있다.

손수건은 가급적이면 깨끗한 것을 두장 쯤 준비하는 것이 바람직하며, 휴지는 하루 동안 사용할 수 있는 양을 간편하고 사용하기 쉽도록 잘 접어서 휴대하도록 한다. 학생의 신분일 경우에는 소지품을 잘 정리하여 별도의 케이스에 담아 책가방 한 쪽에 잘 챙겨 넣도록 한다. 일반 사회인일 경우에는 항상 가지고 다니는 가방이나 백 속에 잘 정돈하여 넣으면 되겠다. 소지품을 백이나 가방 속에 정돈할 경우에는 사용하기 쉽도록 정돈하는 것이 필요하며 항상 쉽게 기억할 수 있도록 정돈한 순서를 체계 있게 한다.

'그 소지품을 보면 그 사람의 교양 정도를 알 수 있다'는 격언이 있다. 자기의 신분 정도에 알맞은 소지품을 지니도록 해야겠지만 항상 정결하게 소지품이 유지될 수 있도록 노력하는 것도 중요하다.

4. 출입(出入)의 예절

■ 실내에 드나들 때의 올바른 자세

실내에 들어갈 때에는 반드시 노크를 하거나 인기척을 내어 실내에 있는 사람에게 알리고, 들어가도 좋다는 승낙을 받은 후에 들어가도록 한다. 문을 여닫을 때의 몸가짐은 조용하고 바르게 해야 하며, 소지품(우산, 가방 등)을 가졌거나 코트를 입었을 때는 실내에 들어가기 전에 밖에서 정해진 장소에 물건을 정리하거나 놓아둔 후에 들어가도록 한다. 문을 열고 들어가기 전에 옷매무새를 가다듬고 다시 한 번 자기 자신의 몸차림에 대한 점검을 하도록 한다.

■ 계단을 오르내릴 때

계단을 오르내릴 때에는 항상 침착하고 조용하게, 그리고 천천히 오르내리도록 한다. 남녀가 함께 오르내릴 때에는 반드시 순서를 지켜서 오르내리도록 한다. 올라갈 때에는 남자 쪽이 먼저 올라가도록 하고, 내려갈 때에는 여자 쪽이 먼저 내려가도록 한다. 여성의 경우 긴 치마를 입었을 때에는 치마 뒷끝을 손으로 추슬러 잡고 조심하여 오르내리도록 한다.

만약 윗사람을 모시고 계단을 오르내릴 때에는 윗사람을 먼저 오르내리시도록 하고 자기는 그 뒤쪽에서 약 1미터 쯤 떨어져서 걷는 것이 예의이다. 그러나 모시고 있는 윗사람이 나이가 많은 노인이거나 노약자일 경우에는 옆에 서서 부축을 하여 드리도록 하는 것이 바람직하다.

■ 엘리베이터를 타고 내릴 때

엘리베이터를 타고 내릴 때에는 항상 질서를 지켜야 한다. 기다리는 사람들이 순서대로 타고 내릴 수 있도록 한다. 만약 윗사람을 모시고 함께 타고 내릴 때에는 윗사람이 먼저 타고 내릴 수 있도록 한다. 노약자일 경우에는 부축을 하여 타고 내리는 데 불편을 느끼지 않도록 유의한다.

5. 물건 다루는 마음과 자세

■ 소중하게 다루는 마음

물건을 다룰 때에는 언제나 자기의 몸을 다루듯 바르고 아름답게 다루도록 한다. 물건을 남에게 전해줄 때에는 받으시는 분이 기분 좋게 받을 수 있도록 정중하게 다루어 공손하게 전해 드려야 한다. 또한 받으시는 분이 받기 편하도록 물건의 방향을 잘 잡아서 드리도록 하고, 항상 즐거운 표정으로 주고 받을 수 있도록 한다.

■ 물건을 들 때

물건을 들 때에는 네 손가락 끝을 붙이고 엄지 손가락만 떼어 물건을 들도록 한다. 물건을 다른 사람에게 드릴 때에는 받으시는 분의 앞에서 약간 떨어진 곳에서 물건을 내려 밀어 놓듯이 가까이 놓아 드린다. 항상 상대방이 불편하지 않게 주고 받도록 한다.

■ 물건을 주고 받을 때

물건을 주고 받을 때 유의해야 할 점은 주고 받는 물건에 대하여 상대방이 부담스럽지 않도록 해야 한다는 점이다. 가령 바늘이나 핀 등과 같은 작은 물건일 경우에는 종이나 헝겊 등에 싸거나 꽂아서 주고 받도록 하며, 상대방이 한복을 입었을 경우에는 한복의 옷고름 끝에 꽂아드리거나 쉽게 찾을 수 있도록 놓아 드린다.
수저나 포크 등의 종류는 상대방이 받아들기 쉽도록 쟁반 등에 받쳐 드리는 것이 좋다. 그릇 종류, 특히 찻잔 등은 상대방이 오른 손으로 들기 쉽도록 손잡이의 방향을 놓고, 상대방이 입을 대어야 할 부분은 손으로 만지지 않도록 한다. 그릇 종류도 역시 받침대 에 받쳐서 드리도록 한다.

책이나 신문, 또는 필기구 등을 남에게 드릴 때에는 받는 사람 쪽으로 물건이 바로 보이게 드리도록 한다.

물건의 부피가 클 때에는 반드시 두 손으로 끌어안듯이 받쳐서 정중하게 들도록 하며, 부피가 작은 물건일 때에는 한 손으로 드 릴 때에도 있지만 상대방이 자기보다 윗사람일 경우에는 반드시 두 손으로 공손히 드리는 것이 예의에 어긋나지 않는 일이다.

물건을 들고 마루나 방바닥에 앉거나 설 때에는 일어선 상태에 서 엎드려서 물건을 놓거나 들지 말고 다 앉은 상태에서 물건을 놓고, 일어설 때에는 앉은 상태에서 물건을 들고 일어나도록 한다.

물건을 들고 걸어갈 때에는 바른 자세로 움직여야 하고, 물건은 허리 높이로 안정성 있게 들되 팔꿈치는 몸에 붙이도록 한다.

물건을 취급할 때에는 서로 부딪치지 않게 주의하며, 떨어뜨리 지 않도록 조심해야 한다. 상대방에게 물건을 드릴 때에는, 사무실 이나 응접실 등의 양실(洋室)에서는 서서 드리도록 하고, 온돌방에 서는 앉아서 드리도록 한다.

물건은 항상 소중한 마음으로 다루고 상대방에게 드릴 때에는 존경하는 마음으로 정중하게 드리며, 남으로부터 받을 때에는 감 사하는 마음으로 받도록 한다.

6. 인사의 기본 예절

(1) 인사의 중요성

■ 인사는 예절의 기초

인사는 상대방을 존경하고 인정하며, 반가움을 나타내는 방법의 하나이다. 항상 서로를 존경하는 마음으로 명랑하게 인사를 하여 즐거운 생활과 대인관계로 원만한 생활을 가져야 하겠다.

동서양을 막론하고 인사는 같은 의미로 행하여지고 있지만, 생활 습관, 의복차림, 감정을 표현하는 방법 등에 따라서 인사하는 방법이 다르다.

우리 나라는 예로부터 기쁠 때나 슬픈 일이 있을 때는 먼저 절을 한 다음에 인사를 하여 왔다. 그러나 최근에는 서양의 문물이 들어와서 동서양의 생활 방식이 교류되어 인사 방법도 매우 다양해졌다.

결혼을 한 여성이 시부모를 모셨을 경우에는 시부모가 밖으로 외출을 하거나 돌아왔을 때 중문까지 배웅을 하고 마중을 나가서 뵈었으며, 방에 들어가서도 앉기를 기다려서 절을 올렸다. 또한 자신이 외출을 하거나 귀가하였을 때도 시부모 앞에 절을 올리고 인사를 했다. 그러나 시대가 변하여 현대생활에 맞게 간편하고 행하기 쉬운 인사 방법이 행하여지고 있다. 그리고 가족, 친척 등 아는 사람에게만 인사를 하던 옛날과는 달리 많은 사람을 대하는 요즈음에는 가볍고 명랑하게 인사하는 자세가 필요하다.

■ 때와 장소에 알맞은 인사

인사는 일상생활에서 평범하면서도 매우 쉬운 것이지만 버릇이
잘 길들여져야만 어색하지 않게 할 수가 있다. 처음 대하는 사람
에게 서툴게 인사해서 좋지 않은 인상을 심어주는 것은 결국 자기
손해인 것이다. 따라서 일상생활에서의 인사는 다정스럽고 정중히
해야 한다.

형식에 얽매여서 하는 딱딱한 인사보다는 서로의 따뜻한 마음
을 주고 받을 수 있는 정겨운 인사가 좋다. 모임 같은 곳에서 이
야기에 열중하고 있는 상대에게는 눈을 보며 명랑하게 목례를 해
보이는 것이 정식으로 인사하는 것보다 다정스럽고 친근감 있어
보인다.

인사는 상대방에게 불쾌한 느낌을 주지 않도록 장소와 때를 가
려서 정중하고 부드럽게 존경하는 마음을 나타내어야 한다. 가볍
게 인사하는 버릇을 길러야 하겠다. 여자점원이 물건을 예쁘게 포
장해 주거나 옆에 있는 사람이 가까이 있는 물건을 집어 주었을
때 많은 사람들이 '고맙다'는 인사말을 잊은 채 지나쳐 버리는 경
우가 많이 있다. 이것은 아직 그러한 생활습관이 길들여지지 않았
기 때문이다. 인사를 즐기는 것은 곧 생활을 즐기는 것이 된다.

■ 인사는 친절과 협조의 표시

길에서 평소에 존경하고 있던 분이나 어른을 만났을 경우에는
정중하게 인사를 나누지만, 친구나 동료를 만났을 경우에는 친밀
감이나 단순히 서로가 아는 사이라는 것을 확인하는 정도가 좋다.

인사는 한 마디로 상대방에 대한 자기 자신의 친절함과 협조하는 마음에 대한 표시인 것이다. 따라서 어떤 경직된 제스츄어보다는 자연스럽게 우러나오는 반가운 자세를 취하면 되는 것이다.

■ 몸에 밴 인사와 자연스러운 인사말

인사는 항상 정중히 해야 하며 억지로 하는 듯한 인상을 주지말아야 한다. 자연스럽게 부드러운 표정을 지어서 어른에게는 경어(敬語)를 써서 예의에 어긋나지 않도록 한다.

인사하는 방법을 알고 있다는 것과 행한다는 것은 엄격히 다르다. 어릴 때부터 인사하는 습관을 길들여서 어디서나 당황하지 않고 몸에 밴 인사를 할 수 있어야 하겠다.

인사는 경우에 따라서 인사하는 방법이 다르고 인사말도 역시 때에 따라 다르다.

아침에 일어나서는 부모님에게 '아버지, 어머니 안녕히 주무셨습니까?'라고 해야 하며 저녁에는 '아버지, 어머니 안녕히 주무십시오'라고 하는 것이 올바르다. 보통 '평안히 주무셨어요' 하는 사람도 있는데 '평안히'란 말은 동등한 사이에서 다정하게 쓰는 말이다.

또한 가족 중의 한 사람이 외출할 때 '안녕히 가십시오' 하는 사람이 있는데 이것은 나가서 집에 돌아오지 말라는 뜻이 되므로 삼가해야 한다. 집안 어른이 외출할 때는 '안녕히 다녀오십시오'라고 하는 것이 올바른 인사다.

식사 때는 어른께 '진지 잡수세요'라고 해야 한다.

또한 직장에서 함께 일하는 상사보다 먼저 퇴근하게 될 경우에는 평범하게 '저 먼저 가겠습니다' 하고 나온다. 인사는 가정 생활과 사회 생활에서의 인사로 나누어 볼 수 있다.

형식을 중요하게 여긴 옛날에는 가정에서의 인사가 매우 복잡했다. 그러나 오늘날처럼 급변하는 시대에 있어서는 간편하게 서로 인사를 주고 받는 것이 좋다. 우리의 가정생활에서는 아침 저녁에 어른께 드리는 인사와 식사할 때 그리고 외출하거나 집에 돌아왔을 때 하는 인사가 대부분이다. 이것은 생활예절에 속하는 것으로 인사를 받았으면 답례를 해야 한다.

사회생활에의 인사는 경우에 따른 인사법을 잘 익혀야 하며 적절하게 인사할 수 있어야 한다.

예를 들어, 친구의 집을 방문했거나 거리에서 우연한 사람을 만났을 때 등 그때 그때의 분위기에 맞게 부드럽게 인사한다.

항상 만나는 사람이나 남의 집을 방문할 때의 인사는 거의 정해져 있다. 길을 물어야 할 경우에는 먼저 '죄송합니다만……', '미안합니다만……', '잠깐만 여쭈어 보겠습니다만……' 하고 당연히 상대방의 양해를 구해야 한다. 물어볼 때도 정확하게 얘기해야만 올바르게 대답할 수가 있다. 상대방으로부터 대답을 듣고 난 후에는 '실례했습니다', '고맙습니다', '감사합니다' 라는 인사를 잊지 말고 해야 한다.

볼일을 마친 다음에 길을 가르쳐 준 사람을 다시 만날 때는 '덕분에 쉽게 찾을 수 있었습니다', '아까는 감사했습니다' 라는 인사를 해야 하며, 못 본척 지나가는 것은 교양인의 태도가 아니다.

또한 복도에서의 목례는 몇 번이라도 해야 한다. 아까 했다고 그냥 지나치면 서로 어색하게 되므로 살짝 미소를 띄운다든가 가볍게 고개를 숙인다.

　다른 사람이 자기에게 친절을 베풀면 '고맙습니다', '감사합니다' 라고 해야 한다. 그리고 남의 발을 밟거나 실례를 범했을 때는 '미안합니다', '실례했습니다', '죄송합니다' 라는 인사로 사과를 해야 한다. 말하기가 어려울 때는 실례를 범해서 미안하게 되었다는 뜻을 표정으로 나타내거나 몸가짐으로 나타내야 할 것이다.

　인사는 습관이 되도록 노력하면 한층 좋은 인사말을 할 수 있게 될 것이며 기분 좋은 하루를 보낼 수 있을 것이다.

■ 이런 인사 태도는 금물

　우리 나라는 예로부터 동방예의지국으로 알려져 있다. 예의의 첫째 기본은 '인사' 라고 해도 과언이 아닐 것이다. 사회 생활에서는 인간관계가 가장 기본이 된다. 인간관계의 시작은 바로 인사로부터 비롯된다. 서로가 처음 만나서 주고 받는 명쾌한 한 마디의 인사는 상대방과의 인간관계를 더욱 더 밀착시켜 준다. 그러나 인사의 방법이 잘못되면 오히려 안한 것만 못한 결과를 가져올 수도 있다. 옛날에는 모든 사람들이 예를 잘 지킨 까닭에 동방예의지국으로 불리어진 우리 나라이지만, 요즘에는 어떻게 된 노릇인지 옛날의 밝은 예법은 그 흔적조차 찾을 수 없게 된 경우가 많다. 특히 무분별한 서구 문물의 도입은 분별없는 예법을 낳고 말았다. 우리의 전통 사회에서는 너무 맞지 않은 내용의 예법을 그대로 받아들여 쓰고 있는 경우가 많은 것 같다.

　가령 어색하기 짝이 없는 인사말이라든지, 형식적인 인사말 등은 이를 받는 쪽의 입장에서 볼 때는 오히려 인사를 받지 않은 것만 못한 느낌을 갖게 된다. 며느리가 시어머니에게 자의 남편을 어떻게 호칭할 것인가, 친척들을 만났을 때는 어떤 인사를 하는 것이 바람직한지, 그 인사법을 제대로 알지 못하여 허둥대는 경우도 있다.

그러나 가장 금해야 할 인사의 태도는 바로 형식적인 인사말이라고 생각한다. 건성으로 하는 인사는 상대방에게 아무런 즐거움을 주지 못한다. 물론 상대방에게 즐거움을 주기 위해서 인사를 하는 것만은 아니다. 그러나 인사는 상대방이 다정다감을 느낄 수 있도록 하는 것이 효과적이다. 형식적인 인사는 상대방에게 존경심을 갖지 않을 때 나타난다. 만약 상대방에게 존경하는 마음이 있다면 인사의 태도는 보다 공손하고 정중해질 것이다. 인사는 인간관계의 시발이다. 따라서 모든 인사는 진실성있게 하지 않으면 안 된다. 상대방을 의식해서가 아니라 스스로 진실성을 가지고 상대방을 대한다면 상대방도 자기에게 진실성을 가지고 대하게 될 것이다. 그렇게 되면 당신의 인생은 보다 더 알차고 보람있게 될 것이다.

(2) 인사의 종류

■ 경례(선절)

□ 큰 경례

정중한 인사로서 집안의 웃어른, 존경하는 분 또는 의식(졸업식, 시상식, 결혼식) 등에서 큰 경례를 한다.

큰 경례는 바로 선 자세에서 발꿈치를 모아 상대를 보고 상체를 45° 정도 굽혀서 정중히 경례를 한 다음 서서히 상체를 일으키고 상대방에게 경의를 표한다. 이 때 너무 가까이에 서지 않도록 주의해야 한다.

□ 보통 경례

우리의 일상생활에서 가장 많이 행해지고 있는 것이 보통 경례이다. 남자는 두 팔과 손을 양 옆에 두지만 여자는 앞으로 두 손을 모으면서 몸을 굽힌다.

바로 선 자세에서 상체를 15° 정도 앞으로 굽힌다. 손을 앞으로 마주 잡아서 허리 높이에 둘 때도 있다.

□ 거수 경례

보통 거수 경례는 모자를 썼을 때 행해지며 지휘계통이 엄격한 군대 같은 곳에서는 반드시 거수 경례를 한다.

바로 선 자세에서 팔의 상박을 어깨와 수평이 되게 올린다. 그리고 전박은 45° 각도로 손과 팔목이 직선이 되게 하여 다섯 손가락 끝을 붙여서 펴고, 인지와 중지의 끝 사이가 모자 챙 오른쪽 끝이나 눈썹 끝에 닿게 한다. 이 때 시선은 상대방 얼굴을 향하고 답례가 끝나면 손을 내린다.

모자를 벗었을 경우에는 오른쪽의 손가락을 모아서 펴고 왼쪽 가슴에 댄다.

■ 목 례

길 또는 실내의 복도에서 자주 대하게 될 때 하는 인사이다. 앉아 있거나 서 있을 때 또는 걸어갈 때 바로 그 자세에서 미소띤 얼굴로 가볍게 고개를 숙이며 즐거운 표정을 짓는다.

경우에 따라서 윗분에게도 목례로서 경의를 표하는 수가 있다.

■ 악 수

악수는 서구적인 인사로 방법이 간편해서 우리 나라에서도 거의 생활화 되었다. 그러나 악수는 간단하면서도 지켜야 할 것이 많기 때문에 실례되는 일이 없도록 잘 알아서 사용해야 한다.

즐거운 표정으로 오른손과 오른손을 마주잡고 상대방의 얼굴을 보며 약간 흔든다. 장갑을 끼고 있을 때는 벗고 한다.

악수는 윗사람이나 여성으로부터 먼저 청해져야 하며 남녀간에는 가볍게 잡아야 하지만 연인 사이일 경우에는 꽉 잡아도 된다.

■ 배례(앉은 절)

절은 우리 나라 고유의 인사 방법이다. 가정에서 어른에게 절을 하며 서로가 상대방에게 절을 하기도 한다.

절에는 평상시에 하는 평절과 의식 때 행하는 큰 절과, 절을 받을 때 하는 답례 절, 평교간에 하는 맞절 등이 있다.

□ 보통 절

웃어른께서 외출하시거나 돌아오셨을 때, 새해를 맞아 웃어른에게 세배할 때 등 익숙해지면 요즈음의 경례와 같이 쉽게 할 수 있다.

① 남자의 평절

바지저고리를 입은 위에 두루마기를 입고 절한다. 신사복으로도 할 수 있다. 약간 떨어져서 절을 받을 분을 보고 바르게 선다. 두 손을 펴서 인지의 끝이 약간 닿게 마주잡고 약간 들면서 무릎을 꿇어 앉아 두 손을 방바닥에 15cm 사이를 두어 짚고 절한다. 손등 위로 15cm 정도 사이를 두고 허리와 머리를 굽혀 잠시 멈추었다가 엎드려 절한다. 자연스럽게 허리를 세우고 손을 무릎에 당기며 한 발씩 일어서서 발을 모으고 두 발 뒤로 물러서서 앞으로 손을 모아 잡고 선다.

② 여자의 평절

치마저고리나 양장차림으로 한다. 바로 선 자세로 아래에 시선을 두고 다소곳이 얼굴을 숙인다. 팔과 손을 자연스럽게 양옆에 드리우고 힘을 주지 않는다. 한쪽 발을 뒤로 여며 빼어딛고 가볍게 무릎을 꿇고 앉으며 발을 옆으로 내어놓고 앉기도 한다.

무릎 안으로 팔을 펴서 손끝이 밖으로 향하게 하고 손목은 안으로 오게 하여 손목과 손목 사이를 15cm 정도 두고 모은다. 그리고 허리, 어깨, 고개를 숙여 잠깐 사이를 두었다가 고개를 들고 일어서며 먼저 한쪽 발을 일어선 다음 발을 모은다.

허리 높이에서 두 손을 마주 잡고 한 발이나 두 발 정도 뒤로 물러선 다음에 어른의 말씀을 듣고 자리에 앉는다.

이에 대한 답례의 절은 한 무릎을 세운 채 양옆으로 손을 놓고 고개와 허리를 숙여서 한다.

□ 큰 절

큰 절은 일반적으로 혼례식 때의 교배, 폐백을 올릴 때, 또는 회갑 때의 헌수, 제사 때의 절, 장사 때의 영전에 하는 절 등이다. 큰 절은 두 번 하며, 예복을 갖추어 입는 것이 원칙이다.

① 남자의 큰 절

옛날의 남자들이 큰 절을 할 때는 관복, 사모관대, 도포, 갓, 두루마기 등을 갖추어야 했다. 그러나 요즈음에는 양복 차림으로 할 수 있으며 두 번 절한다.

절하는 순서는 흥(興) · 읍(揖) · 궤 · 공수(拱手) · 배(拜)의 순으로 행한다. 절하는 방법은 바로 선 자세에서 두 손을 모아 잡고 고개를 숙이고 마주 잡은 손을 앞으로 내어 얼굴 높이로 든다.

무릎을 꿇어 무릎 위에 손을 올려 놓은 다음 두 손을 가슴 높이로 들었다가 바닥에 내려 짚고 고개와 허리를 낮게 굽혀 절한다. 잠시 사이를 두었다가 일어서서 같은 동작으로 다시 한 번 한다. 허리를 세우고 일어서며 한 발 뒤로 물러서서 옆으로 비껴선다.

② 여자의 큰 절

상대방을 보고 일어서 바로 선 자세로 두 손과 팔을 눈 높이로 수평하게 들고 고개를 숙여 아래로 시선을 둔다.

한 발을 뒤로 빼어 딛고 꿇어 앉은 다음 눈 높이에 있는 손을 무릎 위에 놓으면서 머리와 가슴을 앞으로 숙여 절한다. 잠시 사이를 두었다가 다시 눈 높이로 손을 들어 올리고 한 발씩 세워서 일어서며 같은 동작으로 다시 한 번 절하고 손을 내려서 마주 잡는다.

제 3장
언어의 예절

1. 말(言語)의 기본

■ 말(言語)은 인간관계의 기본

인간은 말을 통해서 자기를 향상시키고 각자의 의사를 표현하며 생활하고 있다. 언어는 대등한 관계에서 상대방에게 자기의 사상, 감정, 지식, 의견 등을 음성언어를 통해 전달하는 의사 표시의 한 방법이다.

의사 표시의 방법에는 언어 외에도 행동이 있는데 행동이나 언어만으로는 충분히 자기의 의사를 전달하기 어려울 때가 있다. 따라서 언어와 행동을 병행해서 의사를 전달하는 방법이 있으며, 인간 생활에서 언어의 조화는 하나의 중요한 요소가 되고 있다.

말에는 존칭, 비칭, 음서, 음색, 강약, 표정 등의 방법과 태도가 있어서 잘 익혀야 하며 말을 하기 보다는 남의 말을 들어주는 태도가 중요하다.

행동과 말씨 그리고 옷차림, 이 세 가지의 조화는 그 사람의 품격을 나타내는 척도가 된다. 따라서 우리는 사람을 대할 때 예를 갖추어서 말을 해야 할 것이다. 많은 사람에게 즐거움을 줄 수 있는 말을 할 수 있도록 해서 즐거운 생활을 해야 한다.

■ 말의 유형(類型)

□ 높임말과 낮춤말

① 아주 높임말

웃어른께 말씀 드릴 때 사용하는 말로 존칭에서는 가장 높이는 말이다.

예를 들면 '보아 주십시오', '하셨습니까', '잡수셨습니까' 등 이다.

② 보통 높임말

일상 생활에서 보통 사용되어 지고 있으며 동등한 사이에서 많 이 쓰여진다. 아주 높임말보다는 조금 낮은 존칭에 해당하며 '보 시오', '보세요', '보셨어요', '잡수세요' 등이 이에 속한다.

③ 보통 낮춤말

아랫사람을 향해서 약간 낮추어서 말하는 것을 가리킨다. 동생 이라도 사회적인 지위를 가지고 있다거나 촌수는 아래지만 나이 가 더 많을 때는 '해라' 하지 못하고 '하게' 하며 역시 '해라' 라는 명령보다는 '하게' 하는 것이 기분도 더 좋으며 듣기도 좋다.

④ 아주 낮춤말

연세가 약간 드신 분이 많이 사용하는 말로, 젊은 사람이 쓰는 것은 어울리지 않으며 보기 흉하다.

자기하고 나이 차이가 많이 나는 사람에게 하는 말로 '오너라', '가거라', '하거라' 등이 이에 속한다. 아주 낮춤말 보다는 보통 낮춤말이 듣기도 좋으며 서로를 즐겁게 한다.

■ 상대 칭호

말에는 자기 자신을 가리키는 1인칭과 상대방을 가리키는 2인칭이 있으며, 제 삼자를 가리키는 3인칭이 있다. 그리고 족친을 말할 때 쓰이는 기본이 있으며 상대방을 높여서 말하는 존칭과 자기를 낮추어서 말하는 비칭이 있다.

우리 나라는 연령에 따라 상대방을 대접했는 데 그 기준은 아직도 우리의 생활 속에서 찾아볼 수가 있다.

편지에서 쓰는 말이나 친족의 호칭 등 우리말에는 매우 어려운 점이 많다. 특이한 것은 상대방을 높임으로서 존경을 나타내는 경어가 발달했다는 점이다.

남의 부친을 높여서 부르는 말에는 '춘부장(春府丈)', '아버지께', '어르신네' 등이 있다.

■ 친족간의 칭호

족친간의 칭호는 직계촌법, 외가계촌법, 내종계촌법에 따라 다르다. 예로부터 우리 나라의 가족제도는 한 가정에 4대가 살 수 있었으며 인간이 지켜야 할 모든 범절은 가정에서 배웠다. 이러한 기본체제 밑에서 가족의 질서에 따라 예의범절을 지키며 존경하고 사랑하며 살아왔다.

문화가 점차로 발전하고 생활이 바빠짐에 따라서 우리의 가족제도도 단일 가족의 형태로 가정생활이 변모되어 가고 있다. 그러나 이처럼 가정생활이 변모되었다고 할지라도 어른을 존경하고 그에 따른 예의범절은 더욱 강조되어야 할 것이다.

족친간의 칭호는 다음과 같이 다르다.

■ 일반적인 칭호

가정에서 보편적으로 부르는 칭호를 보면 다음과 같다.

□ 부부 사이

남편이 아내를 부를 때에는 당신, 여보, 아내, 마누라, 임자 등이 있으며 아내가 남편을 부를 때에는 당신, 여보, 부군 등이 있다. 부모에게 자기 남편을 말할 때는 '제남편', '아무개 아비가 왔습니다' 라고 말해야 하며 부모에게 자기 아내를 말할 때는 '저의 안 사람이', '제 처가', '저의 집사람', '제 아내', '내자' 등이 있다. 요즈음에는 애기가 있을 경우에는 애기 이름을 앞에 붙여서 'OO아빠', 'OO엄마' 라고 부른다.

□ 부모

'엄마', '아빠' 라고 부르던 호칭을 자라서 어른이 되면 '어머니', '아버지' 라고 불러야 한다.

조부모님께 부모를 가리켜 말할 때는 '아버지가 왔다 갔습니다' 라고 하여 존대를 하지 않는다. 부모 앞에서 자기 친정 식구의 이야기를 할 때도 낮추어서 말한다.

□ 형제

형제의 칭호에는 형님, 중형(仲兄), 백형(伯兄), 아우, 동생 등이 있다. 형의 아내를 부를 때에는 형수라고 하고, 동생의 아내는 계수(제수)라고 부르며 형과 동생의 부인끼리는 동서라고 한다.

삼형제의 경우에는 첫째를 백씨, 백형이라 부르고 둘째는 중형(仲兄), 셋째는 계씨, 또는 계형이라고 한다.

아버지의 형제는 차례로 백부, 중부, 계부라고 부른다.

□ 자기 가족

자기 가족에 대해 말할 때는 보편적으로 저의 할아버지, 우리 아버지, 우리 할머니, 우리 어머니, 아주머니 등의 호칭이 있고 형, 아우, 맏누이, 누이동생 등이 있다. 또한 어린 자식에 대해 말할 때는 큰아이, 둘째아이, 돌장이, 조카, 조카딸, 어린 것이라고 부른다. 손아랫 사람에게 웃어른을 말할 때는 '우리 어머니께서'라고 존대말을 쓰지만 대하는 사람이 어른일 경우에는 존칭을 쓰지 않는다.

□ 남의 가족

남의 가족을 부를 때는 할아버님, 조부모, 아버님, 춘부장, 백부장, 숙부님, 어르신네, 아저씨라고 하며 부부간을 가리킬 때는 사랑 어른께서, 바깥 어른께서, 아무개 어른께서, 영감님께서, O장께서라고 하며, 관직의 명을 붙여서 국장님, 과장님이라고 할 수도 있다. 부인을 가리킬 때는 부인께서, 사모님께서, OO자당, 국장님 부인께서라고 부른다.

　남의 형제는 형님, 백형, 백씨, 중씨, 계씨, 누님, 매씨, 여사 등
이 있으며, 남의 자식을 가리킬 때는 아드님, 도령, 따님, 규수, 아
가씨, 조카 따님이라고 말하며, 대하는 상대가 웃어른일 경우에는
가리키는 사람이 어린 아이라 할지라도 존대를 하여야 한다.

2. 말하는 방법

(1) 음성(音聲)과 음색(音色)

■ 음성은 성품의 표출

　사람은 제각기 그 사람 특유의 음성과 음색을 가지고 있어서
음성만 듣고도 어머니 또는 언니라는 것을 금방 알 수 있다.
　음성은 선천적으로 주어진 것이라 하지만 다듬고 노력하는데
따라서 답답하고 날카로운 음성을 좀 더 듣는 사람이 즐겁게 들을
수 있도록 할 수 있을 것이다.
　가끔 자기의 음성을 들어 볼 필요가 있다. 그래서 풍부한 호흡
으로 충분한 목소리를 내서 자기 음성을 조절할 수 있는 능력을
기르면 좋을 것이다.

■ 음색은 교양의 척도

음성이 선천적인 것에 비해서 음색은 후천적이라 볼 수가 있다. 따라서 음색은 같은 내용의 말이라도 노력에 따라 좀 더 부드럽고 상냥하게 할 수가 있다. 평소의 교양에 따라서도 음색은 다르게 나타난다.

음성과 이러한 음색을 조화시켜서 자기만이 가지는 독특한 목소리를 가질 수 있다.

(2) 음성도 고칠 수 있다

■ 좋은 음성을 갖는 비결

좋은 음성을 갖기 위해서는 첫째, 성대에 무리하게 압박을 가하지 않아야 한다.

또한 발음 연습을 할 때는 무리를 하지 않아야 한다. 이 때는 성대를 부드럽게 하여서 호흡을 바르게 하고 입모양을 똑바르게 가져 발음이 분명하게 한다. 목소리를 많이 사용하는 직업은 평소 건강에 주의해야 한다.

또한 자기의 음성을 알아보기 위해서는 다음과 같은 방법이 있다.

먼저 자신의 목소리를 녹음해서 음의 성질과 높낮이와 강하고 약한 것에 대한 테스트를 해 보는 것이 좋다.

방구석을 향해서 양손으로 귀를 감싸고 소리를 내어서 들어보는 방법도 있다.

종이를 크게 말아서 벽에 대고 큰소리로 말한다. 그러면 벽에
부딪혀서 되돌아오는 자신의 소리를 들을 수가 있다. 또한 가족이
나 친구들에게서 도움 되는 말을 들을 수도 있다.

자기의 음성을 조사해서 의사에게 진찰을 받을 수도 있다.

축농증이 있거나 기관지가 좋지 못한 사람은 인두(咽頭)나 후두
(喉頭)의 종양에 의해서 또 마비가 되어서 쉰소리가 나올 수도 있다.

무리해서 목을 사용하면 성대가 갈라져서 염증이 생겨서 이상
이 있을 수도 있다. 또한 성대의 점막이 출혈을 일으켜 피가 맺히
기도 하며, 성대에 이상이 생겨서 목소리가 쉬는 수도 있다. 이것
이 일시적일 수도 있고 영구적으로 될 수도 있다.

내장이 나쁘거나 영양장애를 일으키면 예쁜 목소리가 나오지
않는다. 음성에 커다란 영향을 주는 요인으로는 수면이 부족하거
나 지나치게 목을 사용했거나 또 밤을 세우는 일이다.

항상 건강에 유의해서 충분한 운동과 수면을 취해야 한다.

■ 변성기에 주의하라

변성기는 사람마다 약간의 차이가 있으며 남녀에 따라 다르게
나타난다. 변성기의 성대는 충혈되어 있어서 무리해서 사용하지
않도록 한다. 이 때 성대에 이상이 오면 목소리가 나쁘게 된다.

인간의 음성은 이러한 변성기를 지나야 자기 고유의 음성을 가
지게 된다.

■ 적당한 발성 연습

가정에서 어머니는 항상 조용하고 아름다운 소리를 내어 아이들이 좋은 발성을 하도록 지도해야 한다.

변성기 이전의 어린이는 계속해서 목 부분이 발육하는 과정에 있다. 따라서 큰 소리를 내어 노래를 하거나 말을 하게 되면 목 부분이 약해서 음성을 해칠 우려가 있다.

어린이는 항상 자연스럽고 부드러운 소리로 말을 하게 하고, 노래할 때도 되도록이면 예쁜 소리를 내게 한다.

또한 학교에서 교사나, 가정에서의 어머니는 어린이가 아우성치지 않도록 주의시킨다. 만약 큰 소리로 떠들고 놀았을 경우에는 휴식을 취하게 한다. 항상 조용조용히 말하는 버릇을 길러주는 것이 좋다.

귀의 청력(聽力)도 음성에 영향을 주기 때문에 귀에 질병이 있는지의 여부를 진찰해서 치료할 필요가 있다. 특히 어린이는 다른 사람의 말을 흉내 내기 좋아하므로 어머니는 목소리가 나빠지지 않도록 지도해야 한다.

(3) 발음(發音)과 어조(語調)

■ 발음은 똑똑하게

말을 할 때는 상대방이 알아들을 수 있도록 발음을 정확히 해야 한다. 발음이 정확하지가 않아서 잘 알아듣지 못하는 사람이 있는데 이는 스스로가 노력해서 고쳐야 한다.

말을 하는 음성이 아름다우면 그 내용에 따라 생명력이 있는 것처럼 느껴져서 서로의 의사나 감정을 함께 할 수가 있다.

■ 어조는 차분하고 격조있게

어조는 말의 내용과 이야기의 내용에 따라 높고 얕게, 강하고 약하게, 길고 짧게, 크고 작게, 빠르고 느리게 조절해야 한다. 그래야만 목적했던 내용을 올바르게 표현할 수 있다. 어조가 바르지 못하면 내용이 달라지게 된다.

검정 색이라도 어조의 강약에 따라서 다르게 표현되며 또한 하늘에서 내리는 '눈'과 얼굴에 있는 '눈'을 가리킬 때도 어조에 따라서 다르게 들린다.

말 한마디는 발음이 정확하고 그 내용에 따라 리듬의 변화, 즉 어조가 바로 되었을 때 그 말에 생명력이 느껴지므로 듣는 사람이 쉽게 이해를 할 수 있으며 의사(意思)나 감정을 함께 할 수 있다.

부드럽고 맑은 음성에 조화된 어조로 자기의 말에 생명력이 있게 하여 상대방을 움직일 수 있도록 해야겠다. 같은 내용의 말이라도 더듬거려서 하는 것보다는 차분하고 격조있게 하여서 듣는 이의 마음을 움직일 수 있어야 한다.

(4) 표준말과 사투리

■ 표준말

표준어란 한 나라의 표준이 되는 말을 가리킨다. 다시 말하면 일정한 기준에 따라 만들어진 언어로 각국의 수도에서 쓰는 말을 기초로 한다.

우리 나라에서는 현재 중류사회에서 쓰는 서울말을 중심으로 정해서 쓴다.

이러한 우리 말을 우리는 누구에게나 자랑할 수 있으며 공식적인 장소나 직장에서는 표준말을 사용해야 한다. 특히 학생을 가르치는 교사나 외국인을 상대할 경우에는 반드시 표준말을 써야 한다.

■ 사투리

교통이 불편하고 통신이 발달하지 못하였으며, 교육이 일반화되지 않았던 옛날에는 생활 문화와 언어가 교류되지 못하였다. 따라서 많은 사람들이 지방의 방언을 썼으며 일정하게 언어가 통일이 되지 않았다.

사투리에는 소리나 뜻, 어법 등이 표준말과는 완전히 다른 것이 있어서 내용조차 알아듣지 못하는 경우가 있다. 그러나 고향 친구, 일가 친척을 만나게 되면 자연히 사투리를 듣게 되어 더욱 친근감이 느껴진다. 그 뿐만 아니라 그 지방 특유의 향토적인 맛과 멋이 사투리에는 들어있다. 따라서 고향 친구 등을 만난 자리에서는 굳이 표준어를 쓸려고 할 필요는 없을 것이다.

■ 은어(隱語)와 속어(俗語)

표준말이나 사투리가 아닌 저희들만 알도록 특정한 뜻을 숨겨 붙인 말을 은어라고 한다.

이러한 은어를 써서 뜻한 내용을 더 효과적으로 나타낼 수 있고 더욱 강하게 표현할 수도 있다. 그러나 은어를 일상생활에 사용할 때는 세심하게 주의를 한 다음에 사용해야 한다.

속어는 한 마디로 말해서 통속적인 저속한 말을 말한다. 이러한 속어는 저속할 뿐만 아니라 말하는 사람의 인품이 의심스럽게 되고 품위가 없어 보인다.

결국 속어는 사용하지 않는 것이 좋다.

3. 말하는 태도

■ 진실성있게 말하라

말은 아름답고 깨끗한 말씨로부터 우러나와야 한다. 진실성이 있는 말은 많은 사람을 움직일 수 있고 공감을 불러 일으킬 수 있다. 제 아무리 듣기 좋은 말을 한다 해도 남을 헐뜯거나 비웃는 듯한 말은 결코 상대방의 마음을 움직일 수가 없다.

이처럼 아름다운 마음씨에서 우러나오는 진실성 있는 말은 말하는 솜씨가 서툴다 해도 말을 한 효과가 나타나게 된다.

흔히 말을 능수능란하게 하는 사람을 보고 구변이 좋은 사람이라고 한다. 이것은 수단이 좋아서 어떤 사람하고 어울려도 막힘없이 말을 잘하는 사람을 가리키는 말이다. 그러나 듣는 사람으로 하여금 공감을 불러 일으키지 못하면 진정한 의미로 말 잘하는 사람이 아니다.

말은 자신의 품위를 떨어뜨리지 않는 범위에서 간결하게 해야 한다. 자신의 결점을 노출시켜서도 안 되며 다른 사람의 결점을 얘기해서도 안 된다. 만약 자신의 결점이 노출되었을 때는 그에 대응할 만한 자신의 장점을 자연스럽게 유도해 낸다.

진실성이 있는 말은 언제나 아름다운 마음씨에서 우러나오는 것이므로 상대에게 그대로 전달되어 말을 한 효과가 나타나게 되는 것이다.

■ 상대의 마음을 움직이는 말

같은 말이라도 말의 효과는 다르게 나타난다. 무엇보다도 마음 속에서 우러나오는 따뜻한 말이 상대의 마음을 쉽게 움직일 수 있다.

겉으로만 친절한 체하는 진실성이 없는 말은 오히려 신용 없는 사람이 될 뿐만 아니라 상대의 기분을 상하게 한다.

음식점 종업원이나 점원들이 하는 형식적인 인사에서는 친절을 느끼지 못한다. '손님을 친절하게 대해야겠다', '손님을 즐겁게 모셔야겠다'는 마음 자세가 되어 있을 때 마음에 와닿는 친절을 느낄 수가 있다.

■ 군소리(떠벌림)와 허풍은 금물

말은 능수능란하게 잘 하지만 호감이 전혀 안 가는 사람이 있다. 이러한 사람은 진실성이 깃들어 있지 않기 때문이다.

실없는 말을 하거나 말이 많은 사람은 어느 누구에게도 공감을 불러 일으키지 못하고 오히려 듣는 사람을 피곤하게 만든다. 따라서 할 말은 하고, 하지 않아도 될 말은 삼가서 품위를 지켜야 할 것이다.

■ 상냥한 말씨는 선량한 인품

아름다운 말씨를 쓰는 것은 그 사람의 교양을 나타내는 것이다. 항상 바른 마음으로 품위 있고 점잖은 말씨를 사용해서 바른 언어 생활을 해야 한다.

우리의 일상 생활에서 사용하고 있는 언어의 비중을 보면 듣는 것이 45%, 말하는 것이 30%, 읽는 것이 16%, 쓰는 것이 8%로서 듣는 것과 말하는 것이 큰 몫을 차지하고 있다.

사람에 따라서 존대를 하고 낮추어서 말하고 반말을 한다. 그러나 신분이 천하고 손아랫사람이라고 해서 함부로 말을 낮추는 것은 보기에도 흉하고 반발을 불러 일으키게 된다. 그 사람이 쓰는 말씨는 교양이나 인품을 그대로 나타내는 것이다.

■ 시선은 자연스럽게 상대방의 표정을

대화를 할 때 시선을 어디에 두어야 할지 몰라서 난처해 한 경험을 많은 사람이 가지고 있을 것이다. 그 만큼 대화에서의 시선은 매우 중요한 것이다. 또한 상대에 따라서 시선을 달리해야 할 경우도 있다.

보통 말하는 사람과 듣는 사람과는 50~60cm 간격을 두고 마주 앉아 서로가 편안한 자세를 취한다. 이 때 상대방 얼굴을 뚫어지게 응시하지 않도록 하고 턱을 괴고 너무 가까이 앉아서도 안된다. 눈과 눈이 마주치도록 하여서 서로에게 호감을 줄 수 있어야 한다. 말을 하고 있는데 한눈을 파는 것은 시례가 되므로 주의 깊게 들어주어야 한다. 말보다도 진실된 표정이 더 빠르게 감정을 표현한다.

눈은 말보다도 강한 말을 지니고 있기 때문에 마주보는 시선은 특별한 의미를 갖는다. 따라서 이리저리 눈을 굴리며 시선을 흩트리는 것은 상대에게 호감을 주지 못한다.

젊은 사람이 웃어른이 이야기 하는데 어른의 눈을 계속 응시하는 것은 예의에 어긋나며 큰 실례가 아닐수 없다.

4. 대화의 요령

■ 말하기 전에 들어라

다른 사람이 하는 말은 정확하게 들어야만 그 사람의 의사와 감정을 이해하고 받아들일 수 있다.

말을 많이 하기 보다는 열심히 들어주는 태도가 바람직하다. 상대의 호감을 살 수 있을 뿐만 아니라 상대를 쉽게 파악할 수 있어서 상대를 대하기가 편해진다. 그렇다고 너무 말이 없어서는 안 된다. 적당히 반응을 해주고 상대에게 정다운 시선을 주면 더욱 활기찬 대화를 할 수 있다.

이야기 중에 자기 주장을 내세우지 않도록 하고 내용에서 벗어난 질문을 해서 상대의 기분을 상하게 하는 일이 있어서는 안 된다.

의견 충돌이 있을 때는 자기 주장만을 내세우지 말고 서로의 의견을 존중해서 그 원인을 밝혀낸다. 서로 공감할 수 있는 분위기를 조성할 줄 알아야 한다.

또한 다른 사람이 말을 할 때는 그에 대한 반응을 보여서 상대가 이야기를 잘 이끌어 갈 수 있게 만드는 것이 좋다.

상대방의 의견에 귀를 기울여 긍정하는 뜻을 나타내면 대화에 생동감이 있게 된다. 그러나 지나치게 고개를 끄덕이면 실없는 사람이라는 인상을 주게 된다.

이야기를 들을 때는 참을성과 끈기가 있어야 한다.

■ 겸손하게 말하라

대화에는 무엇보다도 서로의 이해가 있어야 하고 어느 정도 마음의 문을 열고 있어야만 대화가 이루어진다. 일방적으로 대화가 흐르게 되면 참다운 대화가 이루어지지 않아 의례적으로 끝나게 된다.

또한 대화에는 겸손한 자세가 필요하다. 인격을 존중해 주고 허물을 감싸주어서 상대방을 편안하게 만든다. 이렇게 하면 어려운 일이라도 쉽게 말하게 되며 고민되는 일도 털어 놓게 된다. 서로 부담 없는 대화를 나눌 수 있을 뿐만 아니라 친밀감이 싹튼다.

■ 상대방에게 관심 있는 화제의 선택을

상대에게 관심이 있다는 것을 보이면 대화를 더욱 생동감 있게 이끌어 나갈 수 있다. 상대방의 취미나 기호를 안다면 그에 대한 자기의 관심을 나타내어 대화할 수 있는 분위기를 만든다. 누구나 자기가 좋아하고 있는 것에 대해서 관심을 가지고 있는 사람이 있다는 것은 친근하게 느껴져서 허물없이 대화를 할 수 있게 된다. 따라서 무용을 좋아하고 있는 사람이 경우에는 무용에 관한 얘기를 꺼내면 대화가 쉽게 풀어진다.

대화를 하다보면 가끔 상대의 기대에 호응해야 할 경우가 있다. 이런 때는 적당히 칭찬과 동조의 뜻을 나타낸다. 그렇다고 해서 상대가 자기의 옷을 보고 '색깔이 별로 예쁘지 않지' 하고 물었을 때 곧이 곧대로 받아서 '정말 그래, 왜 이런 색을 골랐니?' 하고 대답하는 것은 대화의 화제를 살리지 못한다. 먼저 누구든지 인정해

줄 만한 사실을 들어서 칭찬을 해 준 다음에 충고를 해야 한다.

'디자인이 매우 훌륭한데 색이 약간만 옅었더라면 더욱 예뻤을 것 같은데'라고 먼저 좋은 점을 칭찬해 준 다음에 충고를 곁들이면 원만한 분위기가 되어 대화가 계속 이어진다.

■ 말주변 없는 사람도 상대를 움직일 수 있다.

상대방으로 하여금 이야기에 흥미와 관심을 갖게 하기 위해서는 그에 알맞은 화제와 지식을 갖추고 있어야 한다.

많은 사람이 모여 있는 자리에서 계속 침묵만을 지키고 있는 것은 결코 바람직하지 못하다. 평소에 화제와 재료를 구해서 말하는 능력을 길러야 한다.

마음 속으로만 혼자서 생각하고 말을 하지 않는 것은 아무런 도움이 되지 않는다. 이것은 자기의 마음 속에 가지고 있는 생각을 다른 사람이 알지 못하기 때문이다.

버스 안에서 남의 발을 밟고도 미안하다고만 생각하고 말을 하지 않으면 그 사람은 분명 화를 낼 것이다. 남의 발을 밟았으면 즉시 '미안합니다', '죄송합니다' 하고 사과를 해야 한다.

□ 먼저 화제를 준비하라

신문이나 잡지를 보고 사회적인 사건이나 문제에 대해 정보를 얻으면 좋다. 또한 자기 주변에서 일어나는 일을 보고 들을 때마다 지적인 호기심을 가지고 거기에 대해 생각해 보는 습관을 기르는 것도 바람직하다.

사회생활에서의 대화는 자기와 동떨어진 것이 아니므로 인생문제와 함께 자기의 의견을 정리해 둘 필요가 있다. 평소에 자신이 흥미를 가지고 있던 분야에 대해서는 깊이 조사하고 연구해서 뚜렷한 주관을 갖고 있어야 한다.

많은 사람들이 관심을 가지고 있는 문제에 대해서 풍부한 이야기 재료를 가지고 있어야 한다. 사람들은 이야기 내용이 흥미 있거나 말하는 사람이 재미있게 하면 그 이야기에 매료되기 마련이다.

대화의 재료를 보면 다음과 같다.

천재지변, 전쟁뉴스, 기후관계와 같은 우리의 생존과 관련 있는 이야기와 친척이나 가족에 관한 이야기, 여행이나 취미, 건강에 관한 이야기, 연극·영화·음악·방송프로에 관한 이야기, 운동경기에 관한 이야기, 문학작품 속의 주인공 이야기, 인기인의 스캔들과 같은 이야기, 지역사회에 관한 이야기, 일상생활에 관련된 이야기, 소설, 논문 또는 서적에 관한 이야기, 남에게서 들은 이야기 등이다.

□ 관심 있는 부분에 악센트를

이야기를 하는 도중에 '좋다', '나쁘다' 라는 것을 노골적으로 나타내서는 안되겠지만 '노우' 와 '예스' 는 분명히 해 주어야 한다. 그러나 반대의 뜻을 나타낼 때는 자기의 생각을 조심스럽게 말하여 대화에 지장을 주지 않도록 한다.

또한 대화에서 응답을 해 주는 것 하고 응답하지 않는 것은 이야기의 의미를 다르게 한다. 따라서 반응을 적당하게 나타내어 대화를 무르익게 할 필요가 있다.

□ 적절한 낱말의 선택과 밝은 표정을

대화를 할 때는 낱말을 잘 선택해야 한다. 같은 내용의 말이라도 품위 있는 말을 골라서 하는 것이 교양인의 태도다.

말씨는 그 사람의 인격을 나타내기 때문에 품위가 떨어지는 교양 없는 말은 삼가해야 한다.

오래간만에 만나는 사람의 경우 적절한 화제가 요구되는 일이 있는데, 품위 있고 위트 있는 화제를 풍부하게 준비해 두어야 하며 어색함이 없도록 낱말을 잘 골라서 할 필요가 있다. 예를 들면 식사할 때 '선희야! 밥 안 먹니?' 하는 것보다는 '선희야, 밥 먹자' 하는 것이 정감있게 들린다.

또한 밝은 표정은 명랑한 분위기를 조성하고 긴장을 풀어주어서 쉽게 대화가 이루어진다. 미소 띤 얼굴은 누구에게나 호감을 주며 즐거움을 줄 수 있다.

■ 올바른 화제의 선택

□ 항상 상대방을 의식하라

이야기를 하다보면 화제가 궁해지는 경우가 있다. 이럴 때에는 분위기를 바꾸어서 창을 열거나 음악을 튼다. 그러나 화제를 다르게 바꾸어야 할 경우에는 잠시 여유를 두었다 다음 화제를 꺼낸다. 상대의 흥미를 끌기 위해서 뉴스에 대한 이야기 등을 할 수 있겠다. 또한 여럿이 함께 모여 있는 장소에서는 공동의 화제거리를 선택해서 다함께 대화에 참가하도록 해야 한다. 한 사람이라도 대화에 흥미가 없는 것 같이 보이면 '이 일에 대해서 어떻게 생각하십니까' 라는 말로 대화에 끌어들인다.

대화란 상대방이 없이는 불가능한 것이다. 따라서 상대방을 의식하지 않는 대화는 아무런 쓸모가 없는 말장난에 불과하다. 상대방을 의식한 대화만이 상대방의 마음을 움직일 수 있다. 그러므로 대화는 항상 자기 자신의 입장보다는 상대방의 입장을 고려해서 하지 않으면 안 된다. 뛰어난 웅변가는 다름아닌 상대방의 입장을 앞서 생각하는 화자(話者)인 것이다.

□ 올바른 화제의 선택

품위있고 위트있는 화제를 풍부하게 가지고 있는 사람은 일단 교양이 갖추어진 사람이라고 할 수 있다. 옛 말에 '침묵은 금이고 웅변은 은이다' 또는 '말이 적으면 그르침이 적고 실천이 앞서면 후회가 적다' 는 가르침이 있다. 이 말의 참뜻은 정말로 벙어리가 되는 것이 좋은 것이라는 말이 아니라 경솔함을 방지하자는 데 그 의의가 있다고 할 수 있다. 함부로 경솔하게 말하는 것보다는 차라리 말을 하지 않고 가만히 있는 편이 더 낫다는 뜻이다. 의미있는 가르침이라고 본다. 하지만 요즘은 옛날과는 달라서 무조건 벙어리가 되어서는 곤란하다. 속칭 '표현의 시대' 라고 할 정도로 자기 자신의 생각이나 사상을 상대방에게 드러내놓는 생활이 많아지게 되었다. 적절하고 적당한 표현은 필요하다고 본다. 상호 간에 풍부한 대화를 통해서 보다 나은 인간 관계를 영위해 나갈 수도 있으며, 그때 그때 재치있는 대화를 통해서 보다 알찬 삶을 이끌어 갈 수가 있다. 따라서 요즘은 차라리 '침묵은 금이고 적절하고 재치있는 말은 다이아몬드이다' 라고 옛 격언의 표현을 바꾸는 것이 더 낫지 않을까 한다.

품위있고 위트있는 화제를 풍부하게 가지기 위해서는 보다 풍부한 교양과 다양한 취미, 그리고 넉넉한 지식을 먼저 갖추고 있지 않으면 안 된다. 새로운 뉴스에도 밝아야 하겠지만, 생활에 대한 안목도 넓어야 할 것이다. 여러 방면에 관한 지식과 교양을 다양하게 갖추기 위해서는 평소부터 많은 노력을 기울여야 할 것이다. 장소와 분위기에 따른 재치있는 센스를 가지고 말을 요령있게 활용하는 방법도 익혀 두어야 할 것이다.

그러나 대화에 있어서 무엇보다도 중요한 것은, 사람을 대하였을 때는 항상 관심과 사랑이 담긴 말을 사용하여야 한다는 것이다. 자신의 흥미보다는 상대방이 흥미를 느낄 수 있는 화제의 선택이라야 한다. 여러 사람이 자리를 함께 하였을 때에는 어느 개인 보다는 여러 사람이 공동으로 관심을 가지고 대화를 나눌 수 있는 화제를 선택하는 것이 좋다. 누구나가 다함께 대화를 나눌 수 있는 화제를 선택하여 누구나 똑같은 발언권을 가지고 스스럼 없이 대화를 주고 받을 수 있어야 한다. 만약 상대방이나 또는 어떤 사람이 화제에 궁하여 이야기를 꺼내지 못하고 있을 때에는 그 사람의 입장을 고려해서 'OO은 우리 나라에서도 유명한 명승지이지요?' 하고 그 사람이 쉽게 대화에 응할 수 있도록 화제의 실마리를 풀어나가는 것을 도와주도록 한다. 강연회나 토론회의장이 아닌 이상 너무 어려운 이야기나 심각한 화제거리는 선택하지 않는 것이 좋다. 누구든지 부담을 느끼지 않고 대화에 동조할 수 있는 가볍고 쉬운 화제를 시원스럽게 진행해 나가는 것이 좋다. 대화가 다 끝난 후에 별로 쓸모는 없다고 하더라도 웬지 모르게 즐거웠다고 생각한다면 그곳에서의 인간 관계는 더욱 더 부드러워지게 될 것이다. 또한 정신 위생상으로도 좋을 것이다.

올바른 화제의 선택은 때와 장소에 따라서, 그리고 상대방에 따라서 적절하게 해야 할 것이다. 어떤 화제를 선택하느냐 하는 문제는 그 삶의 교양 정도에 달린 문제이다. 따라서 화제의 선택에 대해서는 평소부터 항상 관심을 가지고 노력하지 않으면 안 된다. 꾸준히 노력을 계속해 나아가다 보면 교양과 인품은 자기도 모르게 향상되어 갈 것이다.

□ 이런 화제는 삼가라

말씨로 그 사람의 예의범절을 알 수가 있다. 말은 때와 장소를 가려서 하고 다음과 같은 사항에 주의해야 한다.

의학을 전공한 사람이 무용을 전공한 사람 앞에서 의학용어를 써서 상대방이 전혀 알지 못하는 이야기를 꺼내는 것은 불쾌감을 준다.

자기에게 관련된 이야기를 상대방은 아랑곳하지 않고 계속 이야기하거나, 자기만의 관심사인 직무나 영업에 대해 계속 이야기하지 않도록 한다. 또한 자기 자신에 대해 지나치게 자랑하는 일은 삼간다.

많은 사람이 모인 자리에서는 개인적인 이야기를 하지 않는다. 타인이 보는 앞에서 꾸짖는 일이 있어서는 안 된다. 식사를 하는 중에 음식이나 요리솜씨에 대해 불만을 터뜨려서는 안 되며, 지저분한 이야기는 꺼내지 않도록 한다. 사교 모임에서의 침울한 얘기는 꺼내지 않는다.

여성이 있는 자리에서 섹스에 대한 이야기나 여성의 신체에 대한 이야기를 하는 것은 큰 실례가 된다.

때와 장소를 가리지 않고 설교를 하거나 충고를 주는 일이 있어서는 안 된다. 속된 말을 사용하거나 함부로 말하는 것은 자신의 품위를 잃는 것이 되므로 가려서 말을 해야 한다.

여러 사람이 이야기하는 자리에서 한 사람에게 비평을 하거나 공격을 하지 않는다.

무슨 말을 하고 있는지 정확하게 말해야 하며, 남을 소개할 때에는 거짓이 없이 솔직하게 말해야 한다.

남의 사생활을 얘기하는 것만큼 보기 흉한 것도 없다.

■ 삼가해야 할 대화의 태도

□ 무절제한 외국어의 사용

사회가 점차로 발달함에 따라 옛날에 사용하던 언어는 소멸되고 새로운 언어가 생성되어 발전한다.

또한 새로운 문물의 도입에 따라 새로운 언어가 생겨나게 되고 외래어가 들어오게 된다. 이처럼 외래어의 도입은 어쩔 수 없는 것이지만 무절제한 외국어의 사용은 주의해야 한다.

□ 남의 허물에 대한 비평

대화 중에 다른 사람을 비평하거나 불만을 터뜨려서는 안 된다. 이렇게 되면 대화가 끊어지게 되는데 만약 비평해야 할 경우가 생겼을 때에는 정면으로 공격해서 기분상하지 않도록 해야 한다. 자기가 생각하고 있는 바와 다르다고 해서 성급하게 공격해서는 안 된다. 일단 상대의 말을 끝까지 듣고 난 후 그에 대한 자신의 의견을 피력하거나 상대의 잘못된 점을 조심스럽게 꺼낸다.

또한 상대방의 취미나 기호에 대해서 비평을 하는 것은 교양이 없는 태도라 아니할 수 없다. 이 때 상대방은 자기의 인격을 침해받았다고 생각할 것이며 자존심이 무시당하는 불쾌한 감정은 오래도록 남아있게 될 것이다. 자기의 뜻이 맞지 않는다고 해서 불만을 털어놓거나 비평을 하는 것은 결코 바람직하지 못하다.

□ 상대방의 개인적인 비밀에 대한 질문

상대방의 사적인 일을 함부로 묻는 것은 큰 실례가 아닐 수 없다. 아무리 허물없이 지내는 사람이라 할지라도 사적인 질문을 하거나 어떠한 일을 알려고 자꾸만 덤비는 것은 상대의 기분을 상하게 할 뿐 아니라 예의에서 벗어난 행동이다.

다음과 같은 점에 대해서는 다시 한 번 생각해 볼 필요가 있다.

상대에게 월급의 액수를 묻는 것은 큰 실례가 될 뿐 아니라 교양이 없는 태도이며 용돈은 얼마큼 되느냐고 물어서도 안 된다.

사생활에 관계되는 것은 묻지 않는 것이 예의이다. 또한 상대가 당황해 하는 일이나 창피하게 여기고 있는 일에 대해서 질문을 하거나 알려고 해서는 안 된다.

여성에게 나이를 묻거나 체중, 몸매의 치수를 묻는 것은 사례가 된다. 상대의 지위에 대한 높고 낮음을 묻는 것도 예의에서 벗어난 행동이다.

다른 사람이 구입한 상품에 대해서 필요 이상의 관심을 나타내거나 꼬치꼬치 질문하는 것도 바람직하지 못한 행동이다. 이 외에도 부부싸움을 한 상대를 동정한 나머지 배우자의 결점을 얘기하는 것은 금물이다.

□ 상대방이 싫어하는 화제나 질문

달갑게 여기지 않는 말이나 싫어하는 일에 대해서 짓궂게 질문을 해오는 사람이 있다. 이러한 사람에게는 정면으로 화를 내는 것보다는 아예 묵살해 버려서 상대방을 위축시키는 것이 좋다. 그리고 질문과는 엉뚱한 대답을 해서 질문 속에 감추어진 초점을 알아 듣지 못한 체 한다.

이렇게 적당하게 회피를 했는데도 불구하고 계속해서 짓궂은 질문을 해오는 경우가 있다. 이것은 상대에게 상처를 주기 위해서가 아니라 거의 재미에 의한 것이다. 이럴 때는 사적인 일이기 때문에 대답할 의무가 없다고 잘라 말한다.

이렇게 되면 더 이상 질문을 못하게 된다.

□ 엄살과 잔소리

많은 사람들과 어울리다 보면 엄살을 부리는 사람을 종종 보게 되는 경우가 있다. 대화를 하는 중에 돈을 빌려 달라고 한 것도 아닌데 미리부터 죽어가는 소리로 자신의 처지를 늘어놓으면서 엄살을 떠는 사람이 있는데 이러한 행동은 바람직하지 못하다.

더군다나 형편이 넉넉한 사람이 이러한 소리를 한다는 것은 정말 보기 흉하다.

엄살을 떠는 사람 외에도 잔소리가 심한 사람을 볼 수가 있다. 어쩌다 함께 일을 하게 되면 참견하지 않아도 될 일을 가지고 하나 하나 참견을 하며 잔소리를 하는 사람이 있다.

가정에서도 특히 잔소리가 많은 사람이 있는데 이는 사람을 피곤하게 할 뿐만 아니라 상대를 움직이는 데는 아무런 도움이 되지 못한다.

백 마디의 잔소리 보다는 엄격한 말 한 마디가 훨씬 효과 있다. 또한 상대방이 말을 하지 않아도 알아들을 수 있는 상황을 만드는 것이 좋다.

잔소리는 듣는 사람을 불쾌하게 만들 뿐 아니라 서로의 사이를 나쁘게 만들며 나중에는 그 사람의 말을 무시하게 된다. 잔소리는 결코 대화가 이루어질 수 없으며 오히려 대화를 가로막는 요소가 된다.

□ 짜증내는 행위

대화를 하는데 있어서 상대에게 짜증을 내는 일이 있어서는 안 된다. 서로 기분이 좋지 않을 뿐만 아니라 어색한 사이가 되어버 릴 수도 있다.

처음 보는 사람에게 짜증 섞인 목소리로 말을 한다면 다시는 이 사람하고 말을 하고 싶지 않다고 생각할 것이 틀림없으며 무척 불 쾌하게 여길 것이다. 이것은 결국 인간 관계에 마이너스가 된다.

짜증나는 일이 있다 할지라도 상대의 기분이 상하지 않도록 말 을 해야 한다. 예를 들어 두 남녀가 이야기를 하는 중에 계속해서 남자가 담배를 피워 방 안에 담배 연기가 가득하다고 가정해 본 다. 이럴 때 여성은 '아휴 그만 좀 피워요, 무슨 담배를 그렇게 많 이 피워'하는 짜증 섞인 말보다는 '방안에 연기 좀 봐요, 창문을 열어 드릴께요'하고 부드럽게 말하는 것이 훨씬 효과적이다.

□ 대화 중에 자주 시계를 보는 일

대화 중에 한 쪽이 계속해서 시계를 들여다보는 것은 얘기를 하 고 있는 사람에게 큰 실례가 된다.

친밀한 관계에서도 별로 좋은 태도가 아니며, 초면인 사람이나 만난지 얼마되지 않는 사이에 있어서는 큰 실례가 된다.

연인 사이에서도 마찬가지이다. 한쪽이 열을 내서 이야기하고 있는데 듣는 사람이 계속 시계를 들여다보는 것은 상대의 얘기에 흥미가 없다는 것이 되어 얘기하고 싶은 마음이 없어진다.

　아무리 바쁜 일이 있다 할지라도 대화할 때는 진실한 태도로 대해야 한다.

제 **4** 장
옷차림의 예절

1. 생활과 옷차림

■ 옷차림은 제2의 인품

인류의 생활에 있어서 옷은 지대한 영향을 미치고 있다. 원시시대에는 단순히 몸을 방어하기 위해서, 또는 추위를 막고 수치심을 가리기 위한 도구로써 옷이 사용되어져 왔다. 그러나 문명의 발달과 더불어 옷은 이제 인간의 치장 도구로써 그 역할을 담당하게 된 것이다.

예절, 신분 또는 지위의 과시 등, 여러 가지 목적이 첨가되어 왔는데, 오늘날에는 이러한 의복의 성립이 크게 변화되어 가고 있는 실정이다.

인간은 평등하다는 평등주의, 민주주의의 생활화, 성(性)의 해방 등, 이밖에 번거로움을 피하고 간편하고 바쁘게 사는 요즈음에는 복장에 대한 의식을 자유롭게 바꾸고 있다.

모든 생활에서 즐거움을 느끼고 아름답고 보람있는 생활을 하기 위해서는 자기 신분에 맞는 의복과 자기 개성에 맞는 의복을 연구하고 선택해서 효과있게 입어야 한다.

우리의 가정생활은 보통 집안일, 가족과의 휴식, 잠자기, 손님맞이하기 등이며, 외출하는 일 중에는 통학, 통근, 방문, 장보기, 초대, 연구회, 발표회, 전시회 등의 참석, 그 밖에 오락, 취미적인 생활로 등산, 해수욕, 스키이, 스케이트, 테니스, 각종 운동경기나 영화 감상, 골프, 볼링 등 사람에 따라 각자 생활 내용이 다르겠지만 자기 신분이나 분위기에 맞는 옷을 차려 입는 것은 현대인이 갖추어야 할 기본 교양이다.

■ 개성에 맞는 옷차림

의복의 시초는 에덴 동산에서 아담과 이브가 추방당하면서 무화과 잎으로 부끄러운 곳을 가리기 시작한 것이라는 설이 있다.

오늘날에 있어서의 의복의 역할은 수치심을 가려줄 뿐만 아니라 변하는 기후에 몸을 보호하고, 자기를 아름답게 보이기 위한 것이라고 할 수 있다.

'옷이 날개'란 말이 있듯이 옷의 종류나 재질에 따라 사람이 다르게 보인다.

그러나 '옷이 날개'라고 해서 무턱대고 많은 돈을 주고 화려한 옷을 사 입는 것은 어리석은 행동이 아닐 수 없다.

자기 분수에 어울리지 않게 화려한 옷을 입으면 오히려 어색하고 경망스럽게 보인다.

아름다운 옷이라고 해서 반드시 비싸고 화려하고 사치스러운 것을 의미하지는 않는다.

옷은 개성을 살리고, 자기 몸매에도 어울려야 하며 그에 따른 빛깔과 디자인이 알맞아야 한다. 또 자기의 경제적 형편이 허용하는 범위 안에서 옷을 장만해 입는 것이 하나의 아름다움이기도 하다.

■ 옷차림은 차림예절의 기본

우리는 왜 옷을 입고 치장을 하는가? 인류 최초의 의복은 아담과 이브가 부끄러운 곳을 가렸던 무화과나무 잎사귀라고 하지만 오늘날의 의복의 정의는 단순히 부끄러운 곳을 가리기 위해서나 피부를 보호하기 위한 차원을 훨씬 넘어서고 있다. 이제는 인간

관계에서 상대방에게 자기 자신의 이미지를 제대로 전달하기 위한 일종의 자기 P. R(광고 효과)을 위한 하나의 방법이라고 보아야 할 것 같다. 이러한 의미에서 옷차림은 '차림예절의 기본'이라고 할 수 있다.

만약 차림에 관한 예(禮)가 없다면 어떻게 될까? 더러는 일년 내내 빨지 않은 지저분한 옷을, 그것도 속살이 군데군데 드러나 보이는 옷을 걸친 채 파티장에 나타나는 사람도 있을 것이다. 또는 엄숙해야 할 식장(예식장이나 장례식장 등)에 요란스러운 차림으로 나타나는 사람도 있을 것이다. 만약 분위기에 어울리지 않는 차림으로 나타나는 사람이 있다면 이는 전체적인 분위기에 영향을 미치게 된다. 그러므로 차림은 자기 혼자만을 의식한 것이 되어서는 안 된다. 남이 보았을 때 어떠하느냐가 더 중요한 문제이다.

인간 관계에 있어서는 특히 첫인상이 중요한 결과를 가져올 수가 있다. 아직 대화를 나누기 이전에는 상대방의 겉모습만을 보고 상대방의 모든 것을 짐작할 수 밖에 없다. 그 첫인상은 얼굴에서만 인식되는 것이 아니다. 아름답고 인자하며 중후한 얼굴에서도 첫인상의 이미지는 강하게 부각될 수 있지만 단정한 몸가짐과 세련된 차림새에서 더 자세한 상대방의 품위를 읽을 수가 있다. 여기에 차림예절의 중요성이 있다.

물론 차림예절에는 옷차림을 비롯하여 화장이라든가, 악세서리 등 여러 가지가 있겠으나 그 중에서도 가장 핵심이 되는 중요한 부분은 역시 옷차림이 아닌가 한다. 그 밖의 다른 차림은 모두 옷차림의 정도에 따라서 그 선택 정도를 달리하는 것이 상례이다. 먼저 옷차림이 결정되어야만 나머지의 차림도 결정할 수가 있다. 말하자면, 옷에 맞는 구두와 장갑, 옷에 어울리는 악세서리에 맞는 화장 등 거의 모든 차림새는 옷의 선택에 따라 달라지게 된다. 옷차림이 차림예절의 기본이라고 하는 이유는 바로 여기에 있다.

2. 한복 차림

■ 우리 민족 고유의 의복

다른 어떤 나라보다도 우리 고유의 의복은 독특한 좋은 점을 가지고 있다.

양복은 몸의 선에 맞추어서 옷을 만드는 데 비하여 한복은 옷의 선 자체를 아름답게 만든 옷으로 사람의 몸매가 그대로 노출되지 않기 때문에 몸매가 빠지지 않았어도 옷으로 보완되는 좋은 점이 있다. 또한 한복은 상체가 길고 하체가 짧은 우리 나라 사람의 체격에 알맞게 만들어 졌으며, 다리가 굵고 뚱뚱한 사람이라 해도, 한복은 입기에 따라 얼마든지 고운 옷차림이 될 수 있다. 무엇보다도 한복의 모양과 색채는 우리 나라의 생활양식과 기후 풍토를 반영하고 있다.

한복의 바탕은 직선이지만 안으로는 정적(靜的)인 면을 간직하고 있다. 한복 차림 속에서 우아하고 평화스러움, 예절바르다는 것을 느낄 수 있는 것은 그 속에 점잖고 예의바른 민족 정신의 기본적인 기풍기 들어있기 때문이다.

하지만 요즈음에는 생활이 바빠지고 서구문화가 우리 생활을 파고들게 되면서부터 사회적인 활동을 하는 사람이나 학생, 어린이가 모두 한복에서 양복으로 바뀌어졌다. 한복은 어른들의 가정복 또는 휴양복으로 입어지는 것이 대부분이지만 명절이나 행사가 있을 때는 어린이로부터 어른에 이르기까지 우리의 고유 의상을 갖추어 입고 있다. 평소에 입지 않았던 한복을 명절이나 행사때 갑자기 입고 보면 몸에 익지 않아 옷은 옷대로 사람은 사람대로 따로 돌아가는 경우를 볼 수가 있는데 매우 어색하게 보인다.

이처럼 우리 고유의 옷을 너무 외면하지 않도록 해야 하겠다. 어디까지나 현대생활에 맞도록 생활내용에 따라 한복과 양복을 잘 조화시켜 몸에 익게 행동하는 것이 우리의 것을 지키는 태도라고 할 수 있을 것이다.

■ 한복의 종류와 입는 방법

□ 남자 옷

남자의 한복은 봄가을에는 겹옷, 여름에는 홑옷, 겨울에는 속옷을 입는다. 옷의 종류는 계절별 또는 생활 내용별, 다시 말하면 예복, 외출복, 집에서의 평상복, 작업복 등으로 분류할 수 있으며, 모양은 비슷해도 옷감의 질로 분류할 수 있다. 외출복이나 예복은 대부분 주단이나 모직물로 되어 있으며 작업복은 질긴 옷감을 이용해서 목면이나 합성 옷감 등으로 만든다.

① 저고리

요즈음에는 한복을 입은 남자들을 찾아보기가 매우 어렵다. 한복이 편한 줄 알면서도 양복을 입는 까닭은 한복이 비활동적이고 비경제적이기 때문이다.

오랜 역사와 전통을 가지고 있는 우리의 고유의상인 한복을 우

리는 그 역사와 전통을 연구해서 우리 생활에 맞게 고쳐나갈 필요
가 있다. 1년에 한두 번 있는 명절에는 되도록이면 우리의 고유
의상인 한복을 입도록 하였으면 한다.

양복에 비해서 한복이 편하고, 여름에는 통풍이 잘 되어서 시원
하고, 겨울에는 보온이 잘 되어서 좋다. 따라서 집안에서 휴식을
취할 때나 노인들에게는 한복이 편리하고, 활동을 할 때에는 양복
이 편리하다.

② 바지

한복의 바지는 단독으로 입을 수 없는 옷으로서 저고리를 껴서
한 벌로 친다. 양복에 비해서 보온이 잘 될 뿐만 아니라 온돌 생
활을 하는 우리 나라 남자에게는 더욱 편리하다.

③ 조끼

조끼가 우리 나라에 들어온 것은 약 60여년 전의 일이다. 옛날
에는 조끼 비슷한 것을 배자라고 하여, 앞이 짧고 뒤가 길며 옆에
있는 끈을 앞으로 잡아당겨서 매었다. 그러던 것이 서양 문화와
더불어 양복이 들어온 이후 조끼가 일반에게 보급되어 오늘날에
는 재래의 조끼가 무색할 만큼 우리의 생활복으로 되어 있다. 요
즈음에는 옛날의 조끼였던 배자는 찾아보기가 어렵게 되었다.

이것은 주머니가 많이 달린 조끼가 배자에 비해서 편리하기 때
문이다. 옛날에는 주머니·염낭·쌈지 등을 앞에다 차서 소지품을
보관해야 했던 불편을 조끼가 들어옴으로서 편리하게 되었다.

제아무리 의복이 훌륭하다 해도 간편하여야 오래 존속할 수가
있다.

④ 두루마기

시대의 변천에 따라서 풍속도 변한다.

옛날에는 소매가 넓고 뒷자락도 덧붙은 도포가 웃옷이었는데, 옆이 트이고 세 자락으로 된 창옷으로 바뀌어 좀더 간편한 중치막에서 오늘의 두루마기에까지 이르렀다. 이러한 두루마기 이전의 옷은 지나치게 컸으며 사방이 터져서 불편하였다. 그래서 옆을 막은 옷을 만들어서 웃옷의 받침옷으로 있었으며, 또 간단한 웃옷으로 간편하게 집안에서도 입을 수 있다. 그리고 사방이 두루 막혔다고 해서 두루마기라는 이름이 붙여졌다고 한다. 이처럼 두루마기는 중치막이나 도포를 입지 못하게 되어 있던 상민계급에서 웃옷의 받침옷으로 시작하였던 것이, 고종갑신 이후 두루마기는 받침옷에서 웃옷으로 바뀌었다.

⑤ 입는 방법

평상복으로는 바지 · 저고리에 조끼 · 마고자를 입었으며 여름철에는 고의적삼과 홑조끼, 버선, 양말을 신었고 바지에는 허리띠와 대님을 매었으며 속옷으로는 속고의 적삼을 입는다.

예를 갖추어야 할 경우, 또는 외출을 할 때는 두루마기를 입어야 하며 바지 · 저고리 바람으로 외출이나 예식에 참석하지 못한다. 이러한 옷차림은 갑오경장 이후 간소화된 예복이고 그 전에는 계급과 신분에 따라서 관복에 사모관대를 하였지만 평상시에는 도포에 갓을 쓰고 버선에 태사혜를 신는 것이 대부분이었다.

여름철에는 등거리에 잠방이를 입고 작업을 하였으며, 오늘날에는 농촌에서 일을 하는데 사용되고 있다.

□ 여자 옷

① 저고리

저고리는 만들기도 어려울 뿐만 아니라 의복 중에서 가장 중요
한 역할을 담당하고 이다. 저고리는 남녀에게 모두 필요한 옷으로
예전에는 노론 · 소론 · 남인 · 북인의 사색(四色)에 따라 구별을 하
였다. 깃섶이 약간씩 달랐으며, 모양은 서로 비슷했다. 심지어는
고름까지도 고정된 치수가 있었는데, 각 가정의 인습에 따라서 모
양이나 크기에 어는 정도 차이가 있다.

② 마고자

마고자는 깃섶이 없는 옷으로 저고리에서 변화되었다. 보온용
의 옷으로 무척 간편하다. 마고자는 추운 지방에서 주로 입으며,
요즈음에는 젊은이들에게 인기가 많다. 사실 마고자를 입는 기간
은 그리 길지 않아 날씨가 쌀쌀한 겨울과 이른 봄 또는 늦은 가을
과 겨울의 중간에, 겉으로 치장하여서 입는 옷이다. 마고자는 신체
의 따뜻함 보다는 멋으로 입는 경우가 많아서 부유층의 사람들이
즐겨 입는다.

③ 치마

치마는 옛날에 비해서 특별하게 변한 것은 없고, 약간 치마폭이
좁아졌을 뿐이다. 그전에는 부인네들이 모시 열 세 폭 치마를 입
던 것이 점점 아홉 폭 · 여덟 폭 · 일곱 폭으로 좁아져서 요즈음에
는 여섯 폭 치마까지 입게 되었다.

이것은 요즈음과 같이 부인네들의 외출이 많지 않았을 뿐만 아
니라 특히 의복이 모두 실용적인 것보다는 번거로운 예절과 미를
주안점으로 하고 있었기 때문이다. 요즈음에는 치마폭도 많이 줄

어졌을 뿐만 아니라 길이도 긴 것, 짧은 것이 구별되어 있어서 입기에 편하게 되어 있다. 허리끈도 옛날에는 길다란 끈이었던 것이 요즈음에는 어깨 허리로 개량되어서 누구든지 흘러내리지 않고 단정하게 입을 수가 있게 되었다. 신분의 차이가 심했던 옛날에는 옷감에 있어서도 제한을 주었지만 오늘날에는 계급제도의 붕괴와 섬유 공업의 발달에 의해서 우리의 의생활은 개성과 취미에 맞추어 마음껏 멋을 낼 수 있게 되었다.

④ 속옷

한복의 속옷으로는 바지, 넓은 바지, 속속곳, 단속곳, 고쟁이, 무지기(3합 · 5합 · 7합), 두루치기(속치마) 등과 저고리 속에 입는 속적삼, 속저고리가 있으며 속버선이 있다.

그 밖의 부속품이나 장식품으로는 댕기, 비녀, 노리개, 띠, 버선, 신, 반지, 장각 등이 있다.

⑤ 입는 방법

여자옷의 경우 평상복으로는 치마, 저고리를 입었다. 저고리의 종류는 솜저고리, 겹저고리, 깨끼저고리, 박이저고리, 적삼 등이 있는데 요즈음에는 대부분 겹저고리를 입는다. 치마에는 겹치마, 통치마, 스란치마 등이 있으며, 치맛단에 스란을 단 것이 스란치마로 보통 명절 때나 예를 갖추어야 할 때에 달아 입는다. 스란을 대란이라고 하는 것이 원칙으로 궁중에서 왕비 · 공주가 무늬가 다른 스란을 신분에 맞게 달았던 것으로 상류층에서도 입었다.

방한용으로는 마고자, 배자, 두루마기 등이 있으며 이것은 주로 외출할 때 입는 옷이지만, 집안에서도 입는 경우가 있다 옛날에는 한복을 입으면 반드시 버선을 신었지만 요즈음에는 구두를 신는 경우도 있다. 구두를 신을 때는 장소가 넓은 곳이라든지 아니면 신을 벗지 않아도 되는 곳이어야 한다.

예복으로는 미혼녀(未婚女)의 경우에는 노랑 회장저고리에 다홍치마를 입고 결혼한 여성의 경우는 남치마에 옥색 회장저고리를 입었다. 그러나 요즈음에는 아래위 같은 색을 입는 경우도 있다. 회장감은 주로 자주색을 사용하며, 남끝동은 아들 있는 사람이 입을 수 있다. 상제는 소복을 하고 기제사 때는 옥색 치마저고리를 입는다. 경사스러운 일이 있을 때의 소례복으로는 평례복에 당의를 입고 화관을 썼으며, 대례 때에는 소례복 또는 평례복 위에 원삼 또는 활옷을 입고 첩지머리에 화관 또는 족두리를 썼으며, 궁중에서는 어여머리나 떠구지머리를 하였다. 낭자에는 용(龍), 봉잠(鳳簪)을 꽂고 족두리 뒤에는 큰 댕기를 달았으며 앞줄을 늘이기도 했다. 대례복에는 봉대(鳳帶)를 띠고 대삼작(大三作)노리개를 달고 진주낭자를 찼다.

한복도 양복과 마찬가지로 속옷을 바르게 갖추어 입어야만 옷의 맵시가 있다. 요즈음의 평례복 입는 법을 예로 들어 보면 제일 먼저 짧은 속바지를 입고 그 위에 버선목을 가릴 수 있는 길이의 바지를 계절에 맞게(겹, 홑, 솜, 누비) 입는다. 속치마는 겉치마보다 3cm 짧은 것으로 계절에 맞게 입은 다음 속버선이나 헌 양말을 신고 겉버선의 수눅이 마주 보도록 가려 버선의 수눅선이 엄지발가락과 둘째 발가락 사이에 가게 놓고 버선 수눅선이 중앙에서 발 안쪽으로 기울어지게 해서 신는다. 겉치마는 겉자락이 왼쪽으로 오도록 여미서 입으며 뒤 중심에서 양쪽으로 7~10cm 정도 여며지도록 하여 앞에서 끈을 맨다. 이때 무지기를 받쳐 입으면 치마가 넓게 퍼지기 때문에 하체가 큰 실루엣을 이루어 상체가 작게 보여서 더욱 아름답게 보인다.

속적삼이나 속저고리는 각 부분의 길이(저고리 길이·화장·깃
나비)를 겉저고리 보다 약 1cm 작게 하고 고름은 작게 해서 달아
입거나 단추를 달아서 입을 수도 있다. 요즈음에는 저고리 선을
유지하기 위해서 저고리에 심을 넣어 빳빳하게 해서 편하게는 보
이지만 입는 맛이 빳빳하고 소리가 나서 불안해 보인다. 속저고리
는 겉저고리에 끼워서 겉저고리와 함께 입는 것이 편하다. 먼저
동정니를 맞춘다음 안고름을 매고 겉고름은 긴고름으로 고리를
만들어 겉깃 쪽으로 눕혀 반듯하게 매어 구기지 않도록 맨다(고름
의 매어지는 부분 20cm 쯤은 심을 넣는 것이 좋다). 어깨 솔기와 저
고리 고대가 뒤로 넘어가지 않도록 앞으로 당겨 입으며 길을 접어
넣어서 진동선의 구김을 정리하고 지나치지 않고 가볍게 올려놓
은 것처럼 입는다. 입고 난 후에는 거울 앞에서 동정, 고름, 도련,
치마 길이 등이 잘못되지 않았나 살펴보고 고쳐 입는다. 한복을
입었을 때는 자세를 바르게 가지며 침착하게 행동한다. 두 손은
마주잡아 허리높이(저고리 아래)에 두며, 치맛자락을 잡지 않고 걸
어간다. 발자국 나비는 작게 떼어서 걸으며, 바쁜 일이 있을 때도
뛰어다니지 않고 빠른 걸음으로 재빠르게 걸어간다.

옥외에서 걸어갈 때난 버스를 탈 경우에는 왼손으로 치맛자락
을 버선목이 드러나지 않을 정도로 추켜 올려서 끌리지 않도록 한
다. 앞치마나 두루마기를 입어야 할 경우에는 앞폭을 여며잡고 뒷
자락을 여민다음 활동하기 좋게 허리띠를 맨다.

한복은 색깔과 디자인을 자기 몸매와 개성에 맞게 선택해서 입
되 한복 본래의 아름답고 기품 있는 모습을 잃지 않는 것이 중요
하다.

3. 양복 차림

■ 개성에 맞는 옷차림

옷감의 종류에는 우아하게 보이는 것, 매력적으로 보이는 것, 지적(知的)으로 보이는 것 등, 여러 가지가 있다. 따라서 옷감이 주는 인상과 입는 사람의 개성이 잘 조화되어야 한다. 색깔이나 디자인도 마찬가지다. 앳되고 청순하게 보이는 사람은 소녀티가 나는 디자인, 재료, 색깔, 무늬를 선택함으로써 자기의 개성을 더욱 강조할 수 있다. 하지만 항상 소녀티가 나는 옷을 입어서 똑같은 인상만을 강조한다는 것은 남에게 싫증을 준다. 자기 자신의 개성을 살리면서도 옷의 용도에 맞추어 입는다. 예를 들면, 파아티, 연회석 같은 곳에서는 그 자리의 분위기에도 맞는 옷을 입는 사람에게 어울리도록 입으면 평소에 찾아볼 수 없었던 신선한 매력을 풍기게 될 것이다. 인상이 어둡게 느껴지는 사람이 어두운 옷을 입을 경우, 자기의 그러한 인상을 더욱 강조하는 결과 밖에 되지 않으므로 다른 사람에게 밝은 느낌을 줄 수 있는 옷차림을 연구할 필요가 있다.

어떻게 옷을 입느냐에 따라서 그 사람의 개성이 강조되기도 하며, 반대로 개성 없는 사람이 되기도 한다.

■ 몸매에 맞는 스타일

사람은 각자 체형(體型)이 다르다. 뚱뚱한 사람 중에도 키가 큰 사람과 작은 사람이 있으며, 비쩍 마른 사람 중에도 키가 큰 사람과 작은 사람 등, 여러 가지로 나눌 수 있다. 뚱뚱하고 마른 것을 떠나서 몸의 균형이 잡힌 사람은 옷을 선택하기가 비교적 자유로운데, 몸의 균형이 잡히지 않았을 경우에는 옷의 선택이 매우 어려우며, 특히 디자인에 신경을 써서 골라야 한다.

마른 사람은 뚱뚱한 사람에 비해서 훨씬 자유롭게 선택을 할 수 있다. 옷을 고를 때는 몸 전체의 균형을 생각해서 표준보다 넉넉하게 품을 잡아서 마른 부분을 커버하고, 모나는 곳이 없도록 한다. 실제 나이보다 젊게 보이고 싶을 경우에는 얼굴과의 조화를 고려해야 하는데, 쓸쓸해 보이는 색깔이나 추운 색깔은 피하고 밝고 따뜻한 색깔을 택하는 것이 한층 싱싱하고 부드럽게 보인다.

뚱뚱한 사람의 경우, 디자인 선택하기가 가장 곤란한 사람은 키가 작고, 가슴이 두껍고, 팔과 허리가 굵은 사람이다. 이러한 사람은 옷을 고를 때에 자신의 기호에 따라 고르지 않도록 하고, 신중히 잘 생각해서 선택해야 한다. 옷감은 너무 두껍지도 않고 얇지 않은 것을 고른다. 속이 비치는 옷감도 결점이 보이므로 피하는 것이 좋다. 뚱뚱한 사람에게 보이는 건강미, 천진성, 부드러움 등의 특징을 살리도록 하고 나이가 지긋한 사람일 경우에는 침착, 사려(思慮), 기품, 노련성 등이 돋보이게 배려하는 것이 좋다. 단, 지나치게 돋보이게 하면 오히려 결점을 강조하는 것이 되므로 적당하게 해준다.

■ 얼굴에 맞는 색상

자신에게 맞는 의복을 고르기 위해서는 먼저 자기에게 맞는 색을 정하고 그 색을 바탕으로 해서 마련하도록 한다.

마음에 든다고 무턱대고 사는 경우에는, 다른 옷과 맞추어 입기가 곤란할 때가 있으므로 어떠한 옷이 필요한지 계획을 세울 필요가 있다. 오우버, 슈우트, 블라우스 또는 모자, 핸드백, 구두에 이르기까지 조화가 되어야 하므로 맞추기 쉬운 색깔을 골라야 한다. 그러자면 자기의 피부색이나 표정 그리고 환경에 알맞게 어울리는 색을 하나 둘 정도 정해서 자기의 기본색으로 해두면 좋다.

기본색은 오우버나 슈우트 등 자기 복장의 기본이 되는 색이다.

■ 연령에 맞는 디자인

디자인이나 옷의 색깔이 젊은 사람에게 어울리는 옷을 할머니가 입어서 매우 고상하게 보이는 경우도 없지 않아 있지만, 이것은 극히 드문 일이다. 따라서 연령에 맞게 디자인과 옷의 색깔을 골라야 할 것이다. 옷차림은 10대, 20대, 30대, 40대와 같이 연령별로 구분해서 입는다. 여고생은 여고생답게 입어야 하며 주부는 주부대로, 할머니는 할머니답게 그에 맞는 옷을 선택해야 한다. 같은 스타일의 옷을 입더라도 자연히 연령의 차이가 나고, 개성이 다르게 나타난다.

■ 색깔의 조화를 살린 의상

자신에게 어울리는 디자인과 색깔을 골라서 몸맵시와 피부, 나이, 계절 등과 조화를 이루고 있는 옷은 누가 보아도 매우 아름답게 보인다. 옷을 선택할 때는 자신의 나이와 얼굴빛, 체격, 지위,

취미, 개성과 계절을 고려해야 하며 유행을 따르지 않도록 한다. 무조건 유행을 따라서 옷을 입으면 남에게 흉하게 보일 수도 있다. 살결이 깨끗하고 얼굴이 흰 사람은 어떤 옷을 입어도 잘 어울리지만 얼굴이 검은 사람은 색깔선택에 제한이 따른다. 그러나 얼굴이 검은 사람이 색을 잘 맞추어 입으면 개성이 뚜렷해서 얼굴이 흰 사람보다 더욱 세련되어 보인다. 때문에 우리는 색의 조화에 대한 기초 지식을 알아둘 필요가 있다.

■ 의상으로 몸매의 약점을 보완한다

냉정하게 보이고, 약간 이지적인 느낌을 주는 사람이 신경질을 잘 낸다면 이것은 가려주어야 할 결점이다. 이런 경우 차가운 느낌을 없애기 위해 따뜻한 색을 사용하여 검정 스커트에 핑크색의 블라우스를 입었다고 가정할 경우 차가운 인상을 주는 사람이 얼굴 가까이에 따뜻한 색깔이 있으면 양쪽이 너무 대조적이므로 그 사람의 차가운 인상이 오히려 강조된다. 그러므로 이것으로는 결점을 감추었다고 할 수 없다. 오히려 따뜻한 색보다는 흰색, 또는 같은 무채색(無彩色)을 사용하여 차가운 인상을 부드럽게 해주는 것이 효과적이다. 이러한 효과를 주기 위해서 검정이나 흰색을 사용해 옷의 선을 나타내는 것도 하나의 요령이다.

4. 속옷과 악세서리

(1) 속 옷

속옷을 잘 갖추어 입어야만 겉옷의 모양이 바르고 맵시 있는 옷차림을 할 수 있으면 위생적이다. 속옷은 겉옷에 비해서 소홀히 여기게 되는 경향이 있는데 옷을 바르게 입을 줄 알고 아름다움을 아는 사람일수록 청결하고 모양이 좋은 속옷을 갖추어 입는다.

필요에 따라서 속옷은 주로 위생적인 역할을 하는 언더웨어(under wear), 정용의 역할을 하는 파운데이션(foundation), 랑제리(lingerie) 등 세 가지로 분류된다.

겉옷만 유행을 따를 것이 아니라 속옷을 잘 갖추어 입을 줄 알아야 하며, 자기 체형과 겉옷에 맞는 속옷을 선택하여서 아름다운 옷차림의 바탕이 되도록 맵시 있게 입을 줄 알아야 한다.

■ 언더웨어(under wear)

언더웨어는 피부에 직접 닿는 기본적인 속옷이다. 피부의 더러움을 방지하고 땀을 흡수하여 보온, 방열, 방한 등 위생적인 역할을 한다.

이에 적당한 옷감은 흡습성과 통기성이 풍부하며 촉감이 좋고 신축성이 있는 것이라야 한다. 색은 흰색이나 엷은 색이며 작은 무늬가 있는 것을 사용하기도 한다.

☐ 팬티(panties)

브리프 위에 입는 것으로 밑아래가 좀 길며 계절에 따라서 길이를 조절하고 레이스 등으로 장식하기도 한다.

☐ 브리프(briefs)

피부에 닿게 입는 아래 속옷으로 허리 밑으로 꼭 맞게 입는다. 계절에 관계없이 흡습성이 좋고 세탁하기에 편리한 것으로 마련한다.

☐ 드로우어스(drawers)

드로우어스는 브리프 위에 입는 속옷으로 몸에 꼭 맞게 메리야스 직물로 되어 있으며 3부 드로우어스, 5부 드로우어스, 7부 드로우어스가 있고 긴 것은 언더 슬랙스이다.

☐ 시미이즈(chemise)

시미이즈는 계절에 관계없이 상체의 피부에 닿게 입는 속옷으로 소매가 없는 것과 반소매, 칠부소매, 긴소매 등이 있으며, 피부의 더러움을 방지하고 땀을 흡수한다.

☐ 블루우머(bloomer)

블루우머는 주로 보온용으로 입으며 그 허리와 가랑이에 고무줄이 들어있는 것과 주름이 잡혀 있는 것이 있다.

□ 콤비네이션(combination)

위아래가 연결되어 있는 속옷으로 허리에 겹쳐지는 곳이 없기 때문에 아름다운 몸맵시를 낼 수 있으며 프린세스 라인의 원피이스 속에 입으면 더욱 좋다.

■ 파운데이션(foundation)

균형잡힌 몸매가 되도록 체형의 결점을 바로잡아 주는 옷이다.

□ 브래지어(brassiere)

체격의 크기와 겉옷의 종류에 따라 알맞은 것을 선택해서 가슴의 모양을 아름답게 해야 한다.

브래지어는 대부분 방도(bandeau)형을 사용하고 유방의 위치를 위로 올려야 할 경우에는 브래지어의 중앙 횡선 아래 부분을 미싱 스티치를 하여서 단단하게 되어 있는 업리프트(uplift)를 사용한다. 가슴이 빈약한 사람은 컵(cup)형을 사용하여 라인과 모양을 곱게 해주며, 패드를 넣어서 사용하는 경우도 있다. 어깨가 노출되는 드레스를 입어야 할 경우에는 스트랩레스(strapless)형을 사용하고 넥라인이 넓은 옷을 입어야 할 경우에는 오프쇼울더(offshoulder)형을 사용한다. 유방 밑에 살이 많이 있을 때는 컵 아래를 길게 만든 캐미솔(camisole)형을 쓴다. 일명 '롱라인' 이라고도 한다.

□ 코르셋(corset)

코르셋은 허리선과 엉덩이, 배의 위치를 바르게 잡아 주어 균형

잡힌 몸매를 만들기 위한 것으로 밑에는 가아터가 달려 있다.

□ 올인원(all in one)

브래지어와 코르셋이 연결되어 있는 모양을 올인원이라고 하며 타이트한 드레스나 이브닝 드레스에 사용되는 것으로 간편하게 입을 수 있다.

□ 기타

그 밖에 속옷으로는 팬티 모양에 가아터가 달려 있는 팬티 가아터(panty garter)가 있고 코르셋을 입지 않았을 때 양말 대님으로 사용되는 가아터 벨트(garter belt)가 있다. 그리고 허리를 꼭 조이기 위한 웨이스트 니퍼(waist nipper)가 있고 플레어 스커어트처럼 밑이 퍼진 실루엣을 아름답게 하기 위한 파니어(panier)가 있으며 그 외에 부분적으로 결점을 잡아주는 보정용 패드 등이 있다.

■ 란제리(lingerie)

랑제리는 언더웨어와 파운데이션 위에 입는 옷, 다시 말하면 겉옷의 바로 밑에 입는 옷으로 슬립이나 패티 코우트, 캐미솔 등이 대표적인 옷이며 레이스나 프릴을 달아서 수를 놓는 등 화려하고 아름답다.

□ 슬립(slip)

슬립은 속옷 중에서 가장 늦게 입는 옷으로 속옷 전체를 정리하는 동시에 겉옷의 실루엣을 아름답게 살리는 역할을 한다. 색깔은 주로 흰것이지만 겉옷 색과 맞추어서 선택해야 하며 디자인과 재료가 다양하다.

타이트 스커어트에는 타이트 슬립(tight slip)이 적당하며 겉옷의 실루엣이 그대로 나타난다. 따라서 플레어 스커트일 경우에는 당연히 플레어 슬립(flare slip)이 적당하다. 그 밖에 브래지어와 슬립이 붙어 있는 브래지어 슬립이 있다.

□ 패티코우트(patti coat)

슬립의 아래 부분만으로 되어 있는 반슬립을 말한다. 겉옷에 맞게 입어야 하며 입고 벗기가 편리하다.

□ 캐미솔(camisole)

슬립의 상반신 부분만으로 되어 있어서 패티 코우트와 함께 입기도 한다. 숏팬티나 슬랙스 등 스포오티한 차림을 할 때 입으면 좋다.

□ 빵딸롱(pantalon)

빵딸롱 슈우트 밑에 입는 것으로 보온용으로도 사용된다.

□ 기타

그 밖에 호옴 란제리(home lingerie)로서는 파자마, 나이트 드레스 등이 있다.

■ 속옷을 입는 방법

속옷은 계절과 드레스의 모양에 따라 입는 순서가 다르다. 언더웨어 위에 파운데이션을 입고 랑제리를 입는 것이 기본적인 속옷 차림이다. 예를 들면 상체에 시미이즈, 브래지어를 하고 하체에는 제일 먼저 브리이프를 입고 드로우어스 또는 블루우머, 팬티, 코르셋 또는 가아터 벨트, 슬립의 순서로 입을 수 있으며, 겉옷이 특수할 경우에는 약간의 변화가 있을 수 있다. 언더웨어를 입을 때 주의해야 할 것은 속옷이 밖으로 나오지 않도록 해야 하며 소매 길이와 넥라인 등은 겉옷보다 2~3cm씩 짧아야 한다.

그 밖에 드로우어스가 스커트 밑으로 나오지 않도록 해야 하며 특히 미니 스커트를 입을 경우에는 그에 맞게 속옷을 바르게 갖추어 입어서 속옷이 보이지 않게 하여 실수하는 일이 없도록 해야한다.

브래지어는 자기 체형에 알맞은 것을 골라서 아름답게 입체감이 나도록 하고 몸에 무리가 가지 않아서 활동하는데 불편이 없어야 한다. 가슴이 빈약할 경우에는 자기 체격에 맞는 크기의 패드를 넣어 균형을 잡는다. 그 밖에 코르셋, 웨이스트 니퍼 등의 파운데이션을 입을 때도 역시 몸에 무리가 가지 않게 알맞은 것을 선택해서 사용한다.

랑제리를 입을 때도 마찬가지로 겉옷 밖으로 나오지 않도록 주의해야 하며 겉옷에 비해서 3cm 정도 짧아야 한다.

(2) 부속품

■ 양말과 구두

짧은 치마를 입었을 경우에는 양말이 더욱 강조된다. 다리가 굵은 사람의 경우에는 짙은 색을 신는 것이 좋으며, 다리가 가는 사람은 흰색에 가까운 것을 신도록 한다.

옷색깔과 같은색 또는 옷에 있는 색의 양말을 신는 것도 무난하다. 칼라 스타킹을 신을 때의 옷은 복잡함을 피해서 단조롭게 입는 것이 좋으며, 칼라 스타킹은 체격이 좋고 다리가 긴 사람에게 어울린다. 체격이 작은 사람은 되도록이면 신지 않도록 하며 짧은 치마를 입을 때는 타이츠를 입어야 편하다.

구두도 생활 내용과 의복에 맞게 선택해야 한다. 실내에서는 실내화를 신고 활동을 할 때는 굽이 얕아서 편해야 하며, 통근이나 외출을 할 때는 단순하면서도 굽이 높지 않은 워어킹 슈우즈를 신어야 한다. 예복에는 애프터누운 드레스 등 드레시한 구두를 신어야 한다.

방한용으로는 부츠를 신으며, 부츠의 길이는 치마의 길이에 맞게 조정한다.

■ 핸드백(hand bag)

핸드백은 여자의 의복에서 포켓의 역할을 하며 용도에 맞고 의복에 어울려야 한다.

용도에 따라 여러 가지 재료가 사용되고 크기와 모양에도 여러 종류가 있지만 보통 가죽으로 만든 것을 많이 사용하고 있다. 통근, 여행, 스포오츠 용으로는 큰 모양의 실용적인 것이 바람직하고 크기가 중간 정도의 가죽으로 만든 것은 평상용으로 널리 이용된다. 그리고 칵테일 드레스나 이브닝 드레스에는 비단, 자수품, 기타 수공예품으로 된 작은 백을 이용한다. 자기 취미와 개성을 살려서 용도에 맞고 의복을 돋보이게 하는 것을 선택하여 사용한다. 체격이 큰 사람이 작은 백을 들 경우 백이 더욱 작아 보이고 작은 사람이 큰 백을 들면 몸은 작게 보이고 백은 더욱 크게 보이므로 자기 몸에 알맞은 것을 선택해야 한다.

■ 장갑

장갑은 예의를 갖추기 위해서 사용하는 경우와 방한의 목적, 그리고 운동이나 작업에서 손을 보호하고 청결하게 하기 위해서 이용을 한다. 보통 짧은 장갑을 사용하며, 목의 길이가 긴 장갑은 이브닝 드레스, 칵테일 드레스 등에 끼고, 의복의 일부분으로 사용하는 장갑은 옷의 모양과 아름다움을 더욱 돋보이게 해준다. 장갑의 재료로는 가죽, 면직물, 모직물, 화학섬유 등이 쓰이고 색은 흰색과 흑색이 가장 많이 사용되며 옷에 관계없이 고를 수 있다. 경우에 따라서는 옷의 색깔에 맞추는 수도 있다.

■ 모자

□ 모자의 종류

모자는 바람을 막고 머리를 깨끗하게 유지하거나 볕을 가려 피부를 보호하는 등 실용적 목적과 얼굴을 돋보이게 하고 복장 전체의 조화를 이루는 중요한 요소가 된다. 예복, 평상복, 운동, 피크닉, 해수욕, 기타 작업 등에 알맞은 모자를 선택해서 옷의 색과 모양 그리고 자기 얼굴 모양과 색에 맞추어서 쓴다.

모자의 종류에는 베레모, 본네트, 터번, 토크, 크롯세, 캬프린, 캬노체, 후드, 불튼, 치로리안, 캬스켓 등이 있고, 이 밖에 해수욕, 등산용이 있다.

□ 어울리는 모자의 스타일

① 베레모

연령에 관계 없이 널리 사용되고 있으며 재료와 용도에 따라서 다양하게 쓸 수 있다.

② 본네트

나이가 젊은 사람, 특히 얼굴이 긴 사람에게 잘 어울리며 귀까지 내려 쓴다. 처음 모자를 쓰는 사람이라도 어색하지 않고 잘 어울린다.

③ 터번

중년의 부인에게 어울리는 모자로 머리를 폭 싸서 얼굴 모양을 가다듬으면 갸름한 얼굴에 잘 맞아서 아름답게 보인다.

④ 토크

이 모자 역시 중년 부인에게 적당하고 쓰는 용도에 따라서 누구에게나 잘 어울린다.

⑤ 크롯세

얼굴이 둥근 형은 갸름하게 보이도록 크라운이 좀 큰 것을 선택해서 쓰고, 얼굴이 긴 사람은 약간 앞으로 내려 쓰는 것이 좋다. 외출용과 운동, 비옷의 모자로 사용하는 경우도 있다.

⑥ 캬프린

키가 큰 사람에게 적당하다. 부림(차양)의 넓이는 어깨 나비보다 넓지 않는 것이 좋다. 머리를 내리고 쓰면 젊어 보이기는 하지만 올려 빗고 쓰는 것이 개성있어 보인다. 여름철의 해 가리개 또는 외출복으로 이용된다.

⑦ 캬노체

세모형의 얼굴이나 개성적인 얼굴에 잘 어울리며 반듯하게(水平) 쓰는 것이 보기 좋으며, 외출복으로 이용된다.

⑧ 후드

누구에게나 잘 어울리는 방한 또는 운동용으로 많이 이용된다.

⑨ 불튼

다른 말로 '세일러 햇'이라고도 부르며 어린이와 젊은이 들이 많이 쓰는 모자로 외출용이다.

⑩ 치로리안

이 모자는 반듯하게 쓰는 것이 좋으며 갸름한 얼굴에 잘 어울린다. 외출용으로 스포티한 느낌을 주지만 코오즈로이로 만들어 등산모로 쓰는 경우도 있다.

⑪ 캬스켓

흔히 운동모로 쓰여지고 있으며 여름철에는 목면, 겨울철에는 털실로 만들어 쓴다. 옷감과 장식(조화)에 따라 애프터누운용으로 이용하는 경우도 있다.

모자는 계절, 장소, 목적에 맞게 선택해서 얼굴과 머리 모양의 장점을 살릴 수 있어야 하며, 몸매와 의복 디자인과 조화가 되도록 전신을 거울에 비추어 보면서 쓰면 좋다.

예복이나 정장에 갖추어 쓴 모자는 식장, 교회, 회의장 등의 실내와 어른 앞에서도 벗지 않고 쓰고 있는 것이 원칙이며, 실내에서 벗어야 하는 방한복, 등산복, 비옷, 작업복 등의 모자는 옷을 벗는 동시에 모자도 벗어야 한다. 극장이나 음악회 등에서는 큰 모자를 피해서 옆이나 뒷사람에게 방해가 되지 않도록 해야 하며 일반적으로 신을 벗고 들어가는 곳에서는 모자도 벗는 것이 원칙이다.

(3) 악세서리

■ 악세서리는 개성의 창조

여성들의 의상생활에 있어 커다란 즐거움을 주는 것은 악세서리로 그것을 사랑하고 갖고 싶어하는 것은 여자의 본능이라 할 수 있다. 길이나 산에서 아름다운 꽃을 꺾어 머리에 꽂는 것은 악세서리를 사랑하는 솔직한 마음을 나타낸 것이라고 하겠다. 향기 있는 꽃은 아름답고 훌륭한 악세서리임에는 틀림없으며 조화를 꽂는 것은 악세서리의 발전된 한 과정이라고 할 수가 있다.

오늘날 옷차림에서 악세서리는 우리 의생활에서 빼놓을 수 없는 존재이지만 어디까지나 악세서리의 역할은 의복의 보조역할에 지나지 않는다. 악세서리는 스포티한 옷을 더욱 경쾌하게 보이게 하고, 드레시한 옷을 더욱 우아하게 보이도록 하는 역할을 하고 있다.

악세서리를 사용할 때는 옷의 색과 크기에도 물론 조화가 되어야 하지만 무엇보다도 분위기에 맞아야 한다.

원시시대의 악세서리는 몸을 보호하고 종족이나 신분을 나타내는 의례적(儀禮的)인 기능을 지니고 있었는데 문명이 발달함에 따라 점차적으로 장식적 그리고 마스코트적인 성격을 지니게 되었다.

오늘날에는 의복과 대등한 위치에서 아름다움과 개성을 더욱 돋보이게 하는 역할을 맡아 의복의 포인트를 주어 매우 중요한 것으로 즐겨 사용되고 있다.

악세서리를 지나치게 지니는 것은 보기가 흉하다. 적당하게 지녀야만 고상하고 매우 아름답게 보인다. 간편하게 지닐 수 있는 악세서리 중에는 꼭 우리에게 필요한 것이 있는 반면 없어도 되는 것이 있다. 우리 의생활에 반드시 지녀야 하는 것들은 습관적으로 옷의 모양이나 색깔에 맞추어서 입어 왔지만 그리 흔하지 않았던 악세서리는 몸에 익지 않아서 어색하게 보이는 경우도 있다.

예로부터 우리 나라에서 즐겨 사용되어 오던 악세서리는 일부 특수층의 애용물로 오랫동안 내려오다가 요즘에는 일반화되어 있다. 악세서리를 하나의 사치라고 생각하는 사람도 있지만 우리의 의생활에 변화를 주고 기분을 바꾸어 줄 뿐만 아니라 적은 수의 옷을 더욱 돋보이게 하여 의생활을 즐기는데 큰 역할을 하고 있다.

따라서 보다 경제적이면서도 아름답고 합리적인 의생활을 하기 위해서는 악세서리의 사용법을 알아두면 좋을 것이다.

■ 올바른 선택과 사용

악세서리는 의복의 디자인과 색, 그리고 계절과 분위기에 맞는 것을 선택하여야 한다.

옷의 종류가 예복인지 방문복인지, 또는 디자인이 스포티한 것인지 드레시한 것인지에 따라 악세사리도 그에 맞게 달라져야 한다. 검은 의복에는 의복과 조화를 이루기 위하여 진주(眞珠) 네클레이스와 반지가 대조적인 조화를 이루어 청초하고 세련된 느낌을 준다. 꽃자주색 의복에는 루비 보로우치와 반지를 끼는 것이 같은 색깔의 조화를 이루어 호화롭고 명랑하며 다정한 느낌을 준다.

계절에 조화를 이루기 위하여 여름에는 시원한 느낌을 주는 비취, 수정, 오팔 등이 좋고, 겨울에는 호박, 미라, 자마노 등이 좋다. 시간적인 조화를 주기 위해서는 아침이나 낮시간에는 스포티한 것, 저녁에는 광택이 나고 드레시한 것을 사용하는 것이 좋다. 값비싼 것보다는 취미에 맞는 것이 더욱 고상하고 품위 있어 보이며 장소와 분위기에 조화될 수 있는 것을 선택해서 사용하여야 한다.

그 밖에도 의복 부속품 또는 악세서리로서의 역할이 큰 것이 있다. 머플러, 스토올, 스카프, 보우, 벨트 등을 의복과 조화를 시켜 변화 있게 사용하면 의생활(衣生活)이 보다 풍부해질 수 있다. 손수건 역시 실용적인 것과 장식적인 것으로 나눌 수 있는데, 고운 목면 직물에 프린트 또는 수가 놓여있는 것 등을 매일 2장씩 깨끗이 빨아 다린 것을 지니고 다녀서 불편 없이 하루를 보내야 하겠다.

■ 악세서리의 종류

악세서리의 종류와 재료는 보석을 비롯해 수공예품에 이르기까지 매우 다양하므로 자기의 개성과 취미에 맞게 골라서 드레시한 것과 스포티한 것을 구별하여 옷에 맞추어 입으면 더욱 아름답고 쾌활하게 보인다.

흔히 쓰이는 악세서리를 보면 네클레이스(necklace), 펜단트 (pendant), 이어링(earring), 브로우치(broach), 브레이슬리트 (bracelet), 반지(ring) 등이 있다.

한복의 악세서리는 그 종류와 모양이 다양하며 귀품있어 보이고 예술성을 지니고 있다.

□ 네클레이스

네클레이스란 목 부분과 가슴 부분을 장식하는 것을 말한다. 우리 나라에서도 석기시대부터 사용되어 왔으며 삼국 시대의 귀걸이와 같이 박물관에 남아 있는 유물은 국보급에 속하는 귀한 문화재로서 옛 사람들의 화려한 생활을 엿볼 수 있다. 근래에는 주로 금속, 도기(陶器), 진주(眞珠), 유리, 플라스틱, 나무, 나무 열매, 동물의 뼈, 보석 등의 재료로 만들어진 것으로서 목둘레에 알맞은 것과 가슴에까지 늘어지는 것, 2~3줄로 되어 있는 것, 고리로 이어진 것 등 다채로운 모양이다. 의복의 디자인, 옷감, 색과 서로 조화가 되게 사용하면 청아(淸雅)한 정취(情趣)와 개성적인 멋을 풍길 수 있다.

□ 펜단트

펜단트는 옛적부터 호신용(護身用), 또는 소중히 여기는 것을 목에 매어 단 것이 펜단트의 시초이며, 네클레이스와 구별하기 어렵다. 오늘 날에도 기독교 신자의 십자가의 펜단트, 사진이나 글을 넣은 로켓 등 주로 상징적인 의미로 사용되고 있다. 네클레이스와 같은 재료를 사용하고 취미에 따라 선택하여서 자유롭게 사용할 수 있다.

□ 이어링

이어링이란 옛날에는 귓밥에 구멍을 내어서 고리(輪)를 꿰어 단 것이 있었는데 지금은 귀를 장식하는 것 즉 귀걸이를 말한다. 재료는 앞에서 설명한 것과 같이 귀금속이나 보석 종류를 많이 사용하며 모양은 귓밥에 딱 붙는 이어 버트 모양과 밑으로 늘어져서 달랑달랑 흔들리는 모양이 있으며, 전자는 낮에 외출할 때나 평상복에 사용하고 후자는 주로 저녁의 파티복이나 예복에 사용된다.

옛날부터 아름다운 귀걸이를 하였으며 그 생김새와 기술은 너무나 훌륭해서 많은 사람들의 찬탄을 자아내고 있다.

□ 브로우치

핀이나 버튼의 역할을 하는 악세서리가 브로우치이다. 브로우치는 장신구(裝身具) 중에서 가장 실용적이고 대중적인 것이라고 볼 수 있다. 가슴 부분만이 아니라 허리, 어깨, 머리 등 여러 곳에 자유롭게 달아 의복에 변화와 포인트를 줄 수 있다.

□ 브레이슬리트

팔과 손목에 끼는 팔찌를 브레이슬리트라 한다. 우리 나라에서도 옛적부터 사용하였으며 신라시대의 순금(純金) 팔찌가 박물관에 남아 있다. 스포티한 옷에는 나무 열매나 가죽, 플라스틱 등으로 만든 것을 사용했으며, 그 밖에 금 은이나 보석류로 만든 것은 드레시한 옷에 사용한다.

□ 반지

반지는 장신구(裝身具)의 대표적인 것으로 우리 나라에서도 옛적부터 사용하여 왔다. 반지에는 장식적인 목적과 결혼 반지와 같은 상징, 약속을 나타내는 것이 있으며, 일반적으로 금속에 보석류를 낀 것이 사용되고 있다. 천연보석(天然寶石)은 생일석(生日石)이라 하여 이것으로 반지를 만든다. 자신에게 어울리는 것을 사용해서 고상한 품위를 가지도록 한다.

□ 그 밖의 악세서리

악세서리는 이외에도 수 없이 많다. 머플러나 스카프, 벨트 등도 옷차림에 영향을 줄 수 있는 악세서리 중의 하나다. 윗도리 깃에 가볍게 꽂을 수 있는 인상적인 핀이나, 간단한 리본도 역시 빼어 놓을 수 없는 악세서리에 속한다.

모든 악세서리는 옷차림이나 때와 장소 등에 따라 적절히 이용하는 것이 좋다. 너무 요란스러운 악세서리는 자신의 인품을 오히려 떨어뜨린다는 것을 알아야 할 것이다. 분위기나 장소에 따라, 또는 옷차림에 따라 간단하게 포인트를 줄 수 있는 악세서리의 활용이 바람직하다고 하겠다.

5. 때와 장소에 따른 각종 옷차림

■ 홈 드레스(home dress)

가정에서 입는 옷으로는 일을 할 때 입는 옷과 휴식을 취할 때 입는 옷이 있다. 일할 때 입는 것은 일의 능률을 올리기 위해서 움직이기 편하도록 간편해야 하며 세탁에 질긴 옷감이어야 한다. 대체로 입고 벗기가 편하고 주머니가 있는 원피스 모양이나 에이프런 드레스, 블라우스와 스커트, 스웨터와 슬랙스 등이 바람직하며 색채와 무늬에서 명랑하고 즐거운 느낌을 줄 수 있는 것이 좋다.

■ 하우스 코우트(house coat)

가정에서 잠옷 위에 걸치는 가운(gown)으로 집 밖에는 입고 나가는 일이 없도록 한다. 가정에서도 웃어른 앞에서는 이러한 옷차림으로 나타나지 않는다. 입고 벗기 편리하게 거의 코우트 식으로 되어 있다. 남녀(男女)용 하우스 코우트는 같은 모양이다.

■ 잠옷

잠잘 때 입는 옷으로 아래 위가 떨어져서 바지로 되어 있는 파자마(pajamas)와 원피이스 형식으로 되어 있는 네글리제(negligee)

가 있다. 옷감은 흡습성이 좋고 촉감이 부드럽고 세탁에 편하며 색깔은 보통 핑크, 라이트 블루, 크리임, 베이지색에 예쁜 무늬가 그려져 있다.

남자는 파자마를 입고 필요에 따라서 가운을 입는다. 잠옷은 침실에서만 입는 옷으로 문 밖에는 입고 나가지 않으며 다른 사람 앞에 나타나지 않도록 한다.

항상 깨끗하게 보관하여서 입는다.

■ 임신복(maternity dress)

임신을 한 부인이 입는 드레스로서 깨끗하고 촉감이 부드러워야 한다. 옷감으로는 린넨, 데이크런, 목면, 울 등 무늬가 너무 크지 않은 밝은 색조나 원색을 택하여 디자인의 포인트를 상체 즉 가슴, 어깨 등에 두며, A라인 실루엣이 간편하다.

점점 배가 불러옴에 따라 옷 매무새가 잘 안되고 나태해지기 쉬우므로 더욱 옷차림에 신경을 써서 몸가짐을 곱게 가져야 한다.

■ 통학복(uniform)

글자 그대로 통학하는 학생이 입는 옷으로 너무 유행에 치우치거나 일반 사회인 같은 차림은 매우 어색하고 학생답게 보이지 않는다. 스포티하게 단순한 복장으로 세퍼레이트식이 귀엽고 변화 있게 입을 수 있으며, 셔어츠 블라우스나 원피스에 카디간 자켓(cardigan jacket)이 편리하고 다양하게 입을 수 있어서 좋다.

■ 통근복(office wear)

건실하고 활동적이면서도 침착성 있는 분위기를 자아내며 밝은 인상을 줄 수 있어야 한다. 화려한 옷차림이나 디자인이 너무 복잡한 것은 가능한한 피하도록 하고 매일 매일 손질할 수 있는 것이 좋으며, 슈우트(suit), 앙상블(ensemble) 같은 것이 있다.

■ 외출복

사회가 복잡해짐에 따라 외출의 기회가 많아지고 그 목적도 다양하다.

쇼핑, 방문, 극장, 회의 등 외출하는 장소의 분위기에 맞추어 옷을 차려 입어야 한다. 쇼핑을 할 경우에는 활동적이고 작업복에 가까운 간편한 차림으로 시장이나 백화점 등에서 물건을 사들고 다니기에 편한 복장을 하고 방문을 하는 경우에는 슈우트나 원피스, 앙상블 등 정장을 하는 것이 예의이다.

여행을 할 때에는 일반적으로 구김살이 잘 가지 않는 옷감의 슈우트가 활동하기에 편해서 좋다.

■ 작업복

가정에서의 일은 주로 정원 손질, 마당 청소, 세탁, 취사, 청소 등이다. 이러한 일을 종합적으로 하는 곳에서의 첫째 조건은 디자인이 편해야 한다. 스포티한 옷이나, 니트웨어 등이 적합하며, 드레시한 것이나 거북한 실루엣은 불편하다. 간편하게 갈아 입을 수 있는 세퍼레이트 형식의 것이면 여러 가지 색깔로 맞추어서 변화를 줄 수도 있다. 어두운 색깔이나 점잖아 보이는 색깔은 어딘지 모르게 활발해 보이지 않으므로, 부분적으로라도 밝은 색깔이나 그에 맞는 무늬를 선택해서 입어야 한다.

부엌 일이나 집안 청소를 할 경우에는 밝은 색깔의 스카프를 머리에 쓰고 활동하면 보기도 좋고 위생적이다. 활동하기에 편한 작업복은 슬랙스를 들 수 있다. 계절에 따라 짧은 반바지나 무릎까지 내려오는 바지를 입는 것도 좋다. 웃옷으로는 활동하기 좋은 스웨터, 점퍼, 블라우스 같은 스타일이 적당하다.

■ 운동복(레저웨어)

레저는 여가를 이용해서 즐긴다든가 쉬는 것을 의미 한다. 레저웨어는 그 때 입는 옷을 말한다. 따라서 작업할 때 입는 옷과는 달리 답답하지 않고 탁 트인 느낌의 큰 디자인이 많이 이용되고 있다. 그 운동하는 데 지장이 없도록 운동이 종류에 따라 디자인되어야 하며 옷감은 신축성이 있고 세탁에 편하고 질겨야 하며, 색은 넓은 자연풍경이 배경이 되므로 밝은 색이 대체로 좋다. 특히 운동을 목적으로 하는 경우에는 땀을 잘 흡수할 수 있는 옷감을 선택하는 것이 바람직하다.

□ 등산복

등산복으로는 일반적으로 스포티한 자켓에 슬랙스 또는 스웨터, 블라우스에 큐롯 스커트, 그리고 두꺼운 목양말에 등산화를 신고 등산모에 장갑을 낀다. 피부를 보호하기 위해서 가능한 한 살갖을 내어 놓지 않도록 한다. 등산을 하는 사람이 방문복 같은 차림을 하고 나서는 것은 불편할 뿐만 아니라 매우 위험하다.

□ 낚시복

낚시복은 첫째, 활동적인 복장이 좋으며, 둘째, 물에 젖더라도 견디어 낼 수 있는 질긴 옷감으로 만들어진 옷이 바람직하다. 특히 밤낚시 등을 즐길 때에는 밤의 차가운 공기를 이겨낼 수 있는 따뜻한 옷을 입는 것이 좋다. 바지는 너무 꽉 조이는 옷 보다는 활동하기에 편한 청바지나 골덴 바지 등이 바람직하다. 윗도리는 따뜻하고 활동성이 강한 잠바 차림이 좋다. 밤낚시나 겨울철에 낚시를 즐길 때에는 잠바에 모자가 부착된 것이 추위를 막을 수 있어서 좋다. 낚시복에 곁들여서 신발은 장화나 목이 긴 농구화 등이 좋겠고, 고무장갑과 면장갑 등도 함께 준비하는 것이 몸을 보호하는 데 효과적이다.

날씨의 변동에 따라서 겉에 활동적인 조끼를 덮어 입는 것도 무방하다.

□ 골프복

골프복의 일반적인 스타일은 셔츠, 블라우스에 슬랙스 또는 콤비네이션으로, 어깨·팔·허리·무릎을 자유롭게 움직일 수 있는 옷을 고려해서 선택한다. 플리이츠 스커트는 클럽을 휘두를 때 너무 퍼져서 번거롭지 않도록 한다. 큐롯 스커트를 입을 경우에는 삭스를 신으면 산뜻한 맛을 줄 수 있다. 옷의 색깔은 잔디의 색깔에 맞추어서 오렌지색, 크리임색, 블루우 등 비교적 색깔이 고운 것을 택한다. 장갑은 골프 전용(專用)의 한손 또는 양손으로 된 것이 좋으며 구두도 골프 전용의 구두를 마련한다.

모자는 되도록 차양이 있는 것을 구입하고 장갑과 함께 실용과 멋을 겸한 악센트 컬러로 하면 신선한 느낌을 준다.

□ 수영복

수영복은 보통 수영할 때에 입는 것과 일광욕이나 노는 경우에 입을 수 있는 두 가지가 있으며 해마다 새롭고 신선한 수영복이 나와서 변화가 많다.

수영복에는 원피스 형이 수영을 하는데 있어서 가장 안정감이 있다. 옷감을 고를 때에는 모(毛) 메리야스, 울나일론, 스트레치와 같은 것이 좋다. 디자인은 유행에 따라 노출 부분이나 옷의 크기에 따라 다르고 일광욕을 하기 좋게 깊숙이 판 것도 있다. 남성의 경우에는 질기고 신축성이 뛰어난 수영복이 좋다.

비치 웨어에는 잘 어울리는 햇볕을 가리는 모자, 선글라스, 비치 샌들 외에 악세서리도 준비하는 것이 좋다. 강렬한 느낌을 줄 수 있는 색이나 무늬를 선택해서 균형잡힌 몸매가 되도록 하는 것이 중요하다.

□ 보울링복

보울링은 계절에 관계없이 누구나 가볍게 즐길 수 있는 실내 경기이다. 보울링의 복장은 활동적인 스타일이면 된다. 보울링복의 일반적인 스타일은 셔츠 블라우스에 스커트나 슬랙스의 콤비네이션이다. 블라우스는 소매 부리에 여유가 있어 자유롭게 운동할 수 있어야 하며 또 등의 양쪽에 단을 내서 그 부분에 배색이 잘 된 옷감을 대기도 하고 한 가운데에 자수를 놓기도 한다. 스커트는

양옆에 플리이츠가 있는 것으로 선택하고 스커트의 폭이나 주름
에 의해 다리의 운동이 불편을 느끼지 않아야 한다. 구두는 보올
링 전용 구두가 좋다. 보울링을 할 때는 앞모습 보다 뒷모습이 눈
에 잘 띄기 때문에 뒷모습의 디자인에 특히 신경을 써야 한다.

□ 승마복

승마복은 마장(馬場)의 경우에 웃옷은 검은 연미복형, 프록형으
로 기장도 길고, 폭넓은 아스코트 타이를 매고 높은 모자를 쓴다.
장애물 경기인 경우에 웃옷은 붉은 색 또는 검은 자켓의 복장이지
만, 일반적으로 아마튜어는 붉은 색의 옷을 입는다. 말에 올라탔을
때의 움직임에 불편이 없도록 되어 있고, 거기에 장화를 신는 경
우와 조파아즈부츠를 신는 경우가 있다. 웃옷의 옷감은 도시킨이
나 캐시미어 등, 바지는 이중능직(二重綾織)의 터어키라고 하는 감
이 적당하다.

그러나 일반적으로는 개버딘이나 크래버넷 같은 것을 사용한
다. 연습용의 승마복에는 보통 기호에 따라 체크 무늬의 자켓에
큘롯을 입고 있다.

□ 드라이브 복

멀리 차를 몰고 나가야 할 경우에는 목적지에 따라서 복장이 달
라진다. 스커트나 슬랙스에 블라우스나 자켓을 입어서 어는 정도
벗기에 편리한 것이나 입어서 보기 좋은 것, 또는 돈이나 티켓 같
은 것을 넣을 수 있도록 포켓이 달린 것이 좋다. 악세서리로서는
스카프나 스포티한 모자가 좋다. 구두는 뒷굽이 낮은 것이 좋지만
목적지가 먼 곳일 때는 드라이브 슈우즈를 신어야 한다.

또 악세서리를 겸한 장갑을 멋으로 끼는 것도 바람직하다.

□ 하이킹 복

산이나 들로 도보 여행을 하거나 산책을 할 때에는 경쾌하고, 되도록 활동적이며 걷기에 편한 큘롯 스커트를 사용하고, 기능적인 것으로서는 벌레한테 물리거나 풀이나 나무에 긁히지 않도록 한 슬랙스 스타일이 좋다. 웃옷으로는 벗고 입기가 간편한 세퍼레이트 형식으로 된 것이 가장 적당하다. 또 날씨가 갑자기 나빠질 경우에 대비해서 방수가 잘 되는 옷을 준비하는 것이 바람직하다. 또 소매가 긴 셔츠나 블라우스 잠바를 웃옷으로 하고 그 속에 스웨터나 폴로셔츠 같은 것을 단단히 입는다. 옷감으로는 면, 개버딘, 피케, 데님, 트일 등이 질겨서 가장 적당하다.

□ 스키 · 스케이트 · 인라인 복

스케이트 복장은 일반용과 경기용이 있다. 일반용 스케이트복은 스키복과 비슷한 점이 많다. 실내 스케이트장에서는 촘촘하게 짜여진 옷감으로 후드가 붙은 스웨터에 적당한 미튼이나 보오이쉬한 긴 자켓에 머플러를 두른다.

달릴 때는 바람을 안고 달리기 때문에 편물지 같은 것으로 따뜻하게 한다. 스케이트를 잘 타는 사람일 경우에는 기장이 짧은 스커트와 플리이츠, 플레어 등과 같은 것으로 편리하게 움직일 수 있도록 하고 반드시 안에 두꺼운 타이즈를 함께 입도록 해야 한다. 또한 인라인은 항상 헬맷과 무릎 · 팔목 보호대를 착용하여야 하며, 계단타기, 한발로 오래 타기 등 고난도 기술을 구사할 수 있다.

□ 조깅복

조깅복은 빠른 걸음으로 달리기에 편한 옷차림이어야 한다. 여름에는 얇은 운동복이 좋다. 겨울에는 감기에 걸리지 않을 정도로 따뜻한, 활동하기에 편한 운동복이 적당하다고 생각한다. 주위에 보는 사람이 없을 때는 러닝셔츠에 질긴 팬티 차림도 적당하다고 본다. 그러나 너무 노출이 심한 차림은 가급적 삼가는 것이 좋다.

아침의 상쾌한 공기를 맞으며 뛸 수 있는 옷차림으로는 우선 땀을 잘 흡수할 수 있는 면 종류의 활동적인 옷감으로 만들어진 옷이 가장 적당하다고 할 수 있다.

□ 기타 운동복

이 밖에도 여러 가지의 운동복이 있다. 운동의 종류에 따라서 각각 특색 있는 옷차림을 생각할 수가 있다. 다만 한 가지 운동복으로서 공통적으로 갖추어야 할 특성은 첫째, 활동적인 복장이어야 한다는 것이다. 둘째는 질긴 옷감을 사용한 옷이어야 한다는 것이다. 그리고 셋째는 땀을 잘 흡수할 수 있는 옷감으로 만든 옷이어야 한다는 것이다. 이러한 특성을 살려서 운동의 종류에 따라서 적당한 복장을 선택한다면 효과를 거둘 수 있으리라고 생각한다.

■ 휴식복

가정에서의 휴식복은 셔츠든 블라우스든, 스커트든, 원피스든, 일을 할 때 입는 옷과는 반드시 구별이 되어야 한다. 생활 환경에 따라 다르기는 하지만, 저녁 시간은 가족과 함께 지내는 시간이기도 하므로, 주부는 남편에게 매력적으로 보이도록 항상 자신을 가

꿀 필요가 있다. 직장인인 경우에도 휴식을 취한다고 하는 것은 내일의 생활을 위한 것이기도 하며, 개인적인 생활을 즐기기 위해서는 아늑한 느낌을 주면서도 입기 편한 옷을 입고 휴식을 취한다.

옷감은 디자인이나 색깔, 무늬가 볼수록 즐겁고 명랑한 기분이 들어야 하며 살갗을 자극하지 않는 부드러운 재질(材質), 언제나 깨끗하게 입도록 세탁에도 질긴 것이 좋다. 여름에는 디자인이 시원하고 겨울에는 따뜻한 느낌을 주어야 하는 것은 물론, 입기 편하고 그리고 보는 사람이 편안한 느낌이 들어야 한다.

■ 여성의 예복

여성의 예복(禮服)에 관한 관습은 그 사회의 변화에 따라 조금씩 변해 가고 있지만, 가장 대표적인 예복은 밤에 입는 이브닝 드레스이다. 이것은 공식적인 의식이나 외국 귀빈을 초대한 무도회 등, 특별한 경우에만 입는다. 낮에 입는 예복은 주로 애프터누운 드레스이며, 그 밖에 공식적이 아닌 비공식 초대연에는 세미 이브닝 드레스 또는 칵테일 드레스를 입는다. 예복은 목적과 시간에 따라 입는 드레스가 엄격히 정해져 있으므로, 그 목적에 맞게 준비해 두어야 한다. 뿐만 아니라 그 모임에 참석하는 사람들과의 조화를 고려해야 한다.

□ 이브닝 드레스

저녁 때 입는 야회복으로는 정식 이브닝 드레스와 약식인 세미 이브닝 드레스가 있다.

일반적으로 오후 8시 이후의 사교복으로는 원피스 모양을 이용하고 넥라인을 깊게 파서 어깨와 가슴의 노출이 많으며 소매는 없고 옷길이는 긴 것이 보통이다. 악세서리 역시 가장 화려하고 눈에 잘 띄는 차림으로 광택이 좋은 보석(다이아몬드 · 사파이어 등)을 장식한 목걸이, 귀걸이, 팔찌, 브로우치 등을 준비한다.

□ 애프터 누운 드레스

낮에는 오후의 사교장에서 애프터누운 드레스를 입으며, 방문, 영화, 연극 구경, 축하연, 정식회합 등 그 용도가 매우 넓다.

애프터 누운 드레스는 부드럽고 우아한 멋을 주는 드레스로서 브로케이드, 실크 등으로 되어 있어 소매 없는 원피스, 또는 앙상블, 슈우트 모양이 많으며 색은 검정, 베이지, 회색 등으로 무늬가 없는 것이 정식이다.

약식은 정식에 비해 무늬가 있으며 젊은이들은 핑크, 블루 등의 색을 즐겨 사용하고 색조를 잘 조화시켜서 고귀하게 보이도록 한다.

□ 웨딩 드레스

결혼할 때의 웨딩 드레스(wedding dress)로는 화려하면서도 엄숙한 느낌을 줄 수 있는 순결한 차림으로 피부의 노출이 적으며 소매가 깊고 옷길이가 긴 순백색의 드레스이어야 한다.

요즘에는 복장 간소화 또는 짧은 옷의 유행으로 애푸터 누운 드레스를 입는 경우도 많이 있다.

옷은 어디까지나 자신에게 있는 아름다움, 즉 개성을 강조할 수 있는 디자인을 선택해야 하며 악세서리로는 순백색의 보석 진주 목걸이와 귀걸이가 순결함의 상징으로 사용되고 체격과 식장 분위기 그리고 드레스에 어울리는 베일과 장식(조화?리본), 흰 장갑

을 준비하고 꽃다발(花束) 역시 흰색이나 엷은 핑크 아니면 크리
임색으로 신부가 좋아하는 꽃을 택하여 그 모양도 드레스에 알맞
게 준비한다.

□ 상복(喪服)

상복은 검은 드레스로 피부가 보이지 않아야 하며 검정색의 부
속품을 달아서 나타내는 것이 예의이고 광택이 있는 것은 사용하
지 않는다. 또한 검정 구두에 작은 검정 모자를 쓰는 경우도 있다.
약식인 경우에는 어두운 회색 옷을 입고 검은 상장(喪章)을 단다.
남자의 상장(喪章)은 왼쪽 팔에 완장을 감고 여자는 왼쪽 가슴에
리본을 단다.

제**5**장
음식의 예절

1. 한국요리의 예절

■ 한국요리의 특징

우리 나라는 사계절과 우리의 풍토에 맞는 식품이 많이 생산되고 또 이에 맞는 조리방법이 섬세하고 다양하게 발달되어 왔다. 그리고 일반 음식의 반상차림 등도 비교적 영양적이며 합리적으로 식품이 배합되어 있다. 하지만 음식의 가짓수가 많고 그 형식이 복잡해서 손이 많이 가고 시간과 노력이 많이 들게 되어 점차적으로 가족이 한 자리에 모여서 즐길 수 있는 두레반상 차림이 권장되고 있는 추세이다. 반찬의 가짓수 역시 양보다는 영양적으로 질적인 배합에 중점을 두고 나눔접시(각접시)를 사용하여 위생적인 면에도 신경을 써야 할 것이다. 각종 행사 때의 음식 차림은 재래의 번거로운 형식과 관습에 얽매이지 않고 양보다는 질적으로 정성껏 음식을 차려야 하며 행사의 참뜻을 찾고 분에 맞게 차려서 대접해야 할 것이다. 하지만 생활 습관상 함께 들기 어려운 어른과 손님의 진지상 또는 가족 중에도 식사를 함께 할 수 없는 분, 그리고 가족이 부부 밖에 없는 경우에는 역시 고유의 반상차림을 할 수가 있다.

■ 반상과 그릇의 종류

□ 반상(飯床)
우리 나라 고유의 상차림은 시간과 노력의 낭비가 많이 들기는 하지만 우리 나라를 방문하는 외국 손님들에게 접대함으로써 깊은 인상을 심어주기 위해서나 식생활의 역사를 보존(保存)하는 뜻에서도 알아둘 필요가 있다.

밥을 주로 하는 정식 차림을 반상(飯床)이라고 하며, 그 종류에는 3첩 · 5첩 · 7첩 · 9첩 · 12첩 반상이 있으며 외상 또는 겸상으로 차린다. 반상의 첩수는 밥 · 국 · 김치 · 조치류, 종지에 담는 조미료를 제외한 반찬의 가짓수를 말한다.

가정에서도 반상차림이 좋겠지만, 특히 손님상은 반상으로 차려내는 것이 예의였으며, 3첩(三첩) · 5첩 · 7첩 · 9첩 · 12첩 반상까지 규범지어져 있다. 옛날에는 대가(大家)나 궁중(宮中)에서와 같이 규모가 큰 곳에서는 첩수가 많았다.

첩(첩)이라고 하는 것은 뚜껑이 있는 반찬 그릇을 나타내는 것이며, 3첩을 들어보면 밥 · 국 · 김치 등을 제외한 세 가지 반찬을 마련했을 때를 뜻하는 것이다.

□ 그릇의 종류

그릇의 종류에는 다음과 같은 여러 가지가 있다.

진지그릇(주발, 바리, 사발), 탕기(국그릇), 조치보(찌게그릇), 보시기(김치, 깍두기그릇), 종지(간장, 고추장, 초고추장그릇), 쟁첩(뚜껑 있는 반찬그릇으로 3첩에는 3개, 7첩에는 7개를 쓴다), 대접(숭늉그릇), 쟁반(그릇받침).

이 밖에 수저, 토구, 냅킨, 손접시가 있으며, 진짓상으로는 원반, 책상반 등이 있고, 반상으로는 놋반상, 은반상, 사기반상 등이 있다. 요즈음에는 스테인레스 반상이 많이 사용되고 있다.

■ 반상 보는 법

김치와 깍두기는 상 뒷줄 중앙에 놓는다.

고기구이나 생선 전유어 등 따뜻한 것은 오른쪽에 놓고 회, 편육 등 식은 음식은 왼쪽에 놓는다.

구이나 전유어 줄에 나물종류를 놓고 장아찌나 자반, 젓갈 종류는 왼쪽 앞줄에 차려 놓는다.

조미료는 중앙에 놓고 오른쪽에는 초장, 왼쪽에는 초고추장을 놓도록 한다.

조치는 진지 놓는 줄의 양쪽에 놓으며 고기조치는 오른쪽, 생선찌게는 왼쪽에 놓는다.

반상기 뚜껑의 글자는 손님 앞으로 올바르게 맞추어 놓고, 토구는 상 왼쪽 끝에, 냅킨(50 × 30cm)은 수저 밑에 놓는다.

겸상의 경우에는 가운데 줄에 찌게를 놓고 맞은편에 국과 밥을 놓고 수저와 냅킨을 놓으며, 손접시를 놓아 음식을 덜어 먹을 수 있도록 한다.

두레반상에서는 각자 음식을 덜어 먹을 수 있도록 손접시를 준비하고 음식 그릇에는 수저를 놓아 덜어 먹을 수 있게 한다.

■ 반상 드리는 법

웃어른이나 손님은 아랫목으로 모신다.

상은 찬쪽에서 들어야 하며 네 손가락이 옆중앙 상밑으로 가고 엄지 손가락은 상 옆에 닿게 쥐어서 팔꿈치 높이로 들고 걸음은 바른 자세로 걸어 상을 받을 사람의 약 서너 걸음 앞에 완전히 앉아서 상을 내려놓은 다음 가만히 상을 밀어서 가까이 놓는다.

뚜껑은 살짝 네 손가락을 붙이고 엄지 손가락만 떼어 소리나지 않게 열며 따뜻하지 않은 간장, 초장, 조미료에서부터 차례로 뚜껑을 열어 서너 개씩 포개어 상 옆에 놓고 두 손으로 탕기, 조치보, 진지그릇의 순서로 연다.

밖으로 나올 때는 두어 걸음을 뒷걸음질 쳐서 바로 나온다.

중간에 따뜻한 숭늉을 대접에 떠서 곁상이나 쟁반에 받쳐서 진지상 오른쪽에 갖다 놓도록 한다.

뚜껑은 쟁반에 담아서 내간다.

상을 밖으로 내올 때면 두어 걸음(30cm) 앞에 앉아 가만히 자기 앞으로 당겨 바로 들고 나간다.

식사가 끝난 다음에는 후식을 곁상에 차려 진지상과 같은 방법으로 들고 들어가 놓는다.

상을 드릴 때는 다음과 같은 점에 주의해야 한다.

상을 들고 다닐 때는 허리를 굽혀서는 안되며 반드시 앉아서 상을 드리고 물린다. 그리고 숭늉은 대접에 7부쯤 담아서 색이 너무 짙지 않도록 하고 밥알이 들어가지 않게 해서 따뜻한 것을 드린다.

■ 한국요리의 식사예절

□ 독상일 때

초대되어서 상을 받는 손님은 상이 들어오면 정중하게 고마움을 표시하고 무릎위에 냅킨을 편 다음 편하게 밥을 먹을 수 있도록 상을 당겨 놓는다.

상 위에 놓은 여러 음식 그릇의 뚜껑을 열어, 두어 개씩 포개어 상 옆에 놓은 다음 수저를 든다.

먼저 소리나지 않게 국물을 떠서 먹고 상에 놓인 음식을 골고루 먹는 것이 예의이다. 한꺼번에 숟가락과 젓가락을 쥐고 먹거나 젓가락을 동동 굴리는 일은 아주 교양이 없는 행동으로 주의해야 한다.

음식은 많이 집어서 흘리는 일이 없도록 하고, 다소곳이 집어서 먹는다.

숭늉이 나올 때는 국그릇과 바꾸어 놓고, 밥을 말아서 다른 반찬과 함께 먹어도 된다. 국이나 김치국물 등은 숟가락으로 떠서 먹어야 되며 그릇째 들고 마시는 일이 없도록 한다.

□ 겸상일 때

겸상에서는 손윗 사람이 수저를 든 다음에 들어야 하며 식사를 끝낼 때에도 어른과 보조를 맞추어야 하고 어른보다 먼저 수저를 놓는 것은 예의에 어긋난다. 어른보다 먼저 식사를 끝냈을 경우라 하더라도 수저를 국 그릇에 걸쳐 놓았다가 어른이 식사를 다 끝낸 후에 내려 놓아야 한다.

□ 연회상일 때

연회석상에서는 어른이나 주빈이 수저를 든 다음에 식사를 한다.

음식을 덜어서 먹을 수 있는 접시가 놓여져 있을 때는 자기가 필요로 하는 양의 음식을 조금씩 자기 접시에 덜어다 놓고 먹는다. 음식을 덜 때는 음식에 놓여있는 공동용 젓가락으로 덜어야 하며, 자기의 수저를 사용하는 일이 없도록 한다.

음식을 지나치게 많이 덜어 놓거나, 한꺼번에 여러 가지를 덜어서 자기 접시를 가득 채우는 것은 보기 흉하며 다먹은 다음에 또 덜어 가는 것이 예의이다.

또한 자기 앞에 놓여 있는 음식을 먼저 덜고 옆사람에게도 권한다. 먼곳에 놓인 음식을 먹을 경우에는 가까이 있는 사람에게 작은 목소리로 집어 줄 것을 부탁해야 하며, 팔을 뻗쳐서 음식을 집어오는 행동은 하지 않도록 한다.

식사 중에는 자기 자리를 뜨는 일이 없도록 하며, 명랑하고 부드럽게 화제를 나누면서 식사하는 자세가 필요하다. 묵묵히 식사에만 열중하는 일이 있어서는 안된다.

■ 반상의 종류와 그 상차림

□ 면상(麵末)

면상이란 면류를 주식으로 하는 상차림을 말하며 보통 점심 때와 잔치 때 많이 차린다. 주식으로는 온면, 냉면, 또는 떡국이고 그 밖의 요리로는 냉채, 편육, 전류, 잡채류, 과일, 과즙 등이 주가 되며 면상 식단은 면, 탕, 찜, 회, 편육, 적, 전유어, 전과, 겨자채, 신선로, 약식, 잡과, 편, 숙실과, 식혜나 화채, 김치, 간장, 초장, 생실과 등이다.

상차리기와 드리기는 반상과 같으며 외상, 겸상, 두레반상 등으로 역시 차릴 수 있다.

□ 큰상

큰상은 생신, 회갑, 결혼 등의 큰일이 있을 때 차리는 상이며, 음식을 괴는 높이의 치수는 5치, 7치, 9치, 1자 1치, 1자 3치, 1자 5치 등의 홀수로 한다.

큰상을 차리는 방법은 계절에 따라서 또는 목적에 따라서 각각 다르다.

□ 돌상

돌상은 아기가 태어난지 만 1년 되는 생일에 차려 오래 살고 다복다재(多福多才)하기를 빈다.

돌상에는 백설기, 송편, 경단, 실과 외에 쌀(生米), 돈(貨幣), 국수(麵), 대추(棗), 활(弓), 책(冊), 붓(筆), 벼루(硯), 흰실(白絲), 홍실(紅絲), 무명(木棉) 등을 놓는 것이 관습으로 되어 있다.

돌상을 차려놓고 아기에게 집게 하여 아기의 장래를 축복하였으며 차린 음식, 즉 떡 종류는 친척이나 이웃 사람과 나누어 먹는다.

□ 연회상 (회식상)

일명 '교자상' 이라고도 한다. 각종 축하연과 회식 때 차리는 상으로서, 음식은 계절에 따라서 계절에 알맞은 음식을 정성껏 만들어 특징 있고 인상깊게 차려 놓는다.

□ 다과상

다과상이란 식사 시간 후에나 짧은 시간 동안에 손님을 모시고 가볍게 즐기려 할 때 계절에 맞는 다과를 마련하여 차리는 상이다.

다과상은 바쁜 생활 가운데 가볍게 차려 손님을 맞이하고 즐길
수 있으며 손님 수에 따라 찻상이나 큰상에 차린다.

□ 주안상

주류만을 준비해서 차리는 상을 '주안상'이라 한다. 술안주로
할 수 있는 음식을 마련한다.

□ 제상

예로부터 인간은 자기 조상에 대해 어떠한 형식으로든 추모해
왔고, 특히 우리 나라는 효(孝)가 인간 생활의 근본 이념이었으므
로 제사를 지내는 것은 자손의 가장 중요한 일이었다.

제사의 종류에는 다음과 같이 우제, 대상, 소상, 담제 및 기제와
다례, 시제 등이 있다. 가례(家禮)에 따라 지내는 절차와 제상 차
리기는 약간씩 다르지만 가정 의례 준칙을 기준으로 지내는 것이
좋다.

기제는 고인이 돌아가신 날 지내는 제사를 말하며, 소상, 대상
을 지낸 후 매년 같은 날 같은 시각에 지낸다. 옛날에는 4대 봉사,
5대 봉사를 하였으나 가정 의례 준칙에서는 조부모까지 기제사를
지내게 되어 있다. 과거에는 돌아가시기 전날 자정에 제사를 지냈
지만 오늘날에는 돌아가신 날 저녁에 온 가족과 친척이 모여 제상
을 차려놓고 엄숙하고 경건하게 제사를 지낸다.

차례의 종류와 순서는 엄격하고 복잡하다. 설날은 떡국으로 차
례를 지내고 한식날은 화전, 추석에는 송편, 동지날에는 팥죽 등을
사시에 정제를 지냈던 것이 요즘에는 정월 초하룻날 아침에 연시

제, 추석날 아침에 절사를 지내고 성묘하는 것이 보편화 되어 가
고 있다.

2. 서양요리의 예절

■ 서양요리의 특징

서양요리는 우리 나라 음식차림과 많이 다르지만 우리 생활에
널리 이용되고 있으므로 올바른 식탁차림과 그 매너(manner)를 알
아둘 필요가 있다.
서양요리는 식단(menu)에 따라 일정한 순서로 실버의 종류가
결정되며 내는 방법이나 먹는 방법도 그에 맞추어 하게 되어 있다.

■ 식탁과 그릇의 종류

□ 식탁차림

서양요리의 식탁차림에는 토스트(toast), 에그프라이(egg fry), 우
유나 커피(milk or coffee) 등의 가벼운 아침 식탁차림(breakfast
table setting)과, 스프(soup), 빵(bread), 고기(meat)요리 등 아침 보
다 약간 무거운 식단의 점심 식탁차림(luncheon table setting), 하
루 중에서 가장 중요하게 여기는 저녁 식탁차림(supper table
setting), 다과, 또는 술을 중심으로 한 식단을 가지고 손님을 모시
기 위한 파티용 식탁, 모듬으로 차리고 각자가 덜어 먹을 수 있는

뷔페(buffet)식탁차림 등이 있다.

□ 그릇의 용도와 선택

그릇을 고를 때에는 가족의 취미와 교양이 깃들어 있는 것을 고르도록 하여 모양, 크기, 빛깔 등에 따라 음식의 보는 맛도 달라진다. 그리고 음식에 따라 담는 그릇이 다르므로 용도를 잘 알아서 사용해야 한다.

□ 사기그릇(dinner china ware)

사기 그릇에는 주식접시(main dish), 스프접시, 샐러드 접시, 빵접시, 스튜 접시(stewdish), 슈거 보울(sugar bowl), 크리임 피처(cream pitcher), 찻잔, 미이트 서빙 접시(meat serving dish), 야채 서어빙 접시, 후식 접시(desert dish), 각접시(individual plate), 그레이비 접시(gravy dish) 등이 있으며, 요즈음은 호옴 셋(homeset)도 마련한다.

□ 유리그릇(glass ware)

유리그릇(glass ware)은 경쾌하고 깨끗한 느낌을 주고 식탁을 아름답게 장식해 준다. 유리 그릇에는 물컵(water glass), 칵테일 글라스, 술잔(wine glass), 흰 포도주잔, 붉은 포도주잔, 샴페인 글라스(champagne glass), 펀치 글라스(punch glass), 아이스크림 글라스 등이 있다.

□ 은제품(silver ware)

수저 종류에 해당하는 것을 '은제품(silver ware)'이라 한다. 은제품에는 오드블 포오크(horsd' oeuvre fork), 스프 스픈(soup spoon), 생선요리용 나이프 포오크(fish knife fork), 고기용 나이프 포오크, 샐러드 포오크, 서어빙 스픈 포오크, 과일용 나이프 포오크 등이 있다.

□ 목제품

목제품에는 샐러드 보울(salad bowl), 샐러드 서비스 스픈 포오크, 그 밖에 바구니(basket) 등이 있다.

■ 상 차리는 법

손님을 접대하는 정찬 식탁을 예로 들어 상 차리는 법을 알아보기로 한다.

□ 식당준비

식당을 준비할 때는 먼저 방을 깨끗이 청소하고 자기 집의 특징을 살려서 실내 장식을 하며 테이블과 의자를 손질한다. 겨울철에는 30분전부터 난로를 피워 따뜻하게 하고 여름철에는 시원하게 하여 즐겁고 편한 마음으로 식사할 수 있는 분위기를 만든다.

□ 테이블과 테이블보

테이블의 크기는 식탁에 앉아야 할 사람의 수에 알맞게 마련하여야 하며, 한 사람의 자리가 양어깨에서 10cm 씩 여유를 두어야 식사를 할 수 있다고 가정해 보면, 앞으로는 50cm 옆으로는 60∼70cm 정도 여유가 있어야 한다. 크지 않은 식탁에서 많은 사람 분을 차렸을 때는 식사하기가 불편하므로 테이블의 크기에 맞게 차려야 한다. 원탁이나 타원형 테이블은 자리 배치가 편리하다. 그러나 양식 식탁은 거의 직사각형 테이블을 사용하고 있다.

좌석 배치는 전문적인 웨이터(waiter)나 웨이트레스(waitress) 가 있을 경우에는 주부(hostess)가 상좌에 앉고 그 맞은 편에 주인(host)이 앉는다. 주빈은 주부의 오른쪽에 앉으며, 주빈의 부인은 주인의 오른쪽에 앉고, 그 다음 남자 손님은 주부의 왼쪽에, 그 부인은 주인의 왼쪽에 앉는다. 이와 같이 남녀가 섞여 앉는 것이 원칙이지만 그렇지 않은 경우에는 남녀가 마주보며 앉는다.

식탁보는 흰 린넨(linnen)에 흰 무늬가 있는 것을 사용하고 아침이나 점심에는 변화있는 플레이스 메트(place mat)를 사용하기도 한다. 냅킨은 식탁보와 같은 색의 빛깔이 좋다. 식탁보의 크기는 테이블에 비해 사방이 20∼30cm 크고, 냅킨은 정식인 경우에는 사방이 60∼70cm, 약식일 때는 사방 40cm의 크기를 사용한다. 식사를 할 때 소리가 나지 않도록 식탁보 밑에 융이나 메트를 깔아주며 사방이 같은 크기로 늘어지도록 해준다. 냅킨은 구김살이 많이 가지 않게 접고 쉽게 펼 수 있도록 접어서 접시 중앙에 놓거나 접은 끝이 접시쪽을 향하게 해서 포오크 옆에 놓는다.

□ 상 차리기

한 사람이 차지하여야 할 범위(70cm × 50cm)를 정한 다음 접시를 식탁 끝에서 3∼4cm 정도 들여서 놓는다. 스프 스푼, 오드블 포오크, 나이프는 접시 오른쪽에 놓으며, 이때 나이프의 날이 접시 쪽을 향하게 해서 손잡이의 끝이 접시끝과 나란히 놓이도록 한다. 이와 같은 방법으로 접시 왼쪽에 포오크 종류를 순서에 따라 놓는다. 접시 위쪽에는 후식용 수픈이나 포오크를 놓으며 그 위쪽에 메뉴 카아드와 네임카아드를 세워 놓고 옆으로 소금과 후추병을 놓는다.

유리그릇은 물컵을 중심으로 해서 나이프 위쪽에 놓는다. 포오크 위쪽에는 빵 접시를 놓으며 버터 나이프(butter knife)를 곁들인다.

장식품으로는 중앙에 작은 꽃, 과일, 케이크, 촛대, 오뚜기 등을 사용하며 식탁 중앙에 앉은 사람의 시선보다 낮게 두고 사방에서 보기 좋게 놓는다. 꽃을 사용할 경우에는 활짝 핀 것이나 약간 봉오리진 것으로 향기가 짙지 않은 것을 꽂도록 한다.

■ 식탁예절의 중요성

식사를 할 때는 자연스러워야 한다. 너무 격식을 차리면 모처럼 차린 음식을 즐길 수 없으며, 식사시간이 오히려 지루하게 될 뿐이다.

즐거운 식사를 하기 위해서는 식탁예절을 지켜야 한다. 식탁에서 예절을 지켜야 하는 것은 어디까지나 즐겁게 식사를 하기 위해서이다. 따라서 입속에 들어 있는 음식을 남에게 보이지 않도록 하고 쩝쩝 소리를 내서 먹지 말아야 하며, 지저분하게 밥상을 어질러 놓아서 보는 이로 하여금 이맛살을 찌푸리게 하지 않도록 해야 한다. 또한 의자를 질질 끌거나 흔들며 접시에 나이프와 포오

크를 부딪쳐서 여러 사람들의 시선을 끄는 것은 보기 흉할 뿐만
아니라 교양이 없어 보인다. 모든 사람이 편안한 마음으로 식사하
기 위해서는 식탁에서의 예절이 필요하다. 예를 들면 나이프와 포
오크를 쥔 두손을 크게 벌리거나 팔꿈치를 쳐들고 고기를 써는 것
은 옆 사람이 위험을 느끼게 되고 불쾌하게 된다. 따라서 식탁에
서의 예절은 반드시 알아두어야 할 것이다.

■ 식탁에서의 올바른 자세

□ 식탁에 앉을 때

식탁의자에 앉을 때의 바른 자세는 왼쪽에서 들어가 앉으며 의
자에 앉았을 때는 자기의 몸과 식탁 사이가 주먹 크기 정도(6∼
9cm) 사이를 두고 의자를 바싹 당기어 항상 의자 뒤쪽으로 깊숙
하게 하여 바른 자세로 앉는다. 이 때 의자 끄는 소리가 크게 나
지 않도록 조심해야 한다.

공식적인 정찬일 경우에는 의자 뒤에서 앉는 것을 웨이터가 도
와 의자를 안으로 밀어 넣어준다. 이러한 경우에는 몸을 가볍게
약간 들면서 의자 깊숙이 앉도록 하고 웨이터에게는 감사의 표시
로 목례(目禮)를 하는 것이 지성인다운 행동이다.

식탁에 가깝게 의자를 당겨서 앉아야만 바른 자세로 식사를 할
수 있고, 허리를 굽혀서 음식을 먹지 않아도 되므로 이것은 식사
매너의 중요한 조건이 된다.

그리고 식탁에서는 의자에 앉아서 머리털을 매만지거나 손톱을
깨물고 기지개를 켜는 것 등은 금기로 되어 있으니 주의해야 한다.

□ 팔의 위치

팔꿈치는 될 수 있는 한 식탁에 올려 놓지 않는 것이 좋지만 경우에 따라서 팔꿈치를 식탁에 올려놓는 것이 필요할 때도 있고 용납이 되는 때도 있다. 예를 들면 음식점에서 다른 옆 식탁에 들리지 않으면서도 소음이 많은 곳에서 자신의 목소리가 상대방에게 들리게 하고 싶은 경우인데, 그렇게 하기 위해서는 앞으로 몸을 쑥 내밀어야 한다. 이럴때는 두 손을 무릎위에 얹고 앞으로 몸을 내미는 자세를 취하는 것보다는 팔꿈치로 몸을 괴고 앞으로 내미는 자세가 훨씬 안정성있어 보인다. 그러나 식탁위로 몸을 내밀어야 할 이유가 없을 때에는 팔꿈치를 괴지 않는 것이 좋다. 또 정식 만찬회에서 식탁의 건너편에 앉은 사람과 이야기를 하려면 몸을 앞으로 내밀어야만 하기 때문에 이 경우에도 팔꿈치를 식탁에 얹는 것이 허락되지만 식사를 하는 동안에는 식탁에 팔꿈치를 올려놓지 않도록 주의해야 한다.

식탁에서 몸을 비틀거나 축 늘어지는 것도 마찬가지로 보기에 매우 흉하다. 또 의자를 기울이는 것도 보기에 흉할 뿐만 아니라 잘못하면 의자의 뒷다리를 망가뜨리게 되므로 주의할 필요가 있다.

□ 다리의 위치

식탁에서의 올바른 다리의 위치는 양다리를 되도록 붙이고 뒤로 약간 깊숙이 앉는 것이 바른 자세이며 또 이러한 자세에서는 부인들은 무릎 위에 손가방이나 장갑을 편하게 놓을 수 있다. 주의해야 될 것은 식탁 밑에서 다리를 겹치거나 앞으로 뻗거나 혹은 옆으로 흔드는 것은 자세가 나쁘고 보기에 흉할 뿐만 아니라 잘못하여 옆의 부인 다리에 닿으면 큰 실례가 아닐 수 없다.

□ 요리그릇의 위치

요리를 담아 먹는 큰 접시는 되도록이면 식탁가로 가까이 놓는 것이 좋다. 이렇게 하면 먹기도 쉽고 또 바른 자세로 유지하는 데도 도움이 되기 때문이다.

■ 식탁에서의 올바른 태도

□ 마음가짐

식탁에서의 마음가짐은 우선 경건하고 부드럽게 가지는 것이 좋다. 경건하다는 것은 딱딱하고 경직되어 있는 것을 의미하는 것이 아니다. 음식을 만든 사람에 대한 고마운 마음가짐과 창조자에 대한 경의로운 마음가짐을 갖는 것을 말한다. 모든 예의는 그 마음가짐으로부터 비롯된다. 그러므로 식탁 예절의 기본은 바로 올바른 마음가짐을 갖는데 있다고 해도 과언이 아닐 것이다.

남에게 피해를 주지 않겠다는 마음은 물론 질서를 지켜서 주위의 분위기를 저해하지 않고 명랑한 기분으로 식사를 하겠다는 기본적인 마음가짐이 무엇보다도 중요하다고 하겠다.

흔히 남의 집에 초대를 받아서 식탁에 앉거나, 조금 어렵게 생각되는 사람과 함께 식사를 하게 되면 너무 주눅이 들어 당황하는 경우가 많은게 결코 그렇게 어려워 할 필요는 없다. 상대방이 어려운 관계라면 당황할 것이 아니라 깍듯이 예의범절을 지키면 된다. 어려워한 나머지 안절부절 못하는 것과 예의범절을 지키는 것과는 다르다. 모든 예(禮)의 근원은 바로 마음으로부터 비롯된다는 사실을 다시 한 번 기억하기 바란다.

□ 몸가짐

식탁에서는 격식을 차려서 굳은 몸가짐을 가지는 것도 좋지 않지만 그렇다고 해서 무게 없이 가볍게 구는 것도 좋은 태도가 아니다.

식사는 무엇보다도 즐겁고 유쾌하게, 그리고 느긋한 마음으로 해야한다. 식탁에서 주의해야 할 것은 손가락질을 해서 사람을 가리키는 일이 있어서는 안 된다. 손가락질을 해서 물건을 가리키는 것도 오해받기가 쉬우므로 되도록 식탁에서는 하지 않도록 한다. 또한 손을 위로 올리거나 나이프나 포오크를 들고 물건을 가리키는 행동은 절대 해서는 안 된다.

□ 식사 중의 대화

식탁에서 식사를 할 때는 주위 사람들과 교양있는 대화를 자연스럽게 나누는 것이 좋다. 하지만 옆에 있는 손님 머리 위로 멀리 앉은 사람과 큰 소리로 이야기하는 것은 예의에 어긋나는 행동이다.

화제는 나이나 건강문제, 특히 의견이 대립될 수 있는 종교나 정치, 그리고 금전문제 등은 별로 바람직하지 못하다. 날씨, 여행, 스포오츠, 시사, 뉴스, 문화, 음악, 예술 등 가벼운 이야기가 좋으며, 이야기는 간결하고 요령이 있어야 한다. 그리고 하나의 화제만을 계속하는 것도 좋지 않다.

또한 여자들은 여주인의 요리 솜씨를 「You are an excellent cook.(요리 솜씨가 대단해요)」라고 칭찬하고, 남자들은 주인의 포도주 걸른 솜씨를 칭찬하는 것도 교양있는 행동이다.

식탁에서는 혼자서만 말을 하는 것도 안 좋지만 또 반대로 묵묵하게 침묵만을 지키는 것도 바람직하지 못하다. 적당히 교양있게 대화에 참여하여 다른 사람들에게 좋은 인상을 심어 주어야 한다. 그리고 식탁에서 지루하다고 몸을 비틀거나 자주 시계를 들여다 보는 것은 바른 자세가 아니다.

□ 손가방과 손의 위치

손가방은 화장품이나 손수건 등 여성으로서 잠시도 멀리할 수 없는 물건들이 들어있는 것으로 남성으로 말하며 호주머니에 해당한다고 할 수 있다.

따라서 여성은 식당에 들어갈 때에도 손가방은 항상 가지고 다닌다. 이 손가방은 무릎 위에 놓을 수도 있지만 떨어지기가 쉽고 또 신경이 쓰여지기 때문에 자신의 등 뒤에 놓는 것이 가장 좋다. 식탁 위에 놓는 것은 보기에도 좋지 않고 또 식사하는 데도 방해가 되므로 피한다.

식사 중 다른 요리로 바뀔 때 나이프나 포오크를 가지고 장난하는 사람이 있는데 이것은 미관상 좋지 않으며 또 그렇다고 해서 매번 양손을 무릎 위에 얌전하게 올려 놓고 기다리는 것도 별로 좋은 행동이 아니다. 식사가 시작되면 양손은 언제나 큰 식탁 위에 접시를 사이에 두고 가볍게 얹어 놓는 것이 좋다.

□ 냅킨의 사용

양식에서는 항상 냅킨이 나오는데, 이것은 식사 도중 옷이 더럽혀지지 않도록 하고 손가락이나 입 가장자리를 닦는데 쓰인다.

□ 식사 중의 매너

식사 중에는 자리를 뜨지 않도록 한다. 만약 전화가 왔을 경우에는 연락해 온 사람에게 「식사가 끝나고 이쪽에서 전화를 하겠습니다.」하고 자리를 뜨지 않는 것이 예의다.

그러나 급한 용무로 꼭 받아야 할 경우에는 메모를 해 주어서 대신 대답할 수 있게 하는 방법이 있다.

식사 도중 화장실에 가는 것은 무례한 행동이다. 그러나 부득이한 경우에는 옆 사람에게 낮은 목소리로 「잠깐 전화를 걸고 오겠습니다.」하고 목례만을 하고 나갔다 오는 것이 가장 좋은 방법이다.

식사 도중에 머리나 얼굴을 만지고 무엇인가 생각난 듯이 호주머니, 혹은 핸드백 등을 뒤지는 행동도 매우 교양 없어 보인다.

■ 식사 방법과 순서

□ 전체요리

전체요리는 애피타이저(appetizer) 또는 오드블(horsdeouvre)이라고 부르며 입맛을 돕기 위한 간단한 음식으로 카나페(canape) 종류와 칵테일(cocktail), 세리주(cherry)를 먹거나 여름에는 얼음(ice cube)을 넣은 음료를 먹기도 한다. 식탁에서 정찬의 한 메뉴로서 먹을 때도 있고 응접실에서 기다리는 짧은 동안에 먹는 경우도 있다. 준비된 오드블 중에서 하나나 두 가지 정도 덜어가지고 오드블 포오크 또는 손으로 먹거나 음료를 마신다.

□ 스프

스프의 종류에는 맑은 스프(consommesoup), 짙은 스프(pota-gesoup)가 있다. 정찬일 때는 주로 맑은 스프를 먹게 되므로 약간 먹어 본 다음에 소금과 후추를 넣어 먹는다.

□ 빵

정찬에서는 대부분 로올(roll)을 2개 정도 먹게 되며 손으로 한 입에 들어갈 수 있을 정도의 크기로 뜯어 버터 나이프로 버터나 잼을 발라 먹는다. 스프에서부터 고기 요리가 끝날 때까지 먹으며, 빵은 왼쪽에 놓여 있다.

□ 생선요리

생선요리에는 생선요리용 소오스(sauce)를 얹고 레몬이 곁들여 져 이을 경우에는 생선에 고루 짜서 뿌리고 오른손에 생선 나이프 를 들고, 왼손에 포오크를 얹어 쥐고 생선 한쪽 끝을 포오크로 눌 러 찍고 나이프 끝으로 포오크의 바로 밑의 생선을 썰어 포오크로 찍어 야채와 곁들여 함께 섞어 먹는다. 나이프는 썰기만 하는 것 이지 음식을 찍어 입에 넣지 않는다. 모든 것을 한꺼번에 썰어 놓 고 먹는 경우가 있는데 이것은 비공식 자리 또는 어린이들이 할 수 있다.

생선 가시나 껍질은 접시 한 옆으로 모아 놓고 입 속에 있는 가 시는 종이 냅킨에 받아 싸서 접시 옆에 놓는다. 포오크나 나이프 를 잘못해서 땅에 떨어뜨렸을 경우에는 웨이터에게 부탁하여 새 로운 것을 가져오게 한다.

생선요리에는 흰포도주(white wine)를 마시는 것이 원칙이다.
먹고 싶지 않은 음식은 서어브를 거절하여도 실례가 되지 않는다.

□ 앙뜨레이

가장 기본이 되는 요리가 앙뜨레이로 닭고기나 칠면조 고기요
리를 말하며 나이프와 포오크로 먹는 것이 원칙이지만 손으로 뜯
어 먹을 수도 있다. 곁들인 야채와 함께 먹으며 가시는 접시 옆으
로 가려 놓고 접시가 너무 더러워지지 않게 먹어야 한다.

□ 고기요리

고리요리는 소오스와 채소를 곁들여 내는 고기요리로서 메뉴중
에서 정성이 많이 들어가는 요리이며 앙뜨레이를 겸해서 먹기도
한다. 먹는 방법은 생선요리 먹는 방법과 똑같으며 고기용 나이프
와 포오크로 먹고, 냅킨으로 입가에 묻은 음식을 가볍게 눌러 닦
는다. 술은 붉은 포도주(red wine)를 마신다.

□ 샐러드

정찬에서는 야채요리가 따로 마련되는 경우도 있지만 일반적
으로 샐러드를 먹게 되며 샐러드용 소오스를 얹어서 포오크로 먹
는다.

□ 축배(toasting)

축배는 샐러드가 거의 끝날 무렵에 든다. 그리고 테이블(table)
에서의 대화가 시작된다. 그러나 요즘에는 식사전에 오드블 코오

스에서 축배를 들기도 하지만 원칙은 디저트 코오스에서 들어가면서 샴페인(champegne)으로 주빈을 따라 일어서서 축배를 들고 마시며, 자리에 앉아 대화를 나눈다.

□ 디저트

디저트는 후식요리이다. 주식 코오스에 사용되었던 기구나 조미료 그릇을 내가고 후식요리에 필요한 기구만 남겨둔다. 후식으로는 케이크, 아이스크림, 파이, 푸팅 등의 과자 종류(sweet course)를 먼저 한 다음에 과일류를 먹게 되며 담배를 피우며 휴식을 취할 수 있다.

스픈, 나이프, 포오크를 사용하게 되며 다 먹었으면 스픈이나 포오크를 접시 중심에 놓는다. 생과일 종류를 먹을 경우에는 핑거 보울(finger bowl)에 손끝을 씻고 먹는다. 핑거 보울은 과일 접시 옆에 받침을 받쳐 놓고 왼손 끝 그리고 오른손 끝을 씻을 다음 냅킨에 물기를 닦는다.

원하는 과일을 자기 접시에 덜어 놓고 나이프로 벗겨 포오크로 찍어 먹는다. 먹은 후에도 역시 핑거 보울에 손끝을 씻는다.

□ 음료

식후의 음료(berverage)로는 커피, 홍차, 우유, 코코아 등의 여러 가지가 있으며, 커피는 짙게 타서 작은 찻잔에 담아 낸다. 음료를 들여갈 때는 손님이 마시고 싶은 것이 무엇인가 물어보고 드리는 것이 좋으며 원하는 사람도 자기 의사를 분명하게 밝힌다.

3. 중국요리의 예절

■ 중국요리의 특징

중국요리는 광대한 토지에서 생산되는 각종 생산물을 충분히 이용해서 오늘날 세계 여러 나라에서 인기를 모으고 있다.

중국요리는 그 특미(特味)와 풍요한 모습으로 누구에게나 친근감을 줄 뿐 아니라 그들의 대륙적인 상업 기질로 인하여 세계 여러 나라로 진출, 발전하였던 것이다.

그러나 중국요리는 요리의 종류가 많고 이름이 낯설고 어려우므로 기억하기가 힘들어서 중국요리를 좋아하는 사람은 많아도 요리 이름을 많이 아는 사람은 그리 많지 않다.

특히 중국요리는 지방에 따라 명확하게 구분이 되어 있다. 북경(北京)요리, 광동(廣東)요리, 상해(上海)요리, 사천(四川)요리 등으로 구분 할 수 있다.

■ 중국요리의 종류

□ 북경요리

북경요리는 일명 '산동식(山東式)' 요리 라고도 불린다. 이 요리는 만청조(滿淸朝)가 번성하던 시대의 궁중요리를 중심으로 하여 발달된 요리이다. 또 다른 말로 징차이(京菜)라고도 한다. 육류를 주재료로 사용하는 요리법이 발달했다. 추운 지방으로 인해서 기름을 많이 사용하는 볶음요리(炒), 튀김요리(炸)가 주로 유명하다.

면류(麵類), 만두, 호떡 종류가 유명한 이유는 이 지방에서 많은 밀이 생산되고 있기 때문이다.

북경요리는 우리 나라를 비롯해서 세계적으로 제일 많이 보급되어 있는 요리로 기름을 많이 사용하고 걸쭉하면서도 구수한 풍미를 지닌 것이 특징이다.

□ 광동요리

광동요리는 중국의 남부 지방을 중심으로 하여 발달한 요리로 '난차이(南菜)' 라고도 부른다.

광동요리의 특징은 지형적인 영향을 받아 식품 본래의 맛을 담백하게 살려서 만들어진 것이다. 주식은 쌀이고 순대요리, 채쇠(叉燒) 등 구운 돼지고기요리가 유명하다. 이 광동요리는 미국이나 유럽 사람들의 입맛에 맞는 중국요리라고 할 수 있다.

특히 재료가 지닌 맛을 담백하게 살린 탕수육이 널리 알려진 요리이다.

□ 상해요리

해산물의 생산이 많은 중국 중부지방에서 발달한 상해요리와 소주(蘇州)요리는 간장과 설탕, 녹말 등이 많이 가미된 특색있는 산물요리이고 면류요리도 많이 발달되어 있다.

□ 사천요리

비옥한 토지에서 생산되는 채소요리가 중심이 되어서 만들어지는 사천요리는 잔차이라고도 불리며 특징은 저장된 생선과 육류가 자극적인 향신료로 조미되어 구미를 돋구어 주는 것이다.

■ 식탁과 그릇의 종류

식탁은 원탁(圓卓)과 각탁(角卓)이 있으며 보통 6~8사람이 둘러 앉으며, 주인과 주빈이 마주보고 앉는다. 주빈은 상좌에 앉고 주인이나 주인 대리는 출입구 쪽에 앉아 시중을 들며 회식한다.

그릇의 종류를 살펴보면 우리 나라 보다 간단하며 수저, 사발, 접시의 대소를 갖추면 충분히 손님을 모실 수 있으며 그다지 복잡한 편은 아니다.

■ 식사 방법과 순서

① 손님을 초대할 때는 3일 전에 초대장을 보내서 참석 여부를 확인한다.

② 주인은 현관에서 손님을 맞이하여서 응접실에서 기다리게 하며 그 동안 손을 씻을 수 있도록 더운 물수건을 주고 수박씨, 호박씨 등을 까 잡숫게 한다.

③ 시간이 되어서 초대한 손님이 다 오시면 식탁에 안내하여 지정된 자리에 앉게 한다.

④ 요리를 내는 순서는 전채와 술, 대채, 뗸신, 차의 순으로 드리며 일반적으로 전채는 냉채에서부터 내기 시작하며 그 다음에 온채를 내고 대채는 보통 6~13가지 까지로 하되 재료가 귀하고 맛이 짙은 것부터 먼저 낸다.

⑤ 주빈을 중심으로 음식을 놓고 주인이 수저를 들면 같이 먹

기 시작한다.

⑥ 식사 도중 손님이나 가족이 음식을 골고루 먹을 수 있도록 서로 권하거나 주인이나 시중드는 사람이 나누어 드린다. 뗸신이나 차 종류는 손님이 원하는 것을 물어 보아서 그에 맞는 것을 놓는다.

⑦ 경우에 따라서는 제1회석, 제2회석 등 좌석을 옮겨 앉게 하며 뗸신과 차를 들기도 한다.

⑧ 연회가 끝나고 손님이 가실 때에는 그날 차린 음식을 조금씩 싸서 보내는 경우도 있다.

⑨ 초대받은 손님은 참석 여부를 분명히 밝혀서 연락하고 혼인, 회갑 등 뜻있는 초대일 경우 그에 적합한 선물을 준비하여 참석을 한다.

⑩ 음식은 자기 접시에 덜어서 먹고 화제는 여러 사람이 함께 즐겨 들을 수 있는 명랑하고 즐거운 이야기를 해야 한다.

⑪ 식사 도중에 자리를 뜨지 않도록 하고 식사를 끝마친 다음에는 반드시 수건에 손을 닦는다.

⑫ 차를 마실 때는 가볍게 인사를 한 다음 찻잔의 뚜껑을 밀고 열어 빈 찻잔에 따라 마시거나 빈 찻잔이 없을 경우에는 찻잔 뚜껑을 밀고 열어 쥐고 마신다.

■ 중국요리의 식사 예절

□ 축배의 예절

식사가 시작 되기 전에 주인은 먼저 주빈의 술잔에 술을 따르고 다른 손님의 술잔에도 차례로 술을 따라 준다.

먼저 첸차이가 나오고 렁차이와 워차이가 차례로 나오면 주인이 자리에서 일어나서 모인 손님들에게 정중히 감사의 인사를 하고 술잔을 들면, 손님들은 일제히 술잔을 눈 높이 정도로 치켜 들어 축배를 든 다음 술을 마신다. 술을 먹지 못하는 사람도 축배를 들었으며 입가에 술잔을 댔다가 내려 놓는 것이 예의이다. 원래 중국의 축배는 글자 그대로 단숨에 마셔서 잔을 비우는 것이 원칙이다.

□ 연회석상에서의 예절

중국요리의 연회석상에서 무엇보다도 중요한 것은 즐겁고 마음 편한 분위기를 만드는 것이기 때문에 번거로운 규정은 별로 없다. 예를 들어 연회석상에서 가시나 껍질은 테이블 위 또는 바닥에 그냥 버린다고 한다. 그러므로 주위가 더러우면 더러울수록 음식을 맛있게 먹는 것이라고 할 수 있는 것이다.

□ 요리를 덜어먹을 때

음식이 나오기 시작하면 먼저 주빈이 자기 접시에 조금 덜고 옆 사람에게 권한다. 처음에는 한두 가지씩 나오지만 음식을 다 먹기 전에 또 다음 요리가 나오기 때문에 어느 정도 있으면 각자 앞에 음식 요리가 놓이게 되므로 자기 앞의 요리를 조금 던 다음 옆 사람에게 음식 접시를 돌려서 권한다.

남은 요리의 분량이나 식탁의 사정을 보아 먼저 나온 음식 그릇은 치우고 다음 요리를 가져오게 되지만 렁차이는 식사가 시작될 때부터 끝날 때까지 식탁에 놓여진다.

음식을 덜어 먹을 때는 자기의 앞쪽에서 음식이 흐트러지지 않게 조금씩 덜어 먹으며 한꺼번에 많이 덜지 말고 다 먹고 난 뒤 필요에 따라서 몇 번이고 덜어 먹어야 한다. 각 음식 접시마다 수저가 곁들여져 있으므로 자기 젓가락으로 음식을 덜지 않도록 주의한다.

□ 생선을 먹을 때

육요리나 생선이 통째로 나올 경우에는 대부분 접대하는 사람이 나누어 주기 때문에 기다리는 것이 좋고, 생선이 통째로 나와도 나누어 주지 않을 경우에는 먼저 주빈이 덜어간 다음에 먹는다.

먼저 더는 사람이 사양하지 않고 등살부터 덜어 가는 것은 좋지 않다. 자기 쪽에 놓인 대로 부스러지지 않게 생선의 꼬리 부분부터 조심하여 덜어야 하며 윗부분의 살이 없다고 생선을 뒤집어 놓는 것도 실례이다. 그런 경우에는 젓가락으로 생선 가시 사이에 있는 살을 앞으로 당겨 덜도록 한다. 그러나 좀처럼 자신이 없을 경우에는 웨이터에게 부탁하여도 된다.

□ 뼈 · 가시 등의 처리

껍질째 먹는 요리로써 새우나 게요리, 또는 뼈가 들어 있는 닭이나 오리요리 등은 대체로 한 입에 먹을 수 있는 알맞은 크기로 요리되어 있기 때문에 중국식 대로는 입에 넣고 껍질이나 뼈를 입 속에서 가려 젓가락으로 뼈나 생선 가시를 가려낸다. 젓가락을 사용하지 않고 접시를 입에 가져다 대고 뱉는 일이 있어서는 안 된다.

□ 식후에는 반드시 차를 마신다

식사가 끝날 무렵이 되면 차(茶)가 나온다. 이 때 반드시 차를 마시도록 한다. 식후의 차는 입안을 상쾌하게 해 주기 때문에 한결 식사에 대한 기분이 흐뭇해진다. 차를 마실 때에도 매너가 필요하다.

먼저 따뜻한 엽차가 나오면 소리나지 않게 조심해서 뚜껑을 열고 찻잔 옆에 젖혀 놓아 한 모금 마셔서 입을 추긴다. 원래는 찻잔에 엽차잎을 담아 놓고 뜨거운 물을 부어 뚜껑을 덮어 놓으면 손님이 차의 농도를 조절해서 마셨지만 요즈음에는 그렇게 하지 않는다.

이렇게 본격적으로 차가 나오면 빈 찻잔이 따로 곁들여져서 나오게 되므로 차가 적당하게 우러났을 때 찻잔 뚜껑을 약간 열어서 비어 있는 찻잔에 차를 따라 엽차 잎이 들어가지 않도록 조심해서 마시면 된다.

빈 찻잔이 나오지 않을 경우에는 왼손으로 찻잔을 들고, 오른손으로 뚜껑을 조금 비켜 열면서 찻잔과 뚜껑 사이로 차를 마신다.

이 때 시선은 찻잔을 보는 방향으로 내려보며 조심해서 소리가 나지 않게 마신다.

4. 일본요리의 예절

■ 일본요리의 특징

일본은 우리 나라와 마찬가지로 쌀을 주식으로 하고 있다. 사면이 바다로 둘러싸인 섬나라인 까닭으로 수산업이 발달하여 일찍부터 해산물의 요리가 발달되었다. 기후가 고온 다습하여 음식의 맛이 담백하고 칼칼하며 생선회 등은 별미이다.

조리 방법에 있어서도 모양과 색채가 다채롭다. 어패류나 채소류 등 날것으로 조리되는 요리가 많아서 위생적인 면에 신경을 써서 만들고 있다. 또한 신선한 재료 자체의 맛을 살리기 위하여 각별히 조미료나 향신료에 대한 연구와 취향이 곁들여진다.

식기는 칠기와 도자기가 사용된다.

일본음식의 단점은 맛이 단조롭고 단맛이 짙은 것이지만 요즈음은 서양식의 식생활을 본받아 축산식품을 장려하고 국민체위 향상에 노력하고 있다.

음식을 먹을 때는 그릇을 들고 젓가락만으로 먹는 특징이 있으므로 음식 차리기와 먹는 방법을 알아 둘 필요가 있다.

■ 일본요리의 종류

일본요리는 보통 본선요리(本膳料理)와 회석요리(會席料理), 정진요리(精進料理), 찬합요리(饌盒料理), 일반회석요리(一般會席料理) 등으로 분류할 수 있다.

□ 본선요리

본선요리는 관혼상제의 의식요리로 대접되는 형식적인 요리이다. 손님상에 차려진다.

□ 회석요리

회석요리는 다도(茶道)의 모임에서 차를 마시기 전에 나오는 음식으로 간단한 식단으로 적은 분량의 음식을 준비해서 차의 맛을 손상시키지 않도록 한다.

□ 정진요리

정진요리는 사원(寺院)에서 마련되어 온 전형적인 담백한 상차림이다. 이 요리의 특징은 육류나 생선을 제외한 해초류와 채소류로만 조리되는 것이다.

□ 찬합요리

이 요리는 일본 고유의 네모진 칠기 찬합에 담는 요리이다. 찬합요리의 특징은 정초요리로서 쉽게 변질하지 않도록 산해진미를 조리하여 아름답게 담는 것이다.

■ 좌석의 배치와 그릇의 종류

좌석은 주빈을 상좌에 앉히고, 주인은 문쪽에 앉는다.

그릇의 종류는 보통 칠기와 도자기이며 디자인과 색깔이 다양하고 섬세하다. 그 종류를 알아보면 다음과 같다.

전채그릇, 찜 및 조림그릇, 무침 및 초나물그릇, 맑은 장국그릇, 된장국그릇, 별미요리 그릇, 밥그릇, 김치접시, 중간접시, 구이 및 튀김 요리접시, 각접시, 생선회 및 장접시, 작은 보시기, 간장병, 젓가락과 젓가락받침, 찜공기, 찻잔, 차 주전자, 쟁반, 밥통과 주걱, 토쿠리 등이다.

■ 상 차리는 법

일본의 상은 우리 나라 상보다 작고 낮다. 그리고 개인별로 차리는 것이 원칙이며 상 위에는 밥공기, 국공기, 간장접시, 보시기, 접시(대, 중, 소) 등이 놓이고, 숟가락은 놓지 않고 젓가락만 놓는다. 본선 요리상에는 첫째상, 둘째상, 셋째상이 있으며, 손님이나 먹는 사람 정면에 첫째상(본선)을 놓는다.

회석요리(會席料理) 상차림은 국, 밥, 간단한 안주를 놓으며 그 밖의 요리는 한 가지씩 놓는다. (회석요리)상은 본선요리와 회석요리의 식단을 절충한 것으로 현재의 회석요리로서 가장 알맞다.

음식을 놓는 순서는 처음 저와 잔 그리고 회종류(무코오즈케)와 맑은 장국(스이모노)을 차려 드리고 튀김요리(쿠치카와리), 구이(하치자카나), 조림(니모노), 초무침(스모노), 된장국(미소시루), 김치 종류(코오노모노), 밥(메시)의 순으로 놓는다. 한 사람이 먹을 때의 상차림은 저, 잔, 국, 밥, 김치, 회, 조림 순으로 놓는다.

■ 식사 방법과 순서

식사를 할 때 시중을 드는 사람은 몸과 손발을 깨끗이 하고 단정한 차림으로 상냥한 말씨와 친절하게 대하여야 한다. 음식은 항상 쟁반에 받쳐들고 나르며, 앉아있는 손님에게는 반드시 안아서 두 손으로 놓도록 한다. 상을 받은 사람은 주인의 권유를 받고 나서 인사를 하고 다음과 같이 먹는다.

뚜껑은 오른손으로 왼손을 받치고 밥그릇, 국그릇, 보시기 등의 순서로 열어 오른쪽에 놓는다. 젓가락을 사용할 때에는 오른손으로 젓가락 위를 집어 왼손에 받친 다음 오른손으로 쓰기 좋게 쥐어서 사용한다. 식사 중에는 젓가락을 왼쪽에 걸쳐놓고 식사를 끝낸 다음에는 원자리에 바르게 놓는다. 젓가락을 든 채 국그릇을 두 손으로 들어 입을 축인 다음 젓가락으로 대어 먹고 상에 놓는다. 밥도 국도 마찬가지로 두 손으로 들어 왼손으로 받쳐 든다. 이때 오른손에 쥔 젓가락으로 국이나 음식을 먹을 경우에는 상에다 밥그릇을 놓는다. 회는 차례로 접시 가장자리에서부터 나눔 젓가락으로 작은 접시에 덜어서 장과 고추냉이를 놓아서 먹는다. 달걀찌게(자완부시)는 젓가락을 사용하지 않는다. 먹을 때는 앞쪽에서부터 떠서 먹고 너무 뜨거워서 들기가 어려울 경우에는 그릇 밑에 종이를 받쳐 들고 먹는다. 생선요리가 통째로 나왔을 때는 머리 부분의 등살에서부터 먹기 시작하여 머리, 꼬리 순으로 먹는다. 또한 닭, 새우, 게 등은 젓가락으로 먹기 힘들 때는 손으로 먹을 수도 있는데, 이 때는 반드시 냅킨이나 수건에 깨끗이 손을 닦아야 한다.

식사가 끝나면 젓가락 끝을 차에 씻어 제자리에 바르게 놓는다.

차를 마실 때는 두 손으로 찻잔을 들어 왼손으로 찻잔 밑을 받치고 오른손으로 찻잔을 쥐어서 마신 뒤 뚜껑을 덮어둔다.

상을 물린 뒤에는 후식으로 과일, 생과, 차 등을 마신다.

이처럼 음식을 들 때는 처음부터 끝까지 자세를 바르게 가지고 식기와 음식 먹는 소리가 나지 않도록 주의한다. 그리고 밥, 국, 차 등 작은 접시에 담은 음식은 반드시 손으로 들어 입가까이 대고 먹는다.

■ 일본요리의 식사 예절

일본요리의 식사는 매우 복잡한 방법과 까다로운 예절을 필요로 한다.

음식을 먹을 때는 다른 사람과 보조를 맞추어서 먹어야 한다. 너무 빨리 먹지 않도록 하고, 늦게 먹어서 다른 손님을 기다리게 하는 것도 실례이다. 또한 씹는 소리가 나지 않아야 한다.

상이 낮아서 음식 가까이 허리를 구부리기 쉬우므로 주의해야 한다. 자세를 바르게 하고 음식이나 그릇을 위로 올려가도록 해야 한다. 음식은 다 먹어서 남기지 않는 것이 예의지만, 그렇다고 억지로 다 먹을 필요는 없다.

식사가 끝나면 차를 밥공기에 약간 따른 후 젓가락 끝으로 공기 안을 가볍게 젖는다. 그리고 밥공기를 두 손으로 받쳐들고 차를 마신다.

오른쪽에 놓았던 뚜껑을 왼손으로 받치며 오른손으로 들어 제 그릇에 덮는다. 식사를 끝냈으면 머리를 숙여 '잘 먹었습니다' 라고 정중히 인사를 한다.

식사시간이 길어지면 일어설 때 꿇어앉았던 발이 저려서 일어나기가 어렵게 되므로 식사 도중 다른 사람이 눈치채지 않게 몸의 체중을 반대쪽에 둔다.

5. 다도(茶道)와 주도(酒道)

(1) 다도(茶道)

■ 차(茶)는 왜 마시는가?

우리 나라에서는 선덕여왕(서기 632~646년) 때 차를 마시기 시작했다고 삼국사기에 기록되어 있다. 그 후 신라 흥덕왕 3년(서기 828) 당나라로 조공하러 간 대렴(大廉)이 차의 종자를 가져와 지리산에 심었다고 하며, 그때부터 차를 마시는 일이 왕성했다.

고려 시대에도 많은 차가 재배되었으며, 차를 즐겨 마셨다. 그러던 것이 조선 시대에는 점차로 재배하지 않았으며 따라서 차 마시는 풍습도 사라지게 되었다. 차의 종류는 수십 종에 이르며, 차 마시기는 중국에서 시작되었다. 차가 중국에서 시작된 연유는 물의 질이 좋지 않은 까닭으로 반드시 끓여 먹어야 했던 연유도 있지만 특히 공부하는 중들이 밤에 불경을 읽으면서 마시려고 산중에 있는 향기로운 나무의 잎과 꽃을 말려 만든 데서 유래되었다고 한다.

차는 마셔서 살이 찌는 것도 아니고, 배가 부르는 것도 아니지만 사람들의 생활에 여유를 가져다 주며, 한결 부드럽고 다정스런 마음을 갖게 한다.

또한 다른 음식에 비해서 쉽게 차려낼 수 있고, 운치 있으며, 향기있는 음식이어서 인간 생활에 흥취와 여운을 주어 많은 사람들이 즐겨 마신다.

차는 종류마다 종자, 재배 방법, 건조 방법이 서로 다르며, 그에 따라 마시는 방법도 다르다. 중국차는 우리 나라를 거쳐 일본으로 전해졌다.

■ 차의 종류

우리 나라에서 차가 재배되는 곳은 전라도 무등산, 합천 해인사, 속리산, 홍달산, 제주도, 불국사 등에서 법사들이 재배하고 있으며 그리 흔하지 않다. 무등산에서 나오는 차를 춘설(春雪)이라하고, 그 외의 곳에서는 나는 차를 '녹산차'라고 한다. 우리 나라차의 종류를 보면 인삼차, 꿀차, 쌍화차, 호도차, 오미자차, 화부차(仙茶), 생강차, 홍차, 완자차, 모과차, 보리차, 구기차, 유자차 그리고 사과, 배, 유자, 귤, 앵두, 딸기, 진달래, 봉숭아 등의 화채가 있고 식혜, 수정과, 보리수단, 떡수단 등이 있다. 분차(粉茶)로는 미숫가루, 인삼 분말차, 생강분말차, 쌍화차, 구기차 그리고 여러 가지의 과즙차가 있다.

외국차의 종류를 보면 홍차, 커피, 코코아, 밀크 등으로 덥게 또는 차게 마실 수 있고, 오렌지, 레몬 등의 과즙과 프루우트 칵테일(fruit cocktail) 등이 있다. 대표적인 중국차로는 쟈스민과 민꿰의 꽃을 말려서 만든 향기로운 샹편차(香片茶)와 쌀가루와 산감자를 섞어서 만든 젠차(建茶) 등이 있다.

■ 다기(茶器)의 종류

우리 나라 다기(茶器)는 주로 사기 종류이다. 그러나 서양 문물의 영향으로 요즘은 서구식의 다기를 사용하고 있다.

서구식 다기(茶器)에는 찻잔(tea cup), 찻잔 받침(saucer), 찻숟가락(tea spoon), 크림 피처(cream pitcher), 슈거 보울(sugar bowl), 슈거 스푼(sugar spoon), 유리 컵(glass), 아이스티이 스푼(ice tea spoon), 커피 포트, 차 받침(차조리) 등이 있다.

더운 차를 마실 때는 주로 사기그릇(china ware)을 사용하고 냉차는 유리그릇(glass ware)을 사용한다. 다기(茶器)의 모양과 색은 그 집의 전통 또는 가족의 취미에 따라 다르게 선택되고 물려받게 되므로 소중하게 다루어야 할 것이다. 그릇에 따라 차를 마시는 풍류적인 맛과 향기가 다르게 나타나므로 다기(茶器)선택을 잘해야 하며 정성스럽고 소중하게 간수하여야 한다.

다기를 간수할 경우에는 냄새나 기름기가 남아 있지 않게, 비눗물에 닦고 특히 손잡이의 구석진 곳을 깨끗이 한다. 그리하여 차맛과 차의 향기에 영향이 미치지 않도록 한다. 그리고 더운 차를 마실 때는 더운 물에 다기를 담가 따뜻하게 하여서 쓰는 것이 차의 온도를 알맞게 하는 데 조금이나마 도움이 된다.

■ 차 달이는 법

차는 무엇보다도 그 빛깔, 향기, 맛에서 마음껏 풍류를 즐길 수 있다. 따라서 차를 잘 달이기 위해서는 다음과 같은 것을 갖추어야 한다. 차 그릇이 깨끗하고 아름다워야 하며 알맞은 분량의 차

와 물을 넣어 적당한 온도로 알맞은 시간 동안 달여야 한다. 또한
함께 차를 나누는 사람의 마음과 태도가 바르고 아름다워야 한다.
그리고 환경이 단아하고 평화로우면 더욱 좋다.

물의 온도와 달이는 시간은 차의 종류에 따라 다르며, 커피는
100°C 이상에서 2~3분 끓여야 되고, 홍차는 100°C 물에 1분쯤
담그기만 하면 마실 수 있으며, 일본차는 70°C 정도에 2~3분 담
구어 둔다. 어느 종류의 차든지 마실 때의 온도는 60°C 정도가 가
장 좋다고 한다. 차 달이는 방법을 몇 가지만 골라서 알아보기로
한다.

□ 홍차

홍차는 달이는 방법이 대만차와 비슷하다. 뜨거운 물을 넣은 한
티이 포트에 찻잎을 넣고 끓는 물을 부어 뚜껑을 덮어서 1분 정
도 두면 곱게 우러난다.

찻잎을 차조리에 넣어 찻잔에 놓고 끓는 물을 찻잔의 1/3쯤씩
부어서 따르고 맨 끝잔에 2/3쯤 따르면서 첫째 잔까지 차의 농도
를 같게 따라서 드린다.

티이백(tea bag)을 사용할 때는 접시나 그릇에 티이백을 따로 내
거나 찻잔에 티이백을 넣어 끓는 물과 드린다. 이렇게 하면 각자
만들어 마실 수 있다. 차를 마시는 사람은 티이백을 찻잔에 넣고
끓는 물을 부어 곱게 우러나면 찻잔받침에 티이백을 내어 놓고 설
탕, 레몬, 밀크, 위스키 등을 알맞게 넣은 다음 고루 저어 마신다.

□ 커피

커피 포트에 커피를 달이는 경우에는 커피 포트의 커피 넣는 곳

에 커피를 1/2정도 넣어서 뚜껑을 덮고 끓는 물을 부어 다시 2~
3분 정도 끓인다. 빛깔이 알맞게 우러나면 내려놓고 잠시 두었다
가(커피 가루가 가라앉게) 찻잔에 따라서 드린다. 인스턴트 커피를
사용할 때는 마시는 사람의 기호에 따라서 각자 마실 수 있게 끓
는 물과 커피, 설탕, 밀크 등을 갖추어 드려야 한다. 차를 마시는
사람은 차 마시는 시간과 식성에 따라 커피 분량을 1~1/2ts을 찻
잔에 넣고, 끓는 물을 찻잔에 2/3정도 부은 다음 설탕, 밀크 등(보
통 설탕 3ts, 밀크 1ts)을 알맞게 넣어 고루 저어 마신다.

□ 대만차

대만차를 달일 때는 5인분에 차잎 1티이 스픈과 끓는 물 5찻잔
을 준비한다. 그리고 차잎을 다관(tea pot)에 넣고 끓는 물을 부운
다음 뚜껑을 덮고 1~3분 정도 차가 우러나기를 기다린다.

찻잔은 먼저 더운물에 씻어서 뚜껑을 열어 놓는다. 그리고 첫
번째 잔에서부터 찻잔의 1/3정도씩 따르고 끝찻잔에서 2/3정도씩
다른 차와 농도를 같게 해서 첫째잔까지 따른다.

차를 따를 때는 다관 밑에 냅킨을 바쳐 차가 떨어짐을 받게 하
고 다관 뚜껑이 떨어지지 않게 잡는다.

찻잔의 뚜껑을 덮어서 마실 수 있는 거리에 놓아 드린다.

찻잔에 차잎을 넣고 끓는 물을 부어 뚜껑을 덮어 드리기도 한다.

손수 빈 잔에 따라 마실 수 있도록 준비해서 드리는 경우도 있
다. 그러나 빈 찻잔이 없을 경우에는 찻잔의 뚜껑을 밀어 뚜껑이
떨어지지 않게 눌러 잡고 열린 틈으로 마신다.

■ 차 마시는 방법

차는 종류에 따라서 마시는 방법이 다르다. 그러나 차마시는데 있어서 기본자세는 조용하고 다정한 마음으로 몸을 바르게 가지고 담소하면서 간간이 한 입씩 소리내지 않고 향기와 빛깔을 음미하며 마시는 것이 예의이며, 어느 차의 경우이든 마찬가지이다.

우리가 많이 들고 있는 차를 예로 들어서 마시는 방법을 알아본다.

□ 더운차

홍차나 커피 등 찻잔에 찻잔받침이 있는 그릇으로 티이 테이블이나 차상 위에 대접을 받았을 경우에는 마시기 편한 위치에 놓고 각자 식성에 맞게 설탕과 밀크를 넣는다. 찻잔 속에 슈거 스푼(sugar spoon)을 넣어서 젓지 않으며 밀크 피처에서 밀크가 상위로 흐르지 않도록 조심한다.

왼쪽에 찻잔 손잡이가 있을 경우에는 찻잔의 손잡이를 왼손으로 잡고 앞에 놓여있는 찻수저(tea spoon)를 들어 찻잔에 세우는 기분으로 넣어서 소리나지 않게 저은 다음 찻잔 뒤 받침접시에 찻수저를 놓는다. 손잡이를 앞으로 해서 오른쪽으로 돌리고 손잡이를 오른손으로 잡는다. 이 경우에도 엄지손가락만 떼고 손잡이 고리에 네 손끝을 모아 손가락을 꿰지 않고 잡는다. 바른 자세로 찻잔을 들어서 마신다. 차의 온도를 고려해서 어느 정도 식었을 때 마시기 시작해야 하며 뜨겁다고 후후 불거나 후루룩 소리를 내고 입맛을 다시는 일이 있어서는 안 된다. 반드시 찻잔받침 위에 찻잔을 놓아야 하며, 찻잔을 들 때 팔꿈치를 쳐들어 옆사람에게 닿

지 않도록 조심한다. 설탕이나 크림이 멀리 있을 경우에는 옆사람
에게 도움을 청해서 받고 팔을 내밀어 가져오지 않도록 한다. 앞
에서 말한 것처럼 중국차를 마시는 방법에는 뚜껑을 밀어 마시는
방법과, 빈 찻잔에 따라 마시는 방법이 있다. 우리 나라와 일본차
의 경우에는 뚜껑을 열어 놓은 다음 찻잔 옆을 오른손으로 쥐고
왼손은 찻잔 밑을 받치면서 바른 자세로 마신다.

□ 냉차

냉차를 들 때는 유리컵이나 화채그릇 등 시원한 기구를 사용하
면 냉차의 맛을 돋구어 주어 한결 마음이 시원해지는 것을 느낄
수 있다. 스푼으로 저은 다음 스푼을 받침접시에 내려놓고 오른손
으로 들고 마신다. 식혜나 수정과 등은 수저로 떠먹을 수도 있다.
큰 그릇에 모듬으로 나왔을 경우에는 나눔 수저로 자기그릇에 덜
어서 먹는 것이 깨끗하고 편하게 먹을 수 있다. 프루우트 펀치는
펀치 그릇에 담아 수저를 이용해서 먹는다. 항상 침착하고 조용하
며 즐거운 분위기가 되어야 하며, 너무 격식을 차려서 몸이 굳어
지면 차마시는 근본 목적인 풍류와 다정스러움을 찾을 수 없게 되
며 차의 맛이 사라지고 만다. 평소에 몸에 익혀서 자연스럽고 즐
겁게 마셔야 한다.

(2) 주도(酒道)

■ 술의 역사

술이 언제부터 만들어지기 시작했는지는 정확하게 꼬집어 말할 수 없지만, 인류의 역사와 함께 비롯되었다고 추정할 수가 있다.

이집트의 신화에는 '이시스' 여신의 남편인 '오라시스'가 보리를 이용하여 맥주를 만드는 법을 가르쳤다는 이야기가 전한다. 또한 그리스의 신화에 의하면 술의 시조는 '디오니소스'라고 하다. 디오니소스는 숲속에서 뛰어놀다가 포도를 발견하고 포도주를 처음으로 만들어 냈다고 한다.

그러나 일부의 생물학자들에 의하면 최초의 술의 발견은 원숭이들에 의해서였다고 한다. 숲에서 뛰놀던 원숭이들이 포도를 발견하고 그것을 동굴 속으로 운반하여 저장해 놓았는 데 나중에 그것이 발효되어 술(포도주)이 되었다. 인간이 원숭이 사냥을 나왔다가 원숭이 동굴을 발견하고 들어가보았더니 원숭이들이 모두 술에 취하여 골아 떨어져 있었다는 것이다. 인간은 처음으로 거기서 술을 발견했다는 설이다.

그러나 과연 어떠한 설이 가장 정확한지는 알 수가 없다. 다만 술의 역사는 인류의 역사와 그 때를 같이 했을 것이라는 추정을 할 수 있을 뿐이다.

■ 술의 종류

술의 종류는 다양하다. 술의 왕자라고 할 수 있는 프랑스의 꼬

냐과 샴페인, 프랑스의 적포도주와 독일의 백포도주, 솔잎 향기가
은은한 그리스의 명포도주인 레치나, 칵테일에 곧잘 이용되는 이
탈리아의 베르무트, 배로 만든 스위스의 명주(名酒) 윌렴스, 오스
트리아의 즉석 포도주인 호리이거, 스페인의 백포도주인 헤레스,
달콤하고 상쾌한 헝가리의 포도주인 토케이, 포르투칼의 포트와
인, 증류주인 네델란드의 진, 유고슬라비아의 스리보비치, 러시아
의 보드카, 스코틀랜드의 위스키, 자메이카의 럼, 멕시코의 티퀼
라, 페루의 피스크 펀치 등의 양주(洋酒)가 있다. 동양의 술로는
중국의 노주(老酒), 한국의 약주와 탁주, 몽고의 마유주, 일본의 청
주 등이 유명하다. 동양의 증류주로서 중국의 고량주, 인도 지방의
아락(야자술)과 뀌라소, 한국의 소주 등이 있다. 이 밖에도 세계 각
처마다 독특한 술들이 그 이름을 헤아릴 수 없을 만큼 많다.

■ 술의 예절

□ 올바른 주법(酒法)

술이란 적당히 마시면 보약이 되지만 그 정도가 지나치면 독약
이 된다. 첫잔은 사람이 술을 마시고, 두 번째 잔은 저절로 마셔지
고, 세 번째 잔은 술이 사람을 마시며, 네 번째 잔은 술이 술을 마
신다는 옛말이 있다. 그런 만큼 술이란 그 법도를 지키기가 어렵
다고 한다.

나이가 어리다고 해서 무조건 술을 마시지 말라고 할 수는 없
다. 그러나 술은 가려서 마시되 항상 예의를 갖추어 마셔야 한다.
술을 마시게 되면 이성(理性)을 잃게 되는 것이 다반사이다. 자칫
잘못하다간 예의에 어긋난 행동을 할 염려가 많다. 그런 까닭에

술을 주고 받으며 마실 때에는 반드시 예를 지켜서 마셔야 한다는 것이다. 술은 항상 사람이 술을 마시는 단계에서 멈추어야 한다. 이러한 예법을 지키기 위해서는 감정적인 성숙이 뒤따라야 한다. 술자리에서 예(禮)나 도(道)가 허물어지면 불상사가 생기기 쉽다. 주법(酒法)이나 주도(酒道)가 필요한 이유는 바로 그러한 이유에서이다.

□ 술을 따를 때

사회생활을 하다보면 술을 마실 기회가 자주 생긴다. 그때마다 문제가 되는 것이 주법(酒法)이다. 상대방에게 술을 따룰 때 한 손으로 따루어야 할지 아니면 두 손으로 따루어야 할지, 또는 어느 쪽부터 따루어야 할지 애매하여 당황할 때가 있다. 술자리에서의 매너 때문에 사회적으로 성공의 길이 막힌 예는 얼마든지 있다. 또한 술자리에서의 훌륭한 매너 때문에 남보다 성공의 지름길을 달려간 예도 있다.

술을 따룰 수 있는 기회가 주어지면 모든 행동을 조심해서 하지 않으면 안 된다. 여러 사람이 함께 모여서 술을 마실 때는 가장 지위가 높거나 나이가 많은 윗사람부터 순서대로 따루도록 한다. 친구나 동료, 또는 아랫사람이 아닌 이상 모든 사람에게는 두 손으로 따루는 것이 주도에 어긋나지 않는 일이다.

그러나 대부분의 사람들이 윗사람에게는 두 손으로 따루어야 된다는 것은 알고 있으나, 오른손으로 술병을 들고 왼손으로는 술병을 받쳐야 할지 아니면 왼손으로 팔꿈치를 받쳐야 할지, 또는 왼손의 위치가 오른 팔 겨드랑이께에 와야 할지를 몰라 망설이는 사례가 많은 것 같다.

두 손으로 술을 따룰 때의 왼손의 위치는 옷차림에 따라 달라진다. 소매자락이 긴 한복을 입었을 때에는 왼손으로 겨드랑이 끝을 들어올리 듯이 한다. 그리고 양복을 입었을 때에는 왼손으로 술병을 받쳐드는 것이 바른 자세이다. 동년배라 하더라고 서로가 경어를 사용하는 관계일 때에는 반드시 두 손으로 따루도록 한다.

가까운 친구나 허물없는 아랫사람일 경우에는 한손으로 따루도록 하되 반드시 오른손을 사용하여 바르게 따루도록 한다. 왼손으로 따루거나 술병을 왈칵 기울이거나 하는 것은 정성이 결여된 자세이므로 삼가도록 한다.

□ 술을 권할 때

술을 마시면서 가장 유의해서 지켜야 할 주법(酒法)이 바로 술을 권하는 일이다. 상대방이 술을 권하면 가급적 받아 마시는 것이 예의이나 그렇다고 무리해서 받아 마시기란 여간 고역이 아니다. 권하는 술을 사양하면 권하는 사람에게 실례가 되는 것 같아 여간 난처한 입장에 처할 때가 있다.

그러므로 술은 무리하게 권하지 말아야 한다. 상대방이 무리하지 않는 선에서 권하는 것이 바람직하다. 상대방이 어느 정도 술을 마셨다고 생각될 때에는 반드시 상대방의 의향을 떠보고 술을 권유하는 것이 좋다. 가볍게 '한 잔 더 드시겠습니까?' 하고 물어본 후에 상대방이 '네, 좋습니다' 하고 받아들이면 술을 따루어 주도록 한다. 만약 상대방이 '아, 이제 그만 했으면 좋겠습니다만……' 하고 사양하는 눈치가 보이면 곧 '아, 알겠습니다' 하고 가볍게 응수한 후에 더 권하지 말고 상대방이 부담감을 느끼지 않도록 즐겁게 대화를 이끌어 가도록 한다. 상대방에게 심리적인 부담감을 주지 않는 매너는 사람의 품위를 한결 돋보이게 한다.

■ 술의 금기 사항

□ 폭주와 숙취

술을 한꺼번에 마시는 것처럼 어리석은 일은 없다. 몸을 버리게
될 뿐만 아니라 취하여 이성을 잃게 되면 본의 아니게 실수를 하
게 될 염려가 있다. 또한 폭주를 하게 되면 다음날 아침에 숙취하
게 된다. 머리가 깨어질 듯이 아프고 몽롱하며 목이 마르고 구토
증이 나타나게 되는데 이것이 바로 숙취이다. 술을 마실 때에는
폭주를 삼가해야 하고 숙취하지 않도록 해야 한다. 숙취를 방지하
는 가장 좋은 방법은 폭주를 하지 않는 것이며, 적당히 마시더라
도 음식과 함께 술을 마시는 것이 좋다. 빈속에 술을 마시게 되면
비록 폭주를 하지 않았다 하더라도 숙취를 하게 되므로 반드시 음
식을 먹은 후에 술을 마시도록 해야 한다.

□ 음주 운전

술을 마시고 운전을 하는 것은 스스로 삶을 포기하는 것이나 다
름없는 행위이다. 자기 자신의 생명에도 위험이 있을 뿐만 아니라
남에게도 피해를 주게 되므로 술을 마신 후에는 여하한 일이 있더
라도 운전을 하는 것을 삼가해야 한다. 운전을 하려거든 절대로
술을 마셔서는 안 된다. 음주운전은 한 마디로 살인과 자살 행위
이기 때문이다.

6. 과일에 대한 예절

■ 과일 다루는 법

과일의 신선하고 향긋한 맛은 우리의 구미를 돋구어 줄 뿐만 아니라 과일 속에 함유되어 있는 비타민 C, 당분, 수분, 산 등은 우리 몸에 큰 도움을 주고 있다. 과일은 후식으로 주식이 끝난 다음에 먹거나 또는 간식으로 먹기도 한다. 경우에 따라서는 조리하여 생선, 고기, 채소요리와 함께 먹기도 하고, 가공하여 잼, 젤리, 샐러드, 주스, 케이크 등에 넣어 먹는 방법이 다양하다. 그러나 과일은 생으로 먹는 것이 가장 신선하며 과일이 지니고 있는 독특한 맛을 즐길 수 있을 뿐만 아니라 영양분을 충분히 살릴 수 있어서 좋다.

과일은 각 계절에 따라 잘 익은 것으로 골라야 한다.

손님에게 낼 때는 깨끗이 씻어 바구니나 함지, 접시, 대접 등 그에 알맞은 그릇에 풍성하고 안정감있게 담아서 접시(널찍한)와 나이프, 포오크, 냅킨, 또는 핑거보울 등을 갖추어서 낸다. 먹는 사람이 먹고 싶은 것을 필요한 만큼 손수 깎아가며 먹을 수 있게 하면 더욱 즐겁게 먹을 수 있다. 경우에 따라서는 먹기 좋은 모양으로 깎아 내놓는 수도 있다.

■ 껍질 벗기는 방법과 먹는 법

과일을 올바르게 다루는 방법과 먹는 방법 그리고 드리기 위하여 깎는 방법을 익혀 둘 필요가 있다.

□ 사과 · 배

사과나 배를 자기의 접시에 하나 정도 가져다가 놓고 나이프로 먹을 수 있는 크기(4～6분의 1)로 한 쪽을 베어낸 다음 껍질 쪽이 왼손 바닥에 닿게 든다.

그리고 나이프를 비스듬히 넣어서 속을 베어 내고 씨쪽에 네 손끝을 댄다. 먼저 껍질 쪽에 손을 대어 마저 눌러 잡은 다음 껍질을 두 줄로 반까지 깎고 이번에는 방향을 바꾸어 쥐어서 반대쪽의 껍질을 깎아낸다. 벗겨낸 껍질과 씨는 접시에 놓고 포오크로 찍어서 먹는다.

□ 복숭아(수밀도)

물에 깨끗이 씻거나 몸털이 묻어나지 않게 솔질해서 껍질을 벗기고 칼로 갈라서 씨를 빼고 네 쪽으로 썬다. 접시에 담고 포오크와 종이 냅킨을 놓아서 낸다. 통으로 내갈 경우에는 접시와 나이프, 포오크, 냅킨을 각각 갖추어야 한다. 먹는 사람은 나이프로 껍질을 벗기고 두 쪽을 내어 씨를 뺀 다음 다시 두 쪽씩 내어서 포오크로 찍어 먹는다.

□ 딸기

딸기는 꼭지를 따기 전에 소금물이나 중성세제에 넣어 깨끗이 씻고 냉수에 깨끗이 헹구어서 건진다. 미리 씻어두거나 오랫동안 물속에 담가두지 않도록 한다. 꼭지를 따서 유리그릇에 담고 밀크와 설탕을 넣어 스푼과 함께 드리며 먹는 사람은 고루 섞어 스푼으로 떠서 먹는다.

□ 감

감은 네 쪽으로 갈라 내어도 씨는 발라내지 못한다. 사과와 같은 방법으로 껍질을 벗기고 각자의 접시에 담아 포오크로 찍어 먹는다.

물에 씻을 수 없는 연시는 깨끗한 물행줄 닦아서 꼭지를 따고 접시에 담아서 스푼을 곁들여 낸다. 먹는 사람은 스푼으로 연시를 갈라 속을 떠서 먹는다.

□ 바나나

바나나는 한 줄에 여러 개가 한데 붙어 있으므로 각각 떼어 씻어서 널찍한 접시나 바구니에 담아 놓는다. 자기 앞에 각 접시와 포오크를 받아 바나나를 하나 떼 온다.

먹을 때는 왼손으로 바나나의 한 쪽 끝을 잡고 바나나의 껍질 끝을 포오크로 떠들어 한 줄기만 벗겨 내어 바나나 껍질과 속 사이로 포오크를 다시 넣어(앞과 뒤로) 떼어 놓고 포오크로 한입에 먹을 수 있도록 적당하게 베어 가면서 먹는다.

바나나를 세워 들고 껍질을 줄줄 벗기면서 입으로 베어 먹는 것은 미관상 좋지 않다.

차안에서 바나나를 먹을 경우에는 한 쪽만 껍질을 떼어내고 손으로 속살을 떼어서 먹는다.

□ 포도

5~6알씩을 한 송이로 해서 가위로 잘라 물에 넣고 포도 알과 알 사이까지 깨끗이 씻어 물기를 빼고 널찍한 그릇에 담는다. 접시와 종이 냅킨을 나누어 받았으며 자기가 필요한 양을 접시에 포도를 덜어 담아 한 알씩 떼어 먹는다. 종이 냅킨에 씨와 껍질을 받아 자기 접시에 싸 놓는다.

□ 참외

참외를 낼 때에는 통으로 껍질을 벗기고 쪼개어 씨를 발려 내고 시원한 그릇에 담는다. 그리고 각 접시와 포오크를 놓아서 드린다. 먹는 사람은 자기의 각 접시에 필요한 양을 덜어서 포오크로 찍어 먹는다. 참외는 씨를 발라내야 하기 때문에 먹는 사람이 각자 깎아먹는 것은 약간 불편하다. 그러므로 깎아서 들여 가는 것이 좋다.

□ 수박

수박은 꼭지 쪽에서 길게 쪼개어 다시 옆으로 30cm 두께로 썰어 시원한 그릇에 담아낸다. 접시와 포오크, 종이 냅킨을 갖추어 놓고 먹을 때는 포오크를 사용하여 씨를 빼고 저며서 먹는다. 좀 더 시원하고 맛있게 먹기 위해서는 다음과 같이 한다.

지름 10cm 쯤 되게 꼭지쪽을 떼어내고 스푼으로 큼직하게 떠내어 큰 그릇에 담고 씨를 가려낸 다음 수박에 다시 담거나 시원한 유리그릇에 담는다. 그리고 설탕, 얼음, 포도주 등을 넣어서 잠시 두었다가 화채그릇이나 펀치 글라스에 나누어 담고 접시를 받쳐서 스푼을 놓아 낸다.

먹는 사람은 스푼으로 떠 먹거나 마신다. 손님이나 가족의 후식을 위해서 미리 마련할 경우에는 수박속에 넣어서 도려낸 뚜껑을 덮어 차게 두면 맛이 변하지 않아서 맛있게 먹을 수 있다.

□ 귤

적당한 그릇에 담아서 접시와 냅킨을 갖춘다. 먹을 때는 껍질을 꼭지 반대쪽에서 꼭지 쪽으로 꽃잎처럼 벗기고 귤을 꺼내서 쪽을 갈라 다시 담아놓는다. 껍질은 종이 냅킨에 싸서 접시에 놓는다.

□ 오렌지, 그레이프 프루우트(Orange, Grape Fruits)

껍질을 벗겨서 접시에 담고 설탕과 스푼을 곁들여서 낸다. 먹을 때는 쪽을 뗀 다음 접시에 설탕을 덜어 놓고 찍어 먹는다.

가로 두 쪽으로 갈라서 젖혀 놓고 자른 부분에 설탕을 넣고 접시에 담아 냉장고에 넣었다가 먹기도 한다. 먹을 때는 스푼으로 자른 부분에 설탕을 넣어서 먹는다.

□ 밤(삶은 것)

삶은 밤을 길게 두 쪽으로 내어 접시에 담는다. 먹을 때는 밤을 들고 스푼으로 먹는다. 무릎 위에 종이 냅킨을 까는 것이 좋다.

그 밖에도 여러 가지 종류이 과일이 있으며 그에 맞는 기구를 갖추어서 먹기 편하게 한다. 먹을 때도 역시 편한 마음으로 아름답게 그리고 명랑하고 즐겁게 먹어야 한다. 과일을 먹고 난 후에는 핑거 보울에 손을 씻어야 하며 과일즙이 떨어지지 않게 조심해서 먹어야 한다.

제 6장

사회생활과 예절

1. 모임 장소에서의 예절

(1) 강연회에서의 예절

■ 진지한 자세를 갖는다

강연회는 미리 제기된 어떤 문제에 대해서 연사가 청중을 모아 놓고 자기 자신의 의견을 역설하는 모임이다. 이러한 강연회는 주로 학술, 정치, 문학, 종교, 시국, 계몽, 교양 등 다양하게 이루어진다.

강연의 내용이 건전하고 건설적인 만큼 강연회에 참석하는 청중들은 항상 진지한 마음 자세를 가지고, 의욕적으로 경청하는 자세가 필요하다. 아울러 강연회에 참석한 모든 사람들과도 유대관계를 갖는다는 진실한 자세로 모임에 임해야 한다.

또한 모임에 참석하기 전에 미리 연사의 이름과 강연 내용에 대한 주제 정도는 알아두는 것도 청중으로서 가져야 할 진지한 자세의 하나이다. 강연 내용에 예비 지식이 없이 무작정 참석한다면 연사의 주장을 올바로 이해하기 힘들 것이며, 결국 시간만을 낭비하는 결과를 가져오게 될 것이다.

■ 강연이 시작되기 10분 전에 입장

강연회에 참석할 때에는 항상 강연이 시작되기 10분쯤 전에 입장하여야 한다. 강연이 시작된 후에 입장하는 것은 연사의 사기를 저하시켜 줄 뿐만 아니라, 많은 사람들에게 피해를 주게 된다. 특히 시간에 쫓긴 나머지 허둥지둥 뛰어 들어가는 행동은 금물이다.

■ 강연장에 들어서면

일단 강연장에 입장한 후부터는 장내의 질서를 지켜야 한다. 휴대폰의 전원은 필히 끄고 연사가 의견을 피력하고 있는 도중에 잡담을 하거나 담배를 피우는 일 등은 절대로 삼가해야 한다. 강연 도중에 자꾸만 사방을 두리번 거린다든지 기침을 자주 하는 일, 하품을 하는 일 등도 예의에 어긋나므로 삼가해야 한다. 기침이 자주 나온다든지 담배를 피울 때에는 조용히 휴게실에 가서 용무를 보도록 해야 한다.

■ 강연 내용의 메모

강연회에 참석할 때에는 언제나 수첩과 연필 등 간단한 필기 도구를 준비하도록 한다. 강연의 내용을 메모하는 것은 강연회에 참석한 청중으로서 지키지 않으면 안 될 진지한 태도 중의 하나이다. 강연 내용을 메모해 두면 나중에 연사에게 질문할 수 있는 자료가 되기 때문에 효과적인 경청이 된다.

■ 박수는 힘차게

강연을 듣는 도중에 연사의 의견이 심곡을 찌른다든지 또는 감동을 줄 때에는 장내의 분위기에 맞추어서 박수를 치도록 한다.

박수를 칠 때에는 적극적으로 힘차게 치는 것이 바람직하다. 힘찬
박수는 연사에게 용기와 보람을 주며, 장내의 분위기를 우호적으
로 만든다. 그러나 학술 강연과 같은 조용한 분위기를 요하는 경
우에는 박수를 치지 않는다.

■ 질서있게 퇴장한다

흔히 강연회에 모인 많은 사람들이 강연이 채 끝나기도 전에 퇴
장하는 바람에 장내가 엉망이 되어 버리는 경우를 본다. 설혹 강
연이 끝났다고 하더라도 연사가 아직 강단에서 하단하기 전에는
자리에 그대로 앉아서 질서를 지켜야한다. 연사가 퇴장하였다 하
더라도 한꺼번에 우루루 몰려 나가는 일이 있어서는 안 된다. 또
한 강연회장을 빠져 나오면서 많은 사람들이 듣는 중에 함부로 강
연 내용을 비평하는 것도 삼가해야 할 일이다. 강연을 듣고 나온
사람이 마치 심사평이라도 하듯이 연사의 제스츄어를 흉내내며
비평하는 경우를 본다. 이것은 바로 자기 자신의 교양이 부족하여
질서를 제대로 지키지 못한다는 것을 드러내 보일 뿐이다.

(2) 기념회에서의 예절

■ 초청받으면 꼭 참석을

기념회는 강연회와는 그 성격이 약간 다르다. 강연회는 미리 정
해진 주제에 대한 연사의 주장을 듣는데 그 목적이 있지만, 기념

회는 주인공(주최자)에 대한 축하가 참석의 목적이 된다. 따라서 기념회는 순수하게 참석하는 데 그 의의가 있다. 특히 기념회는 그 모임을 갖게 되는 전통적인, 또는 역사적인 내력이 있기 마련이다. 그래서 대부분의 기념회는 엄숙한 예식과 의식의 절차를 갖는다. 이러한 특성 때문에 참석자들도 기념회의 성격과 내용에 따라 차림새를 달리한다.

그러나 무엇보다도 가장 중요한 것은 참석자의 수나 참석자의 사회적 지위, 또는 교양 정도에 따라 기념회의 성황 정도가 좌우된다는 점이다. 이 때문에 기념회에는 대부분 사회적으로 명망높은 인사들이 참석하게 된다. 참석하는 사람 그 자체가 그 기념회를 빛내는 중요한 구성요소가 되는 것이다. 그러므로 기념회에 초대를 받으면 일단 참석을 하도록 해야 한다. 부득이한 경우에 참석하지 못할 때에는 가능한한 축전(祝電)을 보내주도록 한다. 본인이 직접 참석하게 될 경우에는 정장을 갖추도록 한다. 양복 차림일 때에는 정장에 반드시 넥타이를 매도록 하고, 한복 차림일 때에는 정장에 두루마기를 입도록 한다. 잠바 차림이나 운동복 차림으로 참석하여 기념회의 품위를 떨어뜨리는 사람들이 더러 있는데, 이러한 점은 지성인으로서 각별히 삼가해야 할 점이다.

■ 입장할 때는 방명록에 서명한다

기념회에 초대를 받아 참석하게 될 경우에는 기념 행사가 시
작되기 10분 쯤 전에 도착되도록 하는 것이 예의이다. 행사가
시작되기 전에 방명록에 서명을 하고, 회비가 있으면 주최측에
회비를 낸다. 그런 다음에 함께 참석한 여러분과 더불어 간단한
인사를 나누고 주인공에 대해 축하 인사를 하도록 한다.

■ 주최측에 대해 정중하게 인사한다

대부분의 경우 기념회가 시작되기 전에 주최측 인사들이 식장
입구에 나와서 참석하는 손님들을 맞이하게 된다. 이런 경우에 보
면 자기가 주최측과 친밀하다고 하여 큰 소리로 '여어! 잘 있었어?
축하하네!' 하고 고함을 치는 사람이 있는가 하며 많은 참석자가
입구에 몰려 있는데도 불구하고 헤집고 나아가 주최측을 붙들고
마치 무슨 회담이라도 하듯이 장황하게 인사말을 늘어놓는 얌체
족속도 있다. 식장 입구에 자기 이외의 다른 사람이 있을 경우에
는 차분하게 기다렸다가 자기 차례가 오면 정중하게 주최측의 그
동안의 노고를 치하하고 축하인사를 하도록 한다.

■ 기념식 중 자리를 뜨는 것은 금물

기념식에서는 대부분 아는 사람이 많고, 또 오랜만에 만나는 친
구가 많기 마련이다. 절친한 친구를 오랜만에 만났다고 하여 기념
식장이라는 것은 까맣게 잊고 친구와의 대화에 열을 올리는 사람

들이 있다. 어떤 경우에는 아예 기념식장을 빠져나와 휴게실이나 근처의 다방으로 자리를 옮겨 자기들만의 회합을 갖는 사람들도 있다. 개인적인 대화는 기념식이 끝난 후에도 얼마든지 할 수가 있다. 기념식 중에 고개를 돌려 옆 사람과 얘기를 한다든지 일어서서 자리를 뜨는 행위는 결코 교양 있는 태도가 아니다. 일단 기념식에 참석을 하였으면 식이 끝날 때까지 정중한 마음과 자세로 자리를 지키는 것이 예의이다.

■ 식이 끝난 후의 예절

식이 끝나기가 바쁘게 식장을 빠져나가는 사람들이 많은데 이러한 행위 역시 올바른 태도가 아니다. 식이 끝나면 잠시동안 자리를 지키고 앉아 있다가 장내의 분위기가 잠시 안정이 되면 주최자를 만나 성황리에 식이 끝난데 대한 축하와 격려의 인사말을 한 후에 자리를 뜨는 것이 예의이다.

(3) 음악회에서의 예절

■ 국제적인 매너를 갖추어야 한다

음악회에 참석하기 위해서는 특히 국제적인 교양을 갖추지 않으면 안 된다. 음악회는 단순히 음악 감상만을 위해서 참석하는 장소가 아니기 때문이다. 음악회는 주로 국제적인 모임이 되는 경우가 많다. 특히 음악회는 그 나라의 지식과 문화수준을 대표하고 상징하는 모임이기 때문에 참석자 모두가 진지한 마음가짐과 올바른 몸가짐을 가지지 않으면 안 된다. 세계 어느 나라를 막론하고 음악회에는 외국 인사들이 많이 참석한다. 음악은 언어를 초월한 정신적인 국제 통용어이기 때문이다. 따라서 외국인들에게 우리의 문화수준을 인상적으로 전달하기 위해서라도 올바른 태도로 음악회에 임하는 것이 바람직하다.

■ 연주하기 10분 전에 입장한다

다른 모든 모임에서도 강조되는 사항이지만 음악회에 있어서도 미리 입장하는 것이 예의이다. 특히 음악회는 조용하고 진지한 감상을 요구하는 모임이므로 너무 늦게 입장하는 것은 다른 사람에게 많은 피해를 주게 된다. 만약 부득이한 사정으로 음악회가 시작된 후에 도착되었을 경우에는 조용히 밖에서 기다렸다가 음악 한 곡이 다 끝난 후에 막간을 이용하여 조용하게 들어가서 자리에 앉도록 한다.

■ 연주 중에 이야기하는 것은 금물

연주회장 안에 일단 들어가게 되면 조용하게 앉아서 감상하도록 해야 한다. 휴대폰은 반드시 전원을 끄고 특히, 연주하는 도중에 잡담을 한다든지 옆사람과 귓속말을 주고받는 행우는 금물이다. 제아무리 음악이 감동적일지라도 너무 큰 소리로 고함을 지르는 행위는 좋지 않다. 음악 한 곡이 다 끝나면 그때 힘찬 박수로 연주자를 격려하도록 한다.

■ 지루하더라도 끝까지 진지한 태도로

미리 예견했던 것보다 감동적이 아니라고 해서 중간에 일어서서 퇴장한다든지 잡담을 해서는 안 된다. 약간 지루한 느낌이 들더라도 끝까지 진지한 태도로 감상하는 것이 올바른 태도이다. 가끔 음악에 대한 상식이 부족한 나머지 마치 흥미없는 강연이라도 듣는 듯이 고개를 떨구고 잠을 자는 사람들도 있다. 설혹 연주하는 음악에 대해 이해하기 힘들더라도 조용하고 진지하게 끝까지 경청하는 자세가 필요하다.

■ 박수는 힘차게

연주 도중이나 악사의 인사 전에는 박수를 치지 않는다. 한 곡이 완전히 끝나고 악사가 청중을 향해 인사를 할 때 박수를 쳐야 한다. 박수는 힘차게 치되 너무 오랫동안 계속하는 것은 좋지 않다. 어떤 사람들은 마치 앙크르에 그치지 않고 계속 삼창, 사창을 요구하는 듯이 박수를 그치지 않는 경우가 있는데 이러한 행우는 결코 예의로운 태도가 아니다. 박수는 한꺼번에 폭포물이 터지듯이 청중 전체가 힘차게 치되 호흡을 일치시켜서 동시에 멎도록 해야 한다. 모임에서 참석자 전체가 일체감을 보여줄 수 있다는 것은 그만큼 알뜰한 교양을 갖추고 있다는 증거가 된다. 따라서 참석자는 항상 전체적인 분위기에 조화를 맞출 수 있도록 노력하여야 한다.

(4) 전시회에서의 예절

■ 전시회에 대한 예비 지식

전시회는 일반적인 모임과는 달리 그 종류와 내용이 다양하다. 미술 전람회에서 생필품 전시회에 이르기까지 그 범위가 매우 넓다. 따라서 전시회에 참석할 때에는 먼저 그 전시회에 대한 예비지식을 갖추어야 한다. 같은 종류의 전시회라 하더라도 그 내용이 약간씩 다른 경우가 많으므로 예비지식이 없이 무조건 참석한다는 것은 결국 시간낭비만을 가져올 가능성이 크다. 미술 전람회만 놓고 보더라도, 규모가 큰 국전(國展)이나 전국미술대상전(全國美術大賞展)에서부터 개인전과 같은 규모가 작은 것에 이르기까지 다양하며, 그 내용에 있어서도 동양화나 서양화 또는 유화나 수채화 등 종류가 수없이 많다.

아무튼 갖가지의 모든 전시회는 그 나름대로의 특성이 있고, 관객에게 무엇인가를 보여줌으로써 새로운 사실이나 새로운 정보 등을 알려 주고 가르쳐 주는데 그 목적이 있다. 그러므로 참석자는 전시회장에 들어가기 전에 이미 관람을 통하여 꼭 무엇인가를 느끼고 배우겠다는 진지한 마음자세를 갖지 않으면 안 된다.

전시회에 갈 때의 차림새로는 그다지 구애받을 것은 없지만, 너무 예의에 어긋나게 차려입는 것은 삼가해야 한다. 간편하고 활동적인 차림으로 단정하게 갖추는 것이 예의에도 어긋나지 않고 작품을 관람하기에도 편할 것이다.

전시회장에 들어서면 대부분 입구에 안내문이나 팜프렛 등이 비치되어 있다. 만약 전시회에 관한 예비지식을 갖추지 못했을 경

우에는 안내 책자나 팜프렛 등을 보고 전시회의 특성을 살펴본 후
에 작품을 관람하도록 한다. 그리고 전시장 입구에 마련된 방명록
에는 주최자측의 권유가 없으면 서명하지 않는다.

■ 질서있게 차분한 감상을

전시장에 참석하는 가장 큰 목적은 작품에 대한 감상이다. 그런
데 더러 보면 마치 뒤에서 누가 쫓아오기라도 하는 듯이 휙 한번
둘러보고는 바람처럼 사라지는 사람이 있다. 그런 사람들의 표정
에는 아무런 느낌이 없다. 도대체 전시장에 온 목적이 무엇일까?
이러한 태도는 예술을 감상하는 올바른 자세가 아니다. 작품설명
이 깃들여진 안내 책자가 있을 경우에는 그 설명을 참조하면서 작
품 하나하나를 세심하게 훑어 보는 것이 좋다. 그러나 이때 너무
감상속도가 느리면 뒤에서 관람하는 사람들에게 피해를 주게 되
므로 신경을 써야 한다.

절친한 사람과 함께 관람할 경우, 더러는 큰 소리로 얘기를 주
고 받으며 시끄럽게 하는 경우가 있는데 이러한 행위는 남의 관람
을 방해하는 일이 될 뿐만 아니라 자신의 품위를 떨어뜨리는 결과
가 되므로 주의해야 한다. 특히 작가가 공들여서 만든 작품을 함
부로 만진다든지, 관람 부주의로 인하여 더럽히는 일이 있어서는
안 된다.

일단 전시회장에 입장을 하게 되면 질서있게 차분한 자세로 감
상하는 것이 좋다. 작품에 대해 궁금한 점이 있다거나 알아두고
싶은 사항이 있을 경우에는 감상 도중에 큰소리로 묻거나 떠들지
말고, 작품을 다 감상하고 난 다음에 안내원이나 작가에게 문의하

는 것이 바람직하다.

만약 특별히 마음에 드는 작품이 있다거나 심미적인 예술성이 돋보이는 작품이 있을 경우에는 다른 사람에게 피해를 주지 않는 범위 내에서 좀더 오래 멈추어 서서 심도있게 감상하는 것도 좋다. 사실 전시회장에 참석하는 가장 큰 목적은 작품의 감상이다. 주위 사람들에게 불편을 주지만 않는다면 가급적 오랜 시간을 차분하게 감상하는 것이 올바른 감상태도이다. 작품에 대한 감상이란 짧은 순간만으로는 아무런 효과를 기대할 수가 없다. 올바른 작품감상은 바로 '영혼으로 느끼는 일' 이다. 몇 마디 말이나 단편적인 해설로써 한 작가의 작품을 이해하고 마음으로 받아들이기란 어려울 것이다. 외적인 표현과 수용이 아니라 마음의 눈으로 보고 영혼의 내부에서 일어나는 예지적인 직감으로 무엇인가를 느끼는 일이 중요하다. 여기서 말하는 '무엇' 이라는 것은 다름아닌 '예술성', 즉 '아름다움' 이다. 한 작품을 통해서 어떤 아름다움을 느낄 수가 있다면 그것으로서 족하다. 우리는 '아름다움' 을 통해서 '진리' 를 배울 수가 있기 때문이다.

■ 함부로 작품평을 하지 말 것

전시장에 전시된 작품이 어떤 류의 것이든간에 관람을 하면서 함부로 작품평을 해서는 안 된다. 흔히 보면 잘 알지도 못하면서 작가의 의도와는 전혀 다른 비평을 함부로 하는 사람들이 있다. 자기 혼자만의 생각으로는 꽤 유식해 보일 것 같을는지 모르지만 사실은 그것처럼 품위없어 보이는 행위도 드물다. 설혹 자기가 작가보다도 더욱 우월한 비평가라 하더라도 작가의 견해를 들어보기 전에 그러한 비평을 즉석에서 함부로 하는 것은 결국 자신의 품위를 떨어뜨리는 행위가 되므로 삼가해야 한다.

물론 훌륭한 작품 앞에서 감탄사를 연발하는 것까지 금하라는 것은 아니다. 매력적인 작품 앞에서 도취되어 자기도 모르게 탄성을 지르는 것은 어쩌면 가장 아름다운 인간의 자세일런지도 모른다. 그렇다고 해서 악을 쓰듯 감탄사를 고의적으로 연발하는 행위는 어딘지 모르게 유치하고 저속해 보인다.

작품에 대한 감상은 차분하게 하되 자연스러운 마음가짐으로 질서 있게 하는 것이 가장 바람직하다. 특히 어린아이들을 데리고 전시회장에 갈 경우에는 입장하기 전에 미리 전시회장에서 지켜야 할 예의에 대한 교육을 시키는 것이 좋다. 어린아이들은 어른들에 비해 호기심이 더 많기 때문에 이것저것 묻기 마련이다. 그럴 때 무조건 질문을 억제시키는 것은 좋지 않다. 다른 사람에게 방해가 되지 않도록 낮은 목소리로 차분하게 아는데까지 설명을 해주도록 한다. 전시장 안에서는 되도록 이면 어린아이의 손을 잡고 함께 행동하도록 한다. 어린아이를 혼자 내버려 두게 되면 제멋대로 돌아다니거나 작품에 손을 댈 염려가 있다.

또한 너무 나이가 어린 아이들은 가급적이면 데리고 오지 않는 것이 좋다. 많은 사람들이 모이는 장소에서는 항상 자기 자신의 편리보다는 다른 사람들의 이해관계에도 신경을 쓰는 마음과 자세가 중요하다 하겠다.

(5) 회의에서의 예절

■ 토의과제에 대해 미리 준비한다

현대사회에서 회의가 갖는 의미는 매우 중요하다. 다각적인 발달은 우리의 생활을 한결 조직적이고도 계획적으로 이끌어가게 만들고 있다. 따라서 현대에 몸을 담고 있는 우리는 어떠한 형태에서든 간에 '조직 속의 일원'이 되어가고 있다. '조직 속의 한 사람'이 된 이상 우리는 끝없는 회의의 구성원이 되어 하나의 '조직'을 이끌어 가지 않으면 안 된다. 이것은 조직속에 묻힌 인간인 이상 어쩔 수 없이 수행해 나아가지 않으면 안 될 자신의 운명적인 역할인 것이다.

사회 구성원의 한 사람으로서 겪게 되는 회의에는 그 종류가 다양하다. 우리가 흔히 알고 있는 회의 외에도 공청회, 토론회, 세미나, 심포지엄, 그리고 반상회에 이르기까지 그 종류는 헤아릴 수 없을 정도로 많다. 일반적인 회의에도 국회의 본회의, 위원회, 의원총회, 상임위원회 등을 비롯하여 각 분과위원회, 각 소속 정당별 의원총회 등을 합치면 그 수를 헤아리는 것도 그리 쉬운 일은 아니다. 일반적인 사회단체에 있어서도 역시 회의명칭과 그 역할은 수없이 많다. 회의는 이 밖에도 엄청나게 많다. 정부 각 부처와 각급 학교의 학생들이 갖는 회의 등등……

그러나 한 가지 회의에는 공통된 특성이 있다. 그것은 모든 회의가 다 그 나름대로의 목적을 지니고 있고, 토의(討議)라는 과정을 거친다는 점이다. 또한 여러 사람이 한 자리에 모여서 저마다의 의견이나 주장을 피력하고 상호의견을 교환한다. 그러한 과정

속에서 그 회의가 추구하는 목적을 달성하기 위해 노력한다. 그리고 반드시 회의에는 그 회의를 진행하는 사회자가 있기 마련이다.

　이러한 보편적인 특성외에도 일반적인 회의에는 반드시 출석자가 정해지고 그 출석자에게는 미리 통보를 한다. 그러므로 모든 참석자는 회의의 목적이나 토의할 주제를 사전에 알게된다. 따라서 참석자는 반드시 토의할 과제와 자신의 발표, 혹은 발언 내용을 미리 준비하는 것이 현명한 방법이다.

　어떤 회의든 간에 출석자는 회의의 목적이나 토의 주제에 대해 직접 혹은 간접적인 관련이 있는 사람이 참석하기 마련이다. 회의를 주재하는 측에서도 항상 이 점을 염두에 두고 출석자를 정한다. 회의는 어디까지나 강연회나 공청회처럼 듣고만 있는 모임이 아니기 때문이다. 하나의 주제를 놓고 모든 참석자가 자유스러운 분위기 속에서 자신의 의견을 다른 사람의 의견과 함께 검토하고 교환하는 모임이 바로 회의의 본질이다.

　마치 영화관에라도 온 듯 다른 사람들의 회의과정만 지켜본다는 것은 결코 회의에 참석하는 의의가 없어진다. 다른 참석자의 의견도 귀담아 듣고, 또 자기 자신의 건설적인 의견도 발표하여 다른 사람의 공감을 얻도록 노력하여야 한다.

■ 진지한 태도로 임한다

　회의는 바로 단체생활의 기본이 된다. 여러 사람이 모여서 가장 민주적이고도 가장 자유스러운 분위기속에서 자신의 의견을 마음껏 털어놓을 수 있는 장소이기 때문이다. 그러나 자유스러운 분위기라고 해서 안하무인격이 된다거나, 고함을 지르듯이 너무 듣기

싫은 소리로 언성을 높이는 것은 좋지 않다. 또 제멋대로의 자세를 취하여 주위 사람들로 하여금 불쾌감을 갖도록 하는 일은 삼가해야 한다.

일단 회의에 출석하면 질서를 지키고 장내의 분위기를 존중해야 한다. '이 일이 나와 무슨 상관이 있느냐'는 식으로 한가지의 의견도 발표하지 않고 무관심한 태도를 보이는 사람이 있는데 그러한 행동은 금물이다. '의견이 없다'는 것은 그만큼 회의에 대한 관심이 없고, 자신의 능력이 부족하다는 것을 의미한다.

적어도 회의에 참석하는 사람은 다음과 같은 마음가짐으로 회의를 성공적으로 끝내기 위해 노력하지 않으면 안 된다.

첫째, 다른 사람의 의견을 정중하게 끝까지 경청하고 그 내용을 나름대로 분석해 본다.
둘째, 다른 사람이 의견을 발표할 때 옆사람과 이야기를 한다든지, 분위기를 깨뜨리는 언동을 삼간다.
셋째, 자신의 의견을 말할 때에는 반드시 사회자의 허락을 받은 후에 단정한 자세로 일어서서 말하도록 한다.
넷째, 제아무리 좋은 의견이라 하더라도 사회자의 허락이 없으면 결코 함부로 일어나서 말하지 않도록 한다.

이상과 같은 점에 유의하여 회의가 원만히 진행될 수 있도록 최선을 다하여야 한다.

■ 올바른 의견 발표

회원 중에 사회자의 허락을 받고 자신의 의견을 말할 때에는 항상 진지한 태도와 정중한 자세를 가지고 말하되, 듣는 사람의 입장을 생각해야 한다.

목소리는 여러 사람이 다 알아들을 수 있도록 또박또박하게 말하도록 하고, 사회자나 참석자의 질문에 대답할 경우에는 성의있게 대답하되 질문과는 동떨어진 엉뚱한 말을 해서는 안 된다.

또한 말의 내용도 어디서 주워들은 이야기를 전하는 식으로 책임감 없게 말하지말고 자기 자신이 심사숙고하여 자신있게 주장할 수 있는 내용만을 요령있게 말하도록 한다. 특히 다른 사람의 인격을 침해할 만한 말은 절대로 삼가해야 한다. 다른 사람이 인정하기를 꺼려하는데도 불구하고 자신의 의견만을 고집하는 것도 예의에 어긋난다.

의견을 발표하는 것은 곧 자기 자신의 인격을 나타내는 일이다. 그러므로 발표하는 내용이나 자세 등에도 신경을 써서 요령있게 하지 않으면 안 된다. 자기 생각으로는 별로 탐탁하지 않은 내용임에도 불구하고 주위의 분위기에 휩쓸려서 다른 사람에게 무턱대고 동조하는 식의 태도를 보이는 것은 삼가해야 한다. 또한 깊이있게 생각하고 검토해 보지도 않은 채 무조건 반대만을 고집해서도 안 된다.

회의란 다수의 의견을 모아서 충분히 검토하여 최선의 방법을 걸러내는 모임이라고 할 수 있다. 따라서 회의에 출석한 사람은 항상 자신의 의견에 대한 관철보다는 보다나은 다른 사람의 의견을 발견할 수 있도록 노력하는 자세가 필요하다.

■ 의견을 발표하는 태도

의견을 발표할 때에는 항상 진지한 태도를 가져야 한다. 말은 때와 장소에 따라 적절하게 하되, 미리 심사숙고하지 않은 말이나 자신없는 말은 아예 입밖에 내지 않도록 한다. 함부로 내뱉은 말에 대한 책임은 결국 본인이 지게 마련이다.

여러 사람이 모인 자리인만큼 너무 자기 위주로만 말하지 않도록 한다. 듣는 사람의 입장에서 보면 자기 위주로만 말하는 사람의 말은 웬지 신뢰감이 들지 않는다. 남이 싫어하는 말을 하는 사람처럼 어리석은 경우도 드물다.

말은 되도록 간단 명료하게 요약하여 하는 것이 효과적이다. 회의중에 의견을 발표할 경우에는 의제(議題)에 관한 사항을 충실하게 다루어야하며, 누구나 다 아는 상식적인 이야기는 아예 하지 않는 편이 낫다. 의견을 발표하는 도중에 다른 사람으로부터 질문이 있을 경우에는 자연스럽게 질문에 대답하도록 한다. 더러는 상대방의 질문에 대해 그다지 흥미없는 표정을 짓는 경우가 있다. 그러나 훌륭한 발언자는 무엇보다도 상대방의 입장이나 기분을 우선적으로 생각한다. 그리하여 너무 지나치게 부끄러워 하거나 굳어진 표정을 보이지 않는다. 말하는 사람이 너무 굳은 표정을 보이면 듣는 입장에서는 저절로 불쾌해진다. 상대방의 입장을 십분 이해하고, 상대방을 편하게 해줄 줄 아는 사람은 결국 다른 사람으로부터 인정을 받게 된다.

회의에 참석하여 의견을 발표하는 사람으로서 지켜야 할 또 하나의 태도는 상대방에게 말할 수 있는 기회를 주고 상대방의 말을 충분히 들어주는 일이다. 또한 상대방을 인정해 주고 칭찬해 주는데 결코 인색하지 말아야 한다. 상대방을 편하게 해주는 것이야말로 회의를 성공적으로 이끌어 가는데 기여하는 일이 된다. 맹목적인 비판보다는 경청과 설득으로 상대방을 회의속에 끌어들여야

하며, 스스로 협력하는 태도를 보임으로써 상대방도 스스로 협력
적인 태도를 가질 수 있도록 이끌어가는 것이 바람직한 방법이다.

■ 이것만은 삼가라

회의에 참석한 사람으로서 해서는 안될 사항이 있다. 다른 사람
에게 피해를 주고 결국은 회의결과를 어둡게 하는 일이 있어서는
안될 것이다. 가장 삼가해야 할 것은 상대방을 불쾌하게 만드는
일이다. 상대방의 말을 중간에 가로막는다든지 상대방의 인격을
침해하는 언동은 상대방으로 하여금 결코 말하는 사람을 인정하
게 하지 않는다. 사소한 일을 가지고 무슨 사건의 변호라도 하는
듯이 장황하게 늘어놓는 것도 좋지 않다. 말은 간결하게 하되 듣
는 사람이 싫증을 느끼지 않도록 해야 한다.

또한 많은 사람들이 개회시간을 지키지 않는 경우가 많은데, 이
점 역시 유의해야 한다. 시간을 존중하는 것은 현대인이 갖추어야
할 가장 기본적인 예절이다. 시간을 존중한다는 것은 남의 시간을
함부로 빼앗지 않는 것도 되지만 자기 자신의 시간도 낭비하지 않
는 일이다. 회의장에는 개회시간 10분전쯤에 입장하는 것이 바람
직하다. 일단 회의장에 들어온 다음에는 불가피한 일이 없는 한
자리를 뜨지 말아야 한다.

회의 도중에 흥분하는 것은 금물이다. 상대방의 발언이 설혹 자
기의 생각과는 차이가 난다고 할지라도 그 불만을 겉으로 나타내
는 것은 바람직한 태도가 아니다. 회의란 어디까지나 여러 사람의
의견을 모아 가장 최선의 방법을 찾는 일이다. 그러므로 다소 상대
방의 의견이 사리에 어긋난다 할지라도 진지하게 듣고 신중한 토

의를 거쳐서 그 의견에 대한 장단점을 가려낼 줄 아는 현명함이 있어야 한다. 또한 의견이 분분하여 참석한 사람 전원에게 가부를 묻게 되는 경우가 있다. 이 때에는 인간관계에 치우치지 말고 소신껏 찬반을 선택해야 한다. 회의의 참목적은 다수의 사람들이 모여 어떤 의제에 대한 최선의 의견을 창출해 내는 것이기 때문이다.

2. 소개와 인사말

(1) 소개의 순서

■ 동성간에 소개할 때

이성이 아닌 동성간에 소개를 주고받을 때는 항상 나이 어린 사람을 나이 많은 사람에게 먼저 소개하여 어린 사람이 윗사람에게 인사하도록 한다.

■ 이성간에 소개할 때

이성간에 소개를 주고받을 때에는 여성에게 남성을 먼저 소개하여 남성이 먼저 여성에게 인사를 하도록 해야 한다.

■ 위아래 사람을 소개할 때

위아래 사람을 소개할 때에는 아랫사람을 윗사람에게 먼저 소개하여 인사를 드리도록 해야 한다.

■ 동년배를 소개할 때

나이나 직급이 비슷한 사람끼리 소개를 주고받을 때에는 절친한 사람을 먼저 소개한다. 절친한 정도가 비슷할 경우에는 소개하기 쉬운 순서로 소개한다.

■ 그 밖의 경우

국가원수나 황족, 고승, 교황 등의 특별한 사람을 소개할 경우에는 나이에 관계없이 먼저 인사를 드리게 해야 한다.

(2) 소개하는 방법

■ 먼저 소개하고자 하는 사람에 대한 지식을 갖추어야 한다.

사람을 소개한다는 것은 그렇게 쉬운 일이 아니다. 일단 소개가 끝나면 그 사람에 대한 첫인상이 상대방에게 나름대로 전달된다. 이 때 만약 잘못 소개하게 되면 상대방의 이미지에 커다란 손해를 끼치게 된다. 어떤 경우의 소개이든간에 '소개'에 책임이 따르는 이유는 바로 그 때문이다.

그러므로 사람을 소개할 때에는 반드시 사람과 장소와 때를 가려서 하지 않으면 안 된다. 또한 소개하고자 하는 사람에 대해서는 먼저 '어떠한' 사람이라는 것을 알아두지 않으면 안 된다. 상대방을 잘 알지 못하면 올바른 소개를 할 수 없기 때문이다.

■ 소개는 언제나 정중하게

소개를 할 때에는 언제나 예의바른 태도로 정중하게 해야 한다. 가령 선배에게 자기의 친구를 소개할 때에는 먼저 '선배님, 제 친구를 소개하겠습니다' 하고 양해를 구한 다음 '제 친구 OOO입니다. 이 분은 내 선배 OO 형이시고……' 라고 소개한다. 그 때 친구 되는 사람은 소개받은 친구의 선배에게 정중히 인사를 한다. 소개를 받은 선배는 '반갑소, 나 OOO 인데……' 하면서 손을 내밀어 악수를 청한다. 아랫사람은 '그동안 친구로부터 말씀 많이 들었습니다. 저는 OOO이라고 합니다. 잘 지도하여 주십시요' 하고 공손하게 자기 소개를 한다. 이 때 함께 손을 내밀어 선배의 악수에 응한다.

악수는 윗사람이나 여성쪽에서 먼저 청하는 것이 예의이다. 상대방이 악수를 청해올 때는 상대방의 얼굴을 보면서 공손한 자세로 행한다.

(3) 소개를 받았을 때

■ 의자에 앉아있을 때

응접실이나 다방 등에서 소개를 받았을 때에는, 반드시 자리에서 일어나 소개를 받는 것이 원칙이다. 그리고 인사말을 할 때에도 반드시 일어서서 공손하게 하여야 한다. 그러나 여성의 경우에는 상대방이 자기보다 나이가 많은 부인이나 직급이 높은 상사, 가족의 어른이 아니면 그냥 자리에 앉은 채로 소개를 받아도 된다. 하지만, 여성쪽에서 부탁하여 남성을 소개받은 경우에는 상대방이 남성일지라도 반드시 자리에서 일어나 소개를 받는 것이 예의이다. 소개를 받아 인사를 주고받을 때에는 상대가 누구이든 간에 자신의 옷매무새를 바로잡고, 단정한 자세로 행한다.

■ 마루바닥이나 온돌방에서 소개를 받았을 때

상대방이 만약 손위 사람이 경우에는 방석에서 내려앉아 무릎을 꿇고 공손하게 인사를 드려야 한다. 이 때 무릎을 꿇을 때에는 일단 자리에서 일어난 다음에 다시 꿇어 앉는 것이 바람직하다.

■ 소개받은 사람의 이름은 꼭 기억하자

흔히 소개를 받을 때에는 당황한 나머지 얼떨결에 상대방의 이름을 못듣는 경우가 많다. 그런 까닭에 소개를 받고 나서도 상대방의 이름을 기억하지 못하는 경우가 많다. 소개받은 사람의 성명과 소개된 내용은 빠짐없이 기억하려고 노력해야 한다. 일단 소개를 받은 후에 상대방의 이름을 재차 묻는 것은 실례가 된다.

■ 소개를 받았을 때의 주의 사항

소개를 받고도 인사에 응하지 않는다거나 악수를 청하지 않는 것은 예의에 어긋난다. 또한 상대방보다 자신의 지위가 높다고 하여 고개만 끄덕거리는 따위의 행동은 금물이다. 불필요한 자기 과시는 오히려 상대방으로 하여금 자기 자신을 별 볼일 없는 사람으로 보게 한다. 자기 자신이 어떤 사람이라는 것을 보다 자세하게 알리고 싶으면 대화를 나누는 도중에 적당히 포인트를 주어 상대방으로 하여금 자연스럽게 자기자신을 파악하고 인정할 수 있게 한다. 자기 자신에 대해 억지로 너무 강조하는 것은 바람직하지 못하다.

처음 소개받은 사람과 인사를 나눌 때 상대방을 똑바로 쳐다보면서 상대방의 일거수 일투족을 감시하듯 살피는 것은 좋지 않다. 상대방이 누구이든 간에 소개 장소에서는 항상 겸손한 태도를 갖는 것이 중요하다.

(4) 올바른 인사말

■ 상투적인 말은 피할 것

새로운 사람을 소개받는다든지, 아니면 모임 장소에 나갔을 경우 자의든 타의든 간에 인사말을 해야 할 경우가 있다. 이럴 때의 인사말은 어떻게 하는 것이 좋을까?

많은 사람들이 마치 책을 낭독하는 듯이 상투적인 인사말을 사용하는 경우가 잦다. 그러나 말의 어귀가 제아무리 명문장이라 하더라도 말하는 사람에게 어울리지 않는다면 마치 속은 비고 겉만 화려한 결과를 가져오게 될 것이다. 인사말은 되도록 짧고 진실성 있게 하여야 한다. 인사말은 미리 준비할 필요까지는 없겠지만 그렇다고 갑자기 서둘러 즉흥적으로 말을 하려면 자못 당황하게 된다. 그러므로 인사말을 해야 할 장소에 나아갈 때는 미리 머리 속으로 인사말을 꾸며보는 것도 한 가지 방법이다. 요컨대 인사말을 미리 준비하는 것이 바람직하지만, 그렇다고 상대방이 눈치를 챌 정도로 어색하게 해서는 안 된다.

■ 관심 있는 화제의 이용

대부분의 인사말은 즉석에서 행하여지기 때문에 본의 아닌 실수를 저지르기 쉽다. 따라서 인사말을 할 경우에는 첫째, 사람과 장소에 어울리는 말을 사용해야 한다. 둘째, 상대방에게 관심 있는 화제를 선택한다. 셋째, 분위기에 어울리는 말이나 표현을 쓴다. 넷째, 상대방의 이야기와 관련된 화제를 이용하는 것이 좋다. 다섯째, 최근의 뉴스나 그 밖의 관심 있는 사건들을 이용하거나 해학적인 표현을 사용하여 상대방으로 하여금 긴장되지 않게 한다.

■ 간명하고 성의있게

인사말은 되도록 간단 명료하게 해야 하며, 마음으로부터 우러나오는 말이 되어야 한다. 마치 무슨 장편소설의 줄거리라도 얘기 하듯이 장황하게 늘어놓는 따위의 인사말은 피해야 한다. 말을 하는 사람은 괜찮다 하더라도 듣는 입장에서는 여간 답답해 보이지 않는다. 짧고 간명하게 하되 성의있게 해야한다. 특히 장난끼 섞인 말은 피하도록 한다. 해학적인 표현과 장난투의 말은 엄연히 다르다.

3. 방문과 접대의 예절

(1) 방문시의 예절

■ 방문할 때에는 날짜와 시간을 미리 약속한다

우리의 생활은 점점 복잡해져가고 있다. 계획적인 일상 생활 속에서 바쁘게 움직이지 않으며 결국 삶의 낙오자가 되고 만다. 이처럼 바쁜 생활속에서 살아가는 만큼 상대방의 시간을 절약해 줄 수 있는 아량을 가져야 한다.

상대방에게 방문을 하고자 할 경우에는 반드시 방문할 날짜와 시간을 약속해야 한다. 상대방의 스케줄을 무시한 방문은 상대방으로 하여금 당혹하게 할 뿐만 아니라, 만약 상대방에게 무슨 일이라도 생겨서 부재중일 경우에는 결국 시간만을 낭비한 결과가 되고 만다. 그러므로 반드시 상대방이 허락하는 날짜와 시간을 물어서 방문계획을 세우도록 해야 한다. 자기가 필요하다고 해서 예고도 없이 불쑥 찾아가는 일은 금물이다.

■ 방문 약속 일정은 꼭 지킨다.

방문하기로 일단 약속을 하였으면 그 날짜와 시간을 꼭 지켜서 방문하도록 한다. 만약 부득이한 일로 인하여 상대방을 방문할 수 없을 때에는 미리 상대방에게 연락을 취하여 상대방의 일정에 차질을 주지 않도록 해야 한다. 아무런 사전 연락도 없이 약속을 어기게 되면 상대방은 방문자를 기다리다가 결국 아무런 일도 할 수 없게 되고 말 것이다. 자기 위주의 삶은 다른 사람으로 하여금 피해를 감수하지 않으면 안 되게 만든다. 항상 나 보다는 상대방의 입장을 먼저 생각할 수 있는 아름다운 마음을 갖는 것이 중요하다.

■ 방문 용건은 분명하게 이야기한다.

방문을 하였을 때는 신이나 코트 등의 소지품은 지정된 자리, 또는 주인이 원하는 곳에 놓아 두도록 한다. 그리고 안내를 받아 정해진 자리에 도착하면 인사를 나눈 후, 방문한 용건을 분명하게 전달한다. 말의 허두에 반드시 상대방이 관심을 갖고 들어줄 수 있도록 자연스러우면서도 공손하게 꺼내는 것이 좋다. 가령, '한 번 뵙고 싶어서 찾아왔습니다', '부탁드릴 말씀이 있어서 왔습니다', '시간을 좀 허락해 주시기 바랍니다' 는 등의 서두로 상대방의 심경을 부드럽게 하여 서로가 기쁜 마음으로 대화를 나눌 수 있도록 노력한다.

■ 방문 중에 지켜야 할 예절

남의 집을 방문한 후, 언어와 몸 가짐은 시종일관 조심해야 한다. 그렇다고 너무 부담스러운 자세나 표정을 보여서는 안 된다. 말과 행동은 항상 자유스러운 분위기 속에서 공손하게 진행되어야 한다.

방문중에 차나 과일, 또는 기타 음식을 대접 받았을 때는 사양하지 말고 맛있게 먹는 것이 대접하는 사람을 즐겁게 하는 일이 된다. 그러나 꼭 사양하지 않으면 안 될 경우에는 그 사유를 미리 주인에게 이야기하는 것이 바람직하다. 서로가 불필요한 낭비를 막을 수 있기 때문이다. 남을 즐겁게 마음으로부터 대접할 줄도 알아야 되겠지만, 남의 대접을 효과있게 받아들일 줄도 알아야 한다. 상대방에 대한 마음의 정표로 꽃이나 작은 선물을 준비해 가는 것도 인상적인 방문이 될 것이다. 크고 값비싼 선물보다는 마음의 정성이 담긴 선물을 받는 사람은 더 좋아할 것이다. 날씨가 심하게 좋지 않는 날은 가급적 방문을 피하는 것이 좋다. 날씨가 좋은 날 단정한 몸차림으로 방문하여 서로 정다움을 주고 받는 것이 행복한 인간 관계를 위하여 바람직한 일이 될 것이다.

또한 실내에서 대화 도중에 초면의 여성이나 나이 많은 사람이 들어오면 자리에서 일어나는 것이 예의이다. 손님이 자리에서 일어서면 주인은 곧 인사를 시키게 된다. 새로운 등장인물과 인사가 끝나면 다시 자리에 앉아 대화를 계속하도록 한다.

대화 중에 담배를 피우고 싶을 때는 담배를 피워도 좋으냐고 물어본 후 피우도록 한다. 특히 옆에 여성이 있을 경우에는 가급적 담배를 삼가는 것이 좋다. 하지만 꼭 피우고 싶을 때는 정중하게 '담배를 피워도 괜찮을까요' 하고 질문하여 양해를 구한 다음에 피우도록 한다.

방문 중에 가장 난처한 일 중의 하나가 화장실에 가는 문제이다. 대부분의 사람들이 화장실에 가고 싶어도 그냥 꾹 참고 있는 경우가 많다. 그러나 이러한 행동은 바람직하지 않다. 화장실에 가고 싶을 때에는 주저하지 말고 주인에게 화장실의 위치를 물어본 후 안내를 받아 용변을 보도록 한다. 용변을 참고 있게 되면 결국 몸에도 좋지 않을 뿐만 아니라 나중에는 올바른 대화를 할 수가 없게 된다.

■ 이런 때는 '미안하다' 는 말을

방문 중에는 남의 집(또는 사무실)에 익숙하지 않은 탓으로 본의 아닌 실수를 저지르는 경우가 많다. 실수를 저질렀다고 생각될 때에는 지체없이 사과를 하도록 한다. 특히 다음과 같은 실수를 저질렀을 때에는 꼭 '미안하다' 는 사과를 하도록 한다.

1) 상대방의 말을 자기도 모르게 가로챘을 때
2) 대화를 나누는 도중에 기침이나 재채기가 나올 때
3) 코를 풀거나 훌쩍거렸을 때(코가 나올 때에는 양해를 구한 다

음 화장실에 가서 풀도록 한다.)

4) 대화하는 도중에 불가피한 사정으로 자리에서 일어나지 않
   으면 안되게 되었을 때(전화가 걸려왔거나 화장실에 갈 일이
   생겼을 경우)

5) 여성이 방안으로 들어오면 자리에서 일어나는 것이 예의이
   지만, 그렇게 하지 못하였을 때

6) 음식을 먹다가 무엇을 떨어 뜨렸거나 소리가 나게 하여 상대
   방의 식사를 방해하였을 때

7) 상대방에게 질문을 하거나 양해를 구할 때

8) 이 밖에 본의 아니게 상대방의 기분을 상하게 하였을 때

(2) 접대의 예절

■ 손님맞이는 따뜻하게

아무리 바쁜 일정을 보내고 있다고 하더라도 자기를 찾아 준 손
님에게는 따뜻하게 대접하는 것이 인간의 참된 도리이다. 그러나
짜여진 계획 속에서 시간에 쫓기며 살다보면 예고없이 찾아온 손
님이나 갑작스런 계획의 변경 등으로 찾아온 손님에게 결례를 하
게 되어 상대방으로 하여금 섭섭한 마음을 갖게 하는 경우가 있
다. 불가피하게 상대방에게 결례를 하게 되었을 경우에는 즉시 양
해를 구하고 기다리게 하든지, 아니면 다음으로 약속을 연기하는
것이 낫다. 여하한 경우에라도 손님을 불쾌하게 해주어서는 안 된
다. 찾아온 손님이 편안한 마음으로 용무를 마치고 갈 수 있도록

최선을 다해야 한다.

■ 반갑게 맞이하고 정중하게 안내한다

손님이 찾아오면 우선 안으로 들어오시게 하고 인사를 하면서 신이나 코트 등의 소지품을 지정된 자리에 놓을 수 있도록 안내한다. 밝은 표정으로 반갑게 맞이하되 정중한 태도로 일관해야 한다. 방에까지 안내한 후에는 방석을 내어 윗자리에 앉도록 한다. 안내하는 도중에도 손님에게 불편한 점이 없는지 세심하게 신경을 쓰는 것도 바람직하다.

간간한 차나 다과라도 준비가 되었으면 깨끗한 그릇에 담아 내온다. 작은 것일망정 깔끔하고 알뜰하게 차려 대접하는 것이 손님의 마음을 한결 즐겁게 해주는 일이 될 것이다. 손님 대접을 너무 거창하게 생각한 나머지 허둥대다가 볼일도 제대로 못보는 사람들이 있는데 보다 침착한 마음으로 가족적인 분위기를 살려 가며 정성껏 대접을 하는 것이 손님에게는 더욱 인상적이라는 것을 알아야 한다.

■ 손님의 용건을 성실하게 듣는다

자기를 찾아온 손님과 함께 앉아 서로 믿는 마음으로 즐겁게 대화를 나눌 수 있는 관계를 만든다는 것은 매우 행복한 일이다. 또한 손님의 질문이나 부탁에 대해 자기 자신이 할 수 있는 한의 노력을 기울여 마음을 써주는 것도 매우 보람있는 일이 될 것이다.

대화의 시간은 서로의 시간을 고려하여 되도록 간단하게 하는 것이 좋을 것이다. 그러나 손님의 입장을 생각하여 장시간 동안 대화를 나누지 않으면 안 될 경우에는 너무 무리하게 대화 시간을 단축 시키려고 하지 말아야 한다. 모든 대화는 가급적이면 손님 위주로 이끌어 나가는 것이 바람직하다.

■ 손님이 기쁜 마음으로 돌아갈 수 있도록 한다

손님과의 대화가 끝나면 꼭 '바쁜 중에서도 찾아주어 감사합니다'라는 뜻을 전하도록 한다. 그리고 용무가 다 끝났는지를 물어 보도록 한다. 날씨가 춥거나 또는 더울 때에는 손님을 따뜻한 곳이나 시원한 곳으로 안내하여 몸의 컨디션을 쾌적하게 하여 드린 후에 돌아갈 수 있도록 한다. 특히 노인을 모시고 방문했을 경우에는 음식이나 자리 등을 따뜻하고 편안하게 보살펴 드리도록 하고 피곤해 하시면 자리를 치워드려 누우시도록 하는 것이 좋다. 날씨가 궂거나 어두워졌을 경우에는 차편을 확인하여 차에 오르는 것까지 보살펴 드리는 것이 바람직하다. 또한 형편이 허락되면 주무시고 가시도록 권유해 보는 것도 좋은 일이다.

찾아온 손님이 인상깊게 기쁜 마음으로 돌아갈 수 있도록 하기란 그리 쉬운 일은 아니다. 그러나 조금만 신경을 쓴다면 아름다운 인간 관계를 유지하기란 그리 어려운 일만도 아니다.

간혹 보면 자기 집에 손님이 찾아오는 것을 귀찮고 부담스럽게 생각하는 사람이 있는데, 그런 사람은 한 마디로 불행한 사람이라고 할 수 있다. 자기 집을 찾아주는 이가 없다는 것은 얼마나 쓸쓸하고 삭막한 일인가? 자기가 베풀어 줄 수 있는 상대가 없다는 것은 그야말로 허전한 일이다. 집안이 넉넉하건 부족하건 간에, 집이 좋고 나쁘건 간에 자기 집을 방문하는 사람에게 자기의 형편과 처지에 맞게, 형식적인 대접보다는 마음과 마음이 닿을 수 있도록 따뜻하게 맞이하여 진실되게 대접할 수 있다면 얼마나 행복한 일인가? 손님으로 하여금 '남의 집'이라는 느낌이 들지 않도록 접대한다는 것이 비록 쉬운 일은 아니지만, 서로 이해하면서 고마운 마음으로 만나고 헤어질 수 있다는 것은 매우 아름다운 일이다.

4. 꽃과 선물에 관한 예절

(1) 꽃에 관한 예절

■ 꽃말에 관한 상식

우리의 삶에 꽃이 없다면 얼마나 삭막할까? 꽃은 우리의 생활을 아름답게, 그리고 즐겁게 해주는 동시에 선물로 이용되어 우리의 마음을 상대방에게 전해주는 중요한 역할을 하기도 한다. 이렇게 우리의 생활을 밝고 아름답게 가꾸어 주는 꽃에 대하여 우리는 얼마나 잘 알고 있는가?

현대의 지성인이라면 모름지기 꽃에 관한 기본적인 상식 정도는 알고 있어야 한다. 우리의 일상 생활에서 꽃이 차지하고 있는 의미는 대단하다. 꽃은 한마디로 선물의 대명사처럼 인식 되어지고 있으며, 꽃은 축하, 환영, 문안, 조의 등의 마음을 전해주는 최

상의 선물이다. 그러나 꽃이 선물의 왕인 것만은 사실이지만 잘못
선택된 꽃의 선물은 오히려 상대방의 마음을 거슬리게 하는 경우
도 있다. 꽃에는 저마다의 독특한 향기와 의미가 부여되어 있기
때문이다. 그 각기 다른 꽃의 독특한 의미가 바로 '꽃말'이다.

꽃을 선물로 보낼 때에는 어떤 꽃을 어떤 뜻으로 보내야 한다
는 약속은 없으나, 받는 사람이 좋아하는 꽃 또는 꽃말의 의미를
참작하여 보내는 것이 바람직한 일이다. 가령, 축하나 환송의 뜻을
전달해야 할 경우에 '교활함'이라는 꽃말을 가진 '팔손이나무'를
보낸다면 어떻게 될까? 이를 받는 사람은 오히려 불쾌해 질수도
있을 것이다.

그러므로 철따라 피어나는 몇 가지 종류의 꽃말 정도는 상식적
으로 알아두는 것이 현명한 일이다. 우리 주위에서 흔히 볼 수 있
는 꽃과 그 꽃에 얽힌 꽃말을 알아보면 다음과 같다.

□ 봄에 피는 꽃

* **물망초**: 기다림. 나를 잊지 마오.
* **버들 개지**: 노력.
* **벚나무**: 마음의 아름다움. 정신적인 미.
* **복숭아나무**: 매력. 행복. 사랑.
* **작약**: 분노. 부끄러움. 수치.
* **패랭이꽃**: 부인의 사랑. 육체적인 사랑.
* **판지**: 쾌활함. 생각.
* **튜울립**: 고백. 애정. 유혹. 매혹.
* **철쭉꽃**: 사랑의 기쁨.
* **은방울꽃**: 사랑과 행복.

* **산당화**: 조숙함. 숙달됨.
* **수선화**: 자애(自愛). 자존심.
* **스위트피**: 추억. 만남.
* **아네모네**: 믿음. 사랑. 기대감.
* **안개꽃**: 청순한 마음. 깨끗한 마음.
* **등나무꽃**: 반가움. 환영.
* **라일락**: 겸손. 희망. 추억. 정서.
* **마아가렛**: 인내. 애정.
* **목련**: 깨끗한 사랑. 번영.
* **모란**: 부귀.
* **매화**: 인내. 고귀함.
* **개나리**: 청초함. 희망.
* **동백**: (흰색) 순결과 사랑. (붉은색) 우미.
* **꽃창포**: 우아함.

□ **여름에 피는 꽃**

* **금잔화**: 이별. 비탄.
* **백합**: (흰색) 순결. (노란색) 거짓.
* **나팔꽃**: 기쁨. 즐거움. 사랑.
* **가아베라**: 신비. 수수께끼
* **글라디올러스**: 승리. 강함. 주의.
* **금어초**: 원함. 용모. 거만스러움.
* **다알리아**: 불안정. 화려함.
* **맨드라미**: 치정. 정사
* **해바라기**: 숭고함. 숭배. 우러러봄.

* **장미**: (흰색) 순수. 결백. (분홍색) 아름다움. (붉은색) 뜨거운 사
     랑. 정열. (노란색) 질투. 모함.
* **옥잠화**: 고독. 추억.
* **연꽃**: 신성. 불사. 장수. 번영.
* **백일홍**: 그리움. 기다림.
* **채송화**: 그리움. 기다림.
* **봉선화**: 귀여움. 성급함.
* **버들**: 기백
* **수국**: 자만. 변심. 냉혹함.
* **수련**: 청순. 신비. 순진.
* **엉겅퀴**: 짝사랑. 고독한 사랑.

□ **가을에 피는 꽃**

* **코스모스**: 첫사랑. 순진.
* **갈꽃**: 한적함. 순진.
* **갈대**: 한적함 쓸쓸함.
* **석류꽃**: 전성기. 번영.
* **샐비어꽃**: 정열. 불타는 사랑.
* **멍게꽃**: 장난.
* **도라지꽃**: 기품. 미소. 보은.
* **과꽃**: 추상.
* **국화**: (흰색) 지조. 정조. 성실. (붉은색) 고상함. (노란색) 실망.
     후회.
* **단풍**: 겸손. 사양. 보류

□ 겨울에 피는 꽃

* **프리지어**: 청순함. 천진난만함.
* **히아신드**: 불행. 겸손한 사랑. 슬픔. 추억.
* **군자란**: 고귀함.
* **포인세티아**: 축복. 영광.
* **칼라**: 맑고 고요함. 환희.
* **아마릴리스**: 허식. 허영. 자만.
* **시네라리아**: 쾌활함.
* **시클라멘**: 의심. 의혹. 질투. 수치.

□ 사철 있는 꽃

* **소나무**: 지조. 영원. 불멸. 장수.
* **판손이나무**: 교활함. 기만.
* **카네이션**: (흰색) 정절. (붉은색) 연모. 사모.
* **제라니움**: 위안.
* **아스파라거스**: 지조. 한결같은 마음.
* **대나무**: 인내. 창조.
* **몬스테라**: 괴이함. 이상함.
* **선인장**: 풍자. 위대함. 인내

■ 올바른 꽃 다루기

꽃은 아름답지만 관리를 잘못하면 오히려 역효과를 내게 된다.

꽃을 올바로 다룰 줄 아는 사람은 한 마디로 '아름다움에 대한 관리 능력'이 있는 사람이다.

꽃과 나무는 일단 자르면 수분 공급이 끊기므로 생리적으로 시들게 된다. 그러므로 꽃을 다룰 때에는 먼저 꽃(식물)에 대한 생리적인 현상을 이해하고 그 특성에 맞추어 적절히 다루지 않으면 안된다. 꽃을 자르게 되면 줄기를 이루고 있는 세포조직이 파괴된다. 또한 모세관이 갑자기 공기를 마시게 되므로 줄기의 영양흡수 작용이 매우 저하된다.

그러므로 가지나 뿌리에서 잘라낸 꽃은 그 자른 부분에 균이나 공기가 닿아서 상하지 않도록 공기를 차단하거나 살균을 한 다음 수분을 계속 공급하여 시들지 않도록 해야 한다. 이 때 특히 꽃이나 꽃잎에 상처가 생기지 않도록 조심해야 한다.

꽃가게에서 꽃을 살 때에는 봉오리진 상태의 싱싱한 꽃을 사는 것이 꽃의 수명이 길고 아름다운 꽃을 사는 비결이다.

직접 꽃을 꺾을 때에는 꺾은 줄기가 수면에 닿는 면적을 넓게 해주기 위하여 줄기의 자르는 각도를 비스듬하게 자르거나 가위집을 내어 자르도록 한다. 꽃을 자르는 시간은 이른 아침 해가 뜨기 전이나 흐린 날을 택하고 직사광선이나 바람 등을 피하여 꽃의 수분을 빼앗기지 않도록 한다. 일단 꺾거나 자른 꽃은 물에 잠기게 해두어야 하며, 물은 깨끗한 것으로 자주 갈아주도록 한다.

꽃을 가지고 다닐 때에는 자른 줄기 부분에 습기가 떨어지지 않도록하고, 종이에 싸서 꽃잎이 아래로 향하게 든다.

꺾거나 자른 꽃을 꽃병에 꽂을 때에는 자연미를 살려서 꽂되 신선한 물을 자주 갈아주어 꽃이 부패되지 않도록 유의한다.

꽃다발을 만들 때에는 가급적이면 꽃의 키가 작은 것을 선택하는 것이 꽃의 수명도 오래가고 아름답다. 꽃다발을 남에게 증정할 때에는 꽃얼굴이 바로 되게 증정하고, 코사지는 왼쪽 어깨쪽으로 가깝게 하여 꽃잎이 밑으로 향하도록 꽂는다.

상대방에게 꽃을 선물하는 것은 시간과 돈을 절약하면서도 상대방의 기분을 최대한으로 기쁘게 해줄 수 있는 유일한 방법이 아닌가 한다. 상대방을 생각하면서 아름다운 꽃을 다듬고 매만지는 순간의 즐거움은 경험해 보지 않은 사람은 이해하기 힘드리라 믿는다. 꽃가게에 부탁하여 꽃다발이나 꽂꽂이를 만들어도 무방하나. 자기가 스스로 정성을 담아 만드는 것이 훨씬 더 아름다운 선물이 될 것이다.

(2) 선물에 관한 예절

■ 선물의 의의

인간은 어느 때 가장 행복을 느끼는가?

이러한 질문에 대해서 가장 많은 사람들이 누군가에게 '나누어 줄 때'가 가장 행복을 느낀다고 대답했다. 그것은 확실히 맞는 말인 것 같다. 우리는 받는 것 보다는 주는 순간에 더 큰 보람과 행복을 느낀다. 상대방에게 자기의 것을 아낌없이 나누어 준다는 것, 그것은 확실히 아름다운 일이다.

우리는 남을 방문하거나 초대할 때는 곧잘 선물을 마련한다. '받아서 기쁘고, 주어서 가슴 뿌듯한' 건네임이 바로 '선물'의 진

정한 의미일 것이다. 작고 하찮은 것이지만 선물을 주기 위해 포
장하고 있는 순간은 말로 표현할 수 없는 즐거움이 따른다. 이러
한 감정은 인간이라면 누구나 다 느끼는 공통된 감정일 것이다.

그러나 요즈음은 가식적이고 허례적인 선물이나 비즈니스가 계
산된 조건부의 선물이 판을 치는 바람에 순수한 참된 선물의 이미
지를 잃어 가고 있는 것 같아 안타까운 마음 그지 없다.

선물이란 '무조건 주는 것'이다. 돌아옴을 기대하지 않는 마음
의 건네임, 마음속 깊이 느끼고 있는 고마움의 표시가 바로 선물
이다.

그동안 고마웠던 분에게, 어려운 가운데서도 잊지 않고 이끌어
준 분에게, 웃어른에게, 또는 멀리 떨어진 그리운 분에게, 고마움
의 표시로, 축하와, 애도와, 위로의 뜻으로 정성을 모아 보내드리
는 선물이야말로 그 값을 논하기에 앞서 무엇보다 귀중한 것이다.

그러므로 선물에는 반드시 알뜰한 마음과 정성이 담겨 있어야
한다.

■ 효과적인 선물

똑같은 선물이라도 효과있게 할 줄 알아야 한다. 선물을 고를
때에는 상대방의 형편과 환경, 취향, 성격 등을 고려하여야 한다.
노인에게 딱딱한 음식을 선물한다든지, 어린아이에게 술을 선물하
는 것 등은 매우 어처구니 없는 일이다. 또한 의자가 없는 집에 의
자용 방석을 선물하는 것도 무가치한 일이다. 작은 것이라도 상대
방이 꼭 요긴하게 사용할 수 있는 것을 선택하는 지혜가 필요하
다. 물론 상대방을 정확하게 알고 그 뜻에 꼭 맞게 선물을 고른다

는 것은 매우 어려운 일이다.

상대방의 환경이나 형편을 잘 모를 때에는 차라리 소모품(음식이나 과일 등)을 선택하든지, 자기 집이나 자기 고장의 특산물을 선택하는 것이 더 효과적이다.

노인을 염두에 둔 선물은 주로 술이나 담배, 고기, 과일 등이 좋겠고, 젊은 부부를 상대로 한 선물로는 생활용품이나 소모품 등이 바람직할 것이다.

어린아이들을 위한 선물로는 장난감이나 옷, 그림책, 모자나 장갑 등의 실용적인 것이 좋을 것이며, 학생들에게는 학용품이나 책, 또는 운동기구 등이 무난할 것이다.

그 밖에 친구에게는 좋아하는 악세서리나 책, 화장품, 꽃 등을 선물하는 것이 바람직하다고 본다.

선물하는 장소에 따라서도 선물의 내용이 달라진다. 가령, 집으로 찾아갈 때에는 생활용품이 좋겠지만, 사무실 등으로 찾아갈 때에는 사무실에서 사용할 수 있는 사무용품이나 꽃 등을 선물하는 것이 좋을 것이다.

특히 결혼이나 회갑 등에는 사전에 상대방에게 연락하여 같은 물건이 중복되는 것을 피하는 것이 바람직하다.

어떤 경우이든간에 쉽게 상할 염려가 있는 물건은 선물로서 적당하지 못하다. 또한 쉽게 깨질 우려가 있는 물건도 가급적이면 삼가는 것이 좋다. 부피가 크다고 해서 좋은 선물이 되는 것은 아니다. 자기의 형편과 상대방의 형편에 따라 적절한 선물을 선택하는 것이 이상적이다.

선물을 선택할 때 또 한 가지 주의해야 할 것은 결코 부담스러운 물건을 고르지 않아야 한다. 선물이란 어디까지나 기분좋게 주고 받을 수 있는 것이어야 하기 때문이다. 자기의 형편은 몹시 어려우면서도 상대방의 눈치만 살피는 식으로 너무 무리하게 출혈하여 선물을 하게 된다면 결국 온전한 유대관계가 지속되기 어려울 것이다. 그 부담스럽게 준비해 온 사정을 받는 사람이 안다면 그다지 기쁘지만은 않을 것이다.

그러므로 선물은 첫째, 자기의 형편에 알맞은 것(가격면에서)을 선택하되, 같은 값이면 받는 사람에게 유익하고 어울리는 것으로 고르는 것이 가장 효과적인 선물의 선택이라 하겠다.

■ 선물의 적절한 시기

그렇다면 선물은 어떠한 때, 어떻게 보내는 것이 가장 이상적인가? 선물이란 시기에 맞추어 적절하게 보내지 않으면 안 된다. 똑같은 선물이라도 시기가 맞아야 받는 입장이나 주는 입장에서도 그 즐거움을 더 할 수 있는 것이다.

물론 평소 방문시에 가볍게 준비해가는 선물들은 특정한 시기가 있을 수 없겠으나. 축하나 환영, 송별, 위문, 조의 등의 뜻을 전할 경우에는 그 시기를 잘 맞추어야 한다.

생일 선물이나 회갑 선물 등은 그 전날이나 당일에 하는 것이 효과적이며, 멀리 떠나가는 사람에게는 짐을 싸기전에 보내야만 함께 가지고 갈 수 있을 것이다. 특히 비행기로 떠나는 사람에게는 부피 큰 물건보다는 부피가 작고 인상적인 선물을 택하는 것이 바람직하다고 본다. 어제가 생일인데 오늘에야 선물을 보낸다면 그 선물의 효과는 나타나지 않을 것이다. 애써서 마련한 선물을 최대한 효과적으로 보내기 위해서는 반드시 그 시기를 잘 포착해

야 한다. 대부분의 선물은 그 당일이나 전날쯤이 가장 효과적이라
고 생각한다.

■ 선물의 올바른 포장

우리말 속담에 '보기 좋은 떡이 먹기도 좋다' 라는 말이 있다.
같은 내용물일지라도 겉의 포장에 따라서 품위가 달라진다. 아무
렇게나 싸서 들고가는 것 보다는 깨끗한 보자기나 종이로 예쁘게
싸서 정성스럽게 가져가는 것이 한결 받는 사람의 마음을 즐겁게
한다.

예부터 우리 나라에서는 선물을 보낼 때에는 깨끗한 보자기에
싼 후 다시 그것을 함에 넣어 새로운 보자기로 거듭 싸서 정중하
게 보내곤 하였다. 옛 방법이 무조건 절대적이라는 것은 아니지만,
그래도 그 알뜰한 정성만큼은 길이 본받을 만한 것이다.

요즈음에는 화려한 종이와 예쁜 리본으로 아름답게 포장을 한
다. 이 때 포장지는 선물의 내용에 맞는 색상과 디자인을 선택하
는 것이 중요하다. 어린아이에게 보내는 선물일 경우에는 가급적
이면 화려한 포장지를 선택하여 포장하는 것이 효과적이다.

자기가 직접 가지고 가지 못할 경우에는 사람을 시켜서 보내되
간단한 카드를 함께 보내는 것이 바람직한 방법이다.

■ 선물을 받았을 때의 예절

방문객으로부터 선물을 받았을 때는 인사말과 함께 공손히 고
마운 마음을 전하도록 한다. 선물을 준 사람이 윗사람일 경우에는

공손히 받아서 자리에 조심스럽게 놓으며, 손님을 자리로 안내한
다. 친한 사람에게서 선물을 받았을 경우에는 그 자리에서 뜯어보
고 그 기쁨을 나타내는 것도 좋은 일이다. 일단 확인한 선물은 곧
지정된 자리로 옮겨 놓고 손님을 따뜻하게 대접하도록 한다.

선물을 받으면 이쪽에서도 답례로써 선물을 하는 것이 예의이
다. 그러나 무리하여 꼭 답례를 지킬 것 까지는 없다. 선물을 받은
데 대한 고마움을 말과 표정에 가득히 드러내 보이는 것도 하나의
훌륭한 선물이 될 것이다.

하지만 불의의 재난에 대한 위로의 뜻으로 보내온 선물에 대해
서만은 답례를 하지 않아도 무방하다. 그 때에는 받은 선물에 대
한 고마움을 말이나 서신으로서 전달해 주도록 한다.

선물에 대한 답례의 시기는 만남이 끝난 후 손님이 돌아갈 때
하는 것이 가장 효과적이라고 생각한다. 선물을 받자마자 곧장 답
례의 선물을 내어놓는 것은 오히려 상대방을 거북스럽게 만들 우
려가 있다. 그렇다고 해서 상대방이 그날의 일을 까맣게 잊어버릴
때쯤에야 답례를 보내서도 안 될 것이다. 특별한 경우에는 10일
후 쯤 되어서 보내는 예도 있지만, 대개는 헤어질 무렵에 답례를
하는 것이 상례로 되어 있다.

5. 여행과 레저에 관한 예절

(1) 여행에 관한 예절

■ 여행하기 전에 미리 계획을 세운다

문화가 발달되면서 우리의 생활은 급속도로 달라지고 있다. 특히 교통 수단의 발달은 지구의 표면을 한결 좁아지게 만들고 있다. 점점 늘어만가는 인구와 보다 넓은 공간에서 꿈을 키워보려는 현대인들은 많은 여행을 계획하고 실천하면서 생활해 나아가고 있다.

여행에는 아무런 목적이 없는 단순여행도 있을 수 있지만, 대부분은 목적을 가진 여행이 많다. 목적이 없는 여행이란 한 마디로 '방황'일 뿐이다.

여행을 목적에 따라 분류한다면 대강 다음과 같은 몇가지로 대별할 수가 있다. 즉, 연구답사여행, 관광여행, 수학여행, 봉사를 목적으로 하는 여행, 휴양을 목적으로 하는 여행, 기념일을 위한 여행, 위문 또는 방문을 위한 여행 등이다.

여행은 사람을 보다 원대하게 만들어 준다. 자기 고장에서는 체험하지 못한 새로운 세계와 넓은 환경을 접하면서 우리는 우리의 존재를 다시 한 번 인식하게 된다. 말이나 글을 통하여서만 배워오던 것들을 실제로 보고 체험할 수 있는 귀중한 순간을 우리는 여행을 통해서 만나게 된다.

따라서 여행을 할 때에는 반드시 여행과정을 메모해 두는 것이 좋다. 여행 중에 인상 깊었던 일들도 하나의 추억으로 남을 수 있겠지만, 또 한가지 여행 중에 신세를 진 사람들을 기억하여 그 고마움을 전하기 위해서라도 여행과정의 기록은 꼭 필요하다.

보다 즐겁고 효과적인 여행을 하기 위해서는 미리 성실하고 치밀한 계획을 세울 필요가 있다. 여행목적에 따라서 행선지와 일정이 짜여져야 한다. 관광여행이나 휴양을 목적으로 하는 여행일 경우에는 준비된 비용과 여행할 수 있는 날짜 등을 고려하여 행선지를 정한다. 연구 답사나 수학여행일 경우는 목적 달성을 먼저 계산한 후 행선지를 정하고 거기에 맞추어서 경비와 날짜를 정한다.

여행계획의 하나로서 빼어놓을 수 없는 한가지는 목적지에 대한 지식(역사적, 문화적, 지리적인 내용, 기후, 생활실태, 특산물, 물가 등)을 사전에 갖추어 두는 것이 목적달성에 큰 영향을 미친다는 사실이다.

행선지가 정해지면 여행일정표를 작성한다. 출발할 날짜와 시간, 그리고 목적지에 도착하는 시간과 숙소에서의 일정과 관광 또는 답사 등에 관한 일정을 짜임새있게 계획하여 실천에 옮긴다. 일정표를 작성할 때는 아울러 경비지출 문제도 알뜰하게 계획을 세우는 것이 좋다.

숙소는 체류할 일정과 인원수 등을 고려하여 미리 예약을 하도록 한다. 차표나 비행기표 등은 가급적이면 왕복표를 미리 구입하여 두는 것이 훨씬 경제적이며 안전하다. 만약 도중에 계획이 변경될 경우에는 지체없이 예약한 모든 사항들을 취소해야 한다. 자기 자신의 작은 실수가 때로는 여러 사람의 기분을 언짢게 한다는 사실을 잊어서는 안 될 것이다.

■ 소지품 점검

여행을 떠나기 전에는 반드시 소지품을 점검해 보아야 한다. 여행 중에 필요한 것은 빠짐없이 준비하되, 가급적이면 부피가 적도록 요령있게 간추린다.

여행에 필요한 소지품으로서는 겉옷과 속옷, 양말, 세면도구, 화장품, 비누, 손수건, 빗, 간단한 약품과 소화제, 필기용구, 수첩, 우표, 엽서, 지도, 잠옷, 책, 라디오, 카메라, 우산 등을 들 수 있다.

여행일정표는 꼭 가족에게 알려두고 수시로 엽서나 전화를 걸어 안부를 전하는 것이 집안 식구들의 걱정을 덜어주는 일이 된다. 여행중의 복장은 되도록 간편하고 활동적인 차림으로 입는 것이 좋다. 옷감의 색깔도 가급적이면 화려한 색깔보다는 더러움을 덜 타는 수수한 색으로 선택하는 것이 효과적이다.

■ 기차 여행

장거리 여행으로서는 기차 여행이 가장 적합하다고 할 수 있다. 차창으로 바깥 경치를 구경할 수도 있고, 비교적 넓은 차내에서 옆자리의 손님과 이야기를 주고 받으며 여행기분을 만끽할 수도 있다.

기차에 오르면 자기 좌석을 찾아 옆자리나 주위의 자리에 먼저 탄 손님에게 인사를 한 후에 짐을 선반에 올려놓고 자리에 앉도록 한다.

여행중에 차창을 여닫는다든지 브라인더를 내리고 올릴 때는 항상 옆자리의 손님과 의논을 한 후에 행하도록 한다. 여행은 가장 자연스럽게 사회를 배울 수 있는 기회이다. 따라서 자기 혼자만의 생각이나 자기 위주의 일방적인 행동은 금물이다. 차 안에서 음료수나 과자 등을 먹을 때에는 꼭 옆자리의 손님에게도 함께 들기를 권하는 것이 좋다. 음식을 다 먹고난 후에는 반드시 껍질을 모아 쓰레기통에 버리도록 한다. 흔히 의자 밑이나 차창 밖으로 과자 껍질이나 빈병을 버리는 사람들이 있는데, 이것은 문화인의 큰 수치가 아닐 수 없다.

차안에서도 항상 옷차림은 단정히 하도록 하고, 식당차는 정해진 시간에 이용하도록 한다. 식장차를 이용할 때에는 코트나 모자 등은 벗고 가는 것이 편리하다. 식사중의 대화는 가급적이면 소리를 낮추어서 하는 것이 주위 사람들에게 피해를 덜 주게 된다.

기차 여행중에 사용하게 되는 화장실이나 세면대 등의 공공시설은 청결하게 사용하도록 하고, 정차 중에는 사용하지 않는다.

차안에서 큰소리로 노래를 부른다든지, 고함을 지르는 행위는 다른 사람에게 피해를 주게 되므로 삼가해야 한다.

여행 도중에 사고가 생겼다든지 환자가 발생했을 경우에는 즉시 차장에게 연락하여 필요한 조치를 취할 수 있도록 한다.

■ 버스 여행

버스 여행시 주의하여야 할 일은 질서를 지키는 일이다. 오르고 내릴 때에는 반드시 차례를 지켜 순서대로 타고 내린다. 장시간을 버스 안에서 보내야 하는 경우에는 몸이 피로하지 않도록 편한 자세로 의자에 앉아서 몸을 기댄다. 그러나 옆사람에게 피해를 주거나 기분을 언짢게 하는 자세는 삼가해야 한다.

차창밖의 경치를 구경하는 것은 기차보다는 덜 낭만적이만 그래도 안내원의 설명을 주의깊게 듣고 그 지방의 풍속과 역사를 이해할 수 있도록 노력한다면 즐거운 여행이 될 수 있을 것이다.

장거리 버스인 경우에는 대개 도중에 휴게소에서 10여분 동안 휴식을 취하게 된다. 휴게 시간에는 정해진 시간 내에 용무를 마치고, 곧장 차에 올라 차가 예정 시각에 떠날 수 있도록 협조한다. 만약 단체 여행인 경우에는 절대로 개인적인 행동은 삼간다. 자기 한 사람 때문에 많은 사람들이 피해를 입는다는 사실을 기억해야 한다.

버스에 오를 때에는 특히 화재의 위험이 있는 물질은 삼가해야 한다. 작은 부주의가 돌이킬 수 없는 사고를 불러 일으킬 수도 있기 때문이다.

이 밖에 차창 밖으로 얼굴이나 손을 내미는 행동은 금물이다.

■ 비행기 여행

기차나 버스 여행과는 달리 비행기 여행은 출발 날짜, 시간, 행선지, 비행기 번호 등을 미리 예약하지 않으면 안 된다. 바람이 심하다든지, 일기가 고르지 못할 때에는 출발을 보류하는 것이 현명한 방법이다. 급한 용무로 꼭 떠나지 않으면 안 될 경우라면 미리 떠나는 것이 기일을 지킬 수 있는 안전한 방법이다.

공항에는 한 시간쯤 전에 미리 도착하여 수속을 밟아야 한다. 특히 외국으로 여행을 떠날 때에는 비행기표와 여권, 비자, 검역증명서 등을 모두 갖추어서 짐을 부치는 일과 출국신고 등을 하고 개찰을 하면 들어간다.

비행기 안으로 올라가서 자리에 앉을 때에는 옆 자리의 손님에게 가벼운 인사를 한 후에 자리에 앉도록 한다. 소지품 중에 가벼운 것은 선반에 얹고, 무거운 것은 자리 옆이나 의자 밑에 정리해 둔다. 소지품을 놓을 때에는 반드시 주위 사람에게 불편을 주지 않나를 확인한 후에 놓도록 한다.

비행기 안에서는 스튜어디스의 안내를 잘 지키고, 승무원이 설명하는 구명대 사용법을 자세히 알아둔다. 즐거운 여행이 되도록 기내의 청결과 밝은 분위기를 유지하며, 차멀미를 하는 사람은 미리 멀미약을 복용한다.

장시간 여행을 할 때에는 의자를 비스듬하게 눌러놓고 잠을 잘 수도 있다. 이 때에도 역시 옆사람에게 피해를 주지 않도록 유의한다. 화장실은 깨끗하게 사용하도록 하며, 기내에서는 라디오를 틀지 않는다.

그밖에 의문나는 점이 있을 때는 스튜어디스에게 물어서 협조를 구하도록 한다. 반드시 이륙 전에 안전벨트를 단단히 매고, 착륙이 완전히 끝난 다음에 안전벨트를 풀도록 한다. 내릴 때에는 소지품을 잘 정리한 후에 순서대로 내리면서 인사를 하는 것이 예의이다.

■ 배 여행

기차나 버스, 또는 비행기와는 달리 배를 타고 여행하는 것도 매우 의의있는 일이다. 구름 위를 빠르게 날아가는 비행기 창밖의 경치보다는 끝없이 넓고 푸른 바닷물을 헤치며 섬과 섬 사이를 지나고, 항구와 항구를 이어나가는 배여행은 다소 시간이 걸리는 불편함은 있으나 다른 여행에서는 느낄 수 없는 새로운 자연의 아름다움을 만날 수가 있다.

여객선이 바다위를 떠가는 것은 마치 호텔이 하나 물위를 떠가는 것과 같다. 그러므로 배안에서의 예절은 호텔에서 지키는 예절과 같다. 선실 이외에서는 반드시 구두를 신고 정장을 해야 하며, 자기 등급의 선실에서 허락된 곳만 다녀야 한다.

배가 항구에 정박 중이거나 운하를 지나갈 때에는 바다에 오물이나 쓰레기를 버리지 않아야 한다.

배로 여행을 할 때 주의해야 할 것은 특히 건강관리이다. 육지가 아닌 바다 위에서 오랫동안을 생활해야 하기 때문에 자칫 잘못하면 건강을 버리기가 쉽다. 항상 주위를 청결하게 유지하도록 힘써야 하며, 소지품관리나 주위 사람들과의 원만한 인간 관계를 유지하는 데에도 소홀히 하지 말아야 한다.

(2) 레저에 관한 예절

■ 공원에서

날이 갈수록 공원의 필요성은 절실해지고 있다. 특히 요즘처럼 공기 오염이 심해지고 있는 시대에는 시원한 바람과 상큼한 공기를 마음껏 마실 수 있는 푸른 숲의 공원이야말로 사막의 오아시스처럼 귀중한 곳이 아닐 수 없다.

문화가 발달한 나라일수록 공원의 규모도 클 뿐만 아니라 시설과 환경정리도 잘 되어 있다. 이것은 바로 이러한 시대에 살고 있는 현대인에게 정신적인 위안과 육체적인 피로를 조금이라도 덜 어 주려는데 그 의의가 있는 것이다.

따라서 공원을 이용하는 시민들은 자기 집 정원을 아끼듯이 공 원의 공공시설을 아끼지 않으면 안 된다. 공원은 항상 깨끗한 공 기와 맑은 물, 그리고 푸른 숲이 항상 우거질 수 있도록 모두가 다 노력하지 않으면 안 된다.

공원에 조성되어 있는 잔디밭에는 함부로 들어가지 말아야 하 며, 나무를 꺾는다거나 휴지를 함부로 버리는 일 등은 철저히 금 해야 한다. 또한 공원은 먹고 마시고 노는 장소가 아니다. 대낮 부터 술에 취하여 비틀거리며 공원을 걷는 모습을 보인다든지, 음식을 먹고난 후 포장지나 껍질 등을 여기저기 함부로 버리는 행위는 현대인의 크나큰 수치가 아닐 수 없다. 휴지나 오물은 반 드시 휴지통을 찾아서 갖다 버리도록 해야 한다.

공원의 특색은 조용한 산책의 공간이라고 해도 과언이 아니 다. 때로는 명상에 잠겨서 한편의 싯귀를 떠올릴 수도 있으며, 때로는 조용히 앉아서 삼라만상의 흐름을 관조할 수도 있다. 그 러므로 공원에 갈 때에는 무엇보다도 남에게 방해가 되지 않도 록 질서와 조용함을 지켜야 한다. 공원의 시설물은 질서있게 이 용하고 아낄 줄 알아야 한다. 여러 사람이 함께 오래도록 즐겁게 사용할 수 있도록 스스로가 노력하지 않으면 안 된다.

■ 극장에서

여가 선용의 하나로서, 또한 레저 이용의 하나로서 빠뜨릴 수 없는 것이 극장 출입이다. 단순한 시간 보내기가 아닌 레저 이용

으로서 극장엘 갈 경우에는 사전에 프로그램에 관한 예비지식을
갖추고 가는 것이 바람직하다.

가령, 오늘 상영하는 영화가 외화(外畵)일 경우에는 감독이 누
구이며, 주연이 누구인지 정도는 알고 관람하는 것이 효과적이다.
만약 오페라일 경우에는 작곡자나 원작자, 지휘자, 내용 등에 관한
정보를 미리 알고 가는 것이 좋다.

극장 안은 다른 어떤 곳보다도 공기가 탁해지기 쉬운 곳이므로
담배를 피운다든지 먼지나 소음을 내는 행위는 일체 삼가해야 한
다. 꼭 담배가 피우고 싶거든 휴게실이나 화장실을 이용하여 피우
도록 한다. 또한 휴대폰은 전원을 꺼놓던가 아니면 부득이한 경우
소리가 나지 않게 무음이나 진동으로 놓는다.

영화가 시작되었거나 오페라의 막이 오른 후에 극장에 도착했
을 때에는 관람석 안으로 들어가지 말고, 다음 차례를 기다렸다가
들어가든지, 아니면 막이 끝난 후 다음 막이 오르는 틈을 이용하
여 들어가도록 한다. 관람석 안으로 들어갈 때에는 다른사람에게
방해가 되지 않도록 고개를 숙이고 몸을 낮추어 들어가서 지정된
자리에 조용히 앉는다. 관람 도중에 옆사람과 대화를 하게 되면
다른 사람의 관람에 방해가 되므로 이 점도 유의해야 한다.

■ PC방에서 지켜야 할 예절

PC방이 진정한 의미의 정보화를 이끌어나가는 전초 기지의 역할을 충실히 하기 위해서 우리가 지켜야 할 규칙들에는 어떤 것들이 있을까?

1. 컴퓨터를 사용한 다음에는 정상적으로 종료한다. ― 이것은 뒤에 사용하는 사람들에 대한 배려일 뿐만 아니라 공동으로 사용하는 컴퓨터의 수명을 늘이는 방법이기도 하다.
2. 함께 쓰는 공간임만큼 정숙한다. ― 다른 사람의 작업에 방해가 되지 않게 한다.
3. 사용한 뒤엔 사용 전과 동일한 상태가 되도록 깔끔하게 정돈한다. 또한 내려받은 프로그램이나 데이터는 자신의 디스켓에 옮긴 뒤 휴지통에 버려 비운다.
4. PC방 안에서 자장면 등 음식물을 시켜 먹지 않는다. ― 냄새는 물론 실내 분위기를 흐트러뜨린다.
5. PC방을 이용한 뒤엔 자신이 사용한 자리 주변의 쓰레기는 정리한다. ― 과자 봉지와 부스러기가 떨어져 있고 낙서 종이가 아무렇게나 널브러져 있다면 다음 사용자가 불쾌감을 느낄 것이다.
6. PC방에서 게임을 한다거나 음악을 틀어 놓을 때 너무 크게 틀어 놓지 않는다.
7. 담배를 피워 다를 사람들이 간접 흡연의 피해를 입지 않도록 해야 한다.
8. 친구들과 자리가 멀리 떨어져 있다고 해서 수시로 돌아다니지는 것은 상대방을 방해하는 행위이다.

9. 게임 도중에 마음대로 되지 않는다고 해서 험한 말이나 욕설을 하지 않는다.

10. 핸드폰은 진동으로 해놓는다.

11. 다른 사람이 컴퓨터하는 것을 자꾸 쳐다보는 것은 불쾌감을 주는 행위이다.

12. 더러운 손이나 이물질이 묻은 손으로 키보드나 마우스를 사용해서는 안 된다.

■ 유원지에서

유원지는 일종의 공원이다. 그러나 공원은 다만 사람들이 조용히 앉아서 쉰다든지, 산책을 하는 곳인 반면에 유원지는 공원보다 놀이의 시설이 다양하고 보다 자유스럽게 활동할 수 있다는 점이다. 따라서 유원지에서는 오히려 인격만 내세우고 점잖을 빼고 있는 것보다는 여러 사람과 함께 어울려서 동심으로 돌아가 즐겁게 노는 것이 바람직하다.

놀이의 흥을 돋구기 위해서 적당히 술을 마시는 것도 나쁘지는 않겠으나 너무 취하게 마신 나머지 주위 사람들에게 피해를 주고 다른 사람의 놀이에 방해를 주는 행위는 금해야 한다. 또한 담배 꽁초나 휴지, 쓰레기, 빈병 등을 함부로 버리지 않도록 한다. 놀 때는 즐겁게 놀아야 하고, 마무리는 청결하게 하도록 하는 것이 예의에 어긋나지 않는 일이다.

■ 등산할 때

산은 우리의 마음과 몸을 한꺼번에 단련시킬 수 있는 최적의 자연레저 시설이다. 산은 말없이 엎드려 있으면서도 인간에게 끝없는 인내와 침묵과 겸손을 가르친다. 산은 인간의 모든 것을 수용하지만, 그러나 인간이 스스로 인간이기를 포기할 때에는 엄중한 벌로써 다스린다. 대 자연의 법칙을 순행시키고 있는 우주의 첨병이라고나 할까?

아무튼 산은 우리 인간에게 침묵으로서 많은 것을 가르쳐 준다. 예고 없이 다가오는 사고와 불의에 습격해오는 갈등과 좌절감, 이런 것들을 이겨내고 극복해 낼 수 있는 지혜와 용기를 산은 우리에게 가르쳐 주고 스스로 깨닫게 해준다.

그러므로 산을 오른다는 것은 심신의 건강 뿐만 아니라 어려움에 대한 노력과 인내, 협조하는 정신 등을 길러준다. 삶에 쫓기고 시달리는 각박한 생활 속에서 벗어나 맑은 공기를 마음껏 둘러 마시며, 자연과 대화를 나눌 수 있다는 것은 참으로 바람직한 일이 아닐 수 없다.

기계와 같은 문명의 피곤한 자극 속에서 벗어나 아름다운 산천과 벗할 수 있는 산행(등산)의 올바른 방법은 무엇인가? 등산을 통하여 보다 큰 효과를 거두기 위해서는 세밀한 계획과 준비가 필요하다. 무엇보다도 건강한 정신과 육체적인 조정, 그리고 뜻이 맞는 몇사람의 팀웍, 등산 코스와 일정, 행동 예정표 등의 준비……

□ 복장

등산을 할 때의 복장은 되도록 활동적인 차림으로 갖추되, 속에는 땀받이 내의로 면셔츠를 입는다. 그 위에 티셔츠(여자는 긴팔 블라우스)를 입고, 겉에는 잠바 차림이 좋다. 바지로는 질감이 부드럽고 질긴 것이 좋다. 청바지 정도면 무난하다고 본다.

태양 광선으로부터 피부를 보호하기 위하여 차양이 있는 모자를 쓰고, 목장갑과 면양말(2켤레 정도) 등도 준비한다. 신발은 목이 긴 농구화와 운동화, 등산화, 등을 신는 것이 몸을 보호할 수 있어서 좋다.

□ 소지품 점검

출발하기 전에는 꼭 소지품을 점검하는 것이 좋다. 손수건, 휴지, 비상의약품(진통제, 항생제, 소독약, 소화제, 지혈제, 가아제, 반창고, 파스, 고무줄, 붕대 등), 선글라스, 쟈켓, 성냥, 필기구, 증명서, 지고, 나침판, 비상식품, 취사 도구, 간식, 플랫, 기타 필수품 등을 가급적이면 부피가 적고 사용하기 쉽도록 정리하여 백에 넣도록 한다. 백은 손에 드는 것보다는 등에 메는 것이 덜 피로하다.

□ 산행에 대한 지식

등산을 하기 전에는 우선 산행에 대한 지식을 갖추어 놓는 것이 좋다.

단 몇 사람의 인원일 지라도 반드시 리더를 정하여, 리더의 지시에 따라서 통일성 있게 움직이지 않으면 안 된다. 리더는 대원들과 상의하여 산행에 따른 시간과 규칙을 미리 정하도록 한다.

산행에 있어서의 모험은 금물이며, 걸어가는 속도로 서로 상의하여 보조를 맞추는 것이 낙오자를 방지하는 하나의 방법이다.

앞뒤의 사람은 서로 너무 떨어지지 않도록 하며, 항상 적당한 거리를 유지하는 것이 좋다. 산을 오르는 도중에 특히 주의하여할 것은 나무를 꺾거나 돌을 아래로 굴리지 말아야 한다는 것이다. 산행 도중에 음식을 먹거나 물을 너무 많이 마시면 오히려 갈증이 더 나게 되고 땀이 많이 나며, 피곤이 빨리 오게 된다. 평소에 땀을 많이 흘리는 사람은 산행 전에 소금을 한두 알 먹어두는 것도 갈증을 예방하는 한 가지 방법이다.

산행 도중에 너무 덥다고 하여 옷을 벗거나 너무 오랫동안 살갖을 내어 놓는 일은 좋지 않다.

□ 밥짓기와 뒤처리

산행에서의 즐거움 중에 빼어놓을 수 없는 하나가 식사 시간이다. 특히 산행에서는 스스로 밥을 지어서 먹는다는 그 스릴과 즐거움이 새로운 기분을 가져다 준다.

식사 재료는 산에서 편리하도록 집에서 미리 손을 봐서 가져가도록 한다. 적당한 때가 되면 깨끗한 물이 나오는 곳을 골라서 땅이 평평한 곳에 취사 도구를 설치한다. 바람을 막을 수 있는 곳에 버너를 피우고 식품과 식기구는 깨끗한 물에 씻어서 청결하게 한다.

불을 피우는 동안에는 특히 산불이 나지 않도록 조심해야 하며, 나무를 함부로 자르지 않도록 한다. 식사가 끝난 후에는 뒤처리를 깨끗이 하고, 쓰레기는 구덩이를 파고 묻도록 한다.

□ 산행 중에 지켜야 할 예절

등산은 심신을 단련하는데 더 없이 좋은 레저이지만, 자칫 부주의하면 불의의 사고를 당할 위험도 있다. 따라서 산행 중에는 꼭 규칙과 예의를 지켜 즐겁고 유쾌한 여행이 될 수 있도록 하여야겠다.

산행 중에 지켜야 할 예절을 살펴보면 다음과 같다.

ㄱ) 산에 오를 때에는 남녀 단 둘만의 등산은 가급적 피하도록 한다. 혼자서 산에 오르는 것도 위험하며, 꼭 3명 이상이 그룹을 지어 가도록 한다.

ㄴ) 미리 규칙과 리더를 정하고, 그 규칙과 리더의 명령에는 절대 복종하도록 한다.

ㄷ) 자기가 맡은 일은 최선을 다해서 지키도록 하다. 등산은 일종의 팀웍이므로, 개인적인 행동 보다는 전체적인 분위기에 조화를 이루도록 노력하는 것이 중요하다.

ㄹ) 위아래의 예의를 지킨다. 윗사람은 아랫사람을 아껴주고, 어려운 일은 윗사람이 먼저 나서서 해결하도록 하며, 아랫사람은 윗사람을 충분히 보좌하도록 해야 한다.

ㅁ) 가급적이면 모든 소지품은 한 백에 넣도록 한다. 그리고 아무리 작은 것일지라도 자기의 소지품을 다른 사람에게 맡기지 않는다. 고되고 힘들더라도 자기의 소지품은 끝까지 자기가 책임을 진다.

ㅂ) 산행 중에 물을 쓸 때에는 상류로부터 음료수를 뜬 후, 식료품 씻기, 그릇 씻기, 세수, 손발 씻기의 순서로 한다. 세수를 하거나 손발을 씻는 사람이 식료품이나 그릇을 씻는 사

람보다 상류로 가지 않도록 한다.

ㅅ) 산에서는 남녀 노소의 구별이 없이 모두가 다 자기의 맡은
바 소임을 다하도록 한다.

이상과 같은 몇 가지의 유의 사항을 충분히 지킨다면 보다 즐
거운 산행이 될 수 있을 것이다.

■ 바다에서

여름이 되면 빼어 놓을 수 없는 피서지가 바로 바다이다. 신문
을 비롯한 모든 매스컴에서는 날마다 해수욕장에 모인 사람들의
수를 보도하기 바쁘다. 그러나 과연 그 붐비는 인파들이 얼마만큼
유쾌하고 즐겁게 바다의 낭만을 만끽하고 돌아왔는지는 의문이다.

바다에서의 예절, 그것은 인간이 자연을 얼마나 사랑하고 아끼
느냐의 척도라고 본다. 바다의 품에 안겨서 바다를 마음껏 만끽하
기 위해서는 바다를 이해하고 조심하는 마음 가짐도 필요하다고
본다.

해수욕 중이라고 해서 바닷가를 수영복 차림으로 걷는 사람들
이 많은데, 이것은 예의에 어긋난다. 반드시 비치 가운은 입도록
한다.

바다에서는 특히 노출된 부분이 많으므로 남의 몸에 오래도록
시선을 주는 행위 등은 피해야 한다. 남성들 중에는 수영복을 입
은 여성이 지나가면 마치 무슨 품평회라도 하듯이 그 육체를 요모
조모로 뜯어보는 사람이 있는데, 이는 매우 점잖치 못한 행동이다.
남녀가 함부로 모래밭에서 뒹굴거나 텐트 안에서 함께 드러누워
있는 것을 다른 사람에게 보이는 것은 매우 좋지 못하다.

바다에 들어갈 때에는 준비운동을 충분히 하고 수영금지 구역 표시가 되어있는 곳에는 들어가지 않도록 한다. 물 속에서 심한 장난을 치는 것도 위험한 일이니 삼가도록 한다. 자기 혼자만을 위한다는 생각은 금물이다. 항상 주위 사람들을 의식하고, 여러 사람에게 피해를 줄 수 있는 행동은 삼가도록 해야 한다.

■ 수영장에서

옛날과는 달리 요즈음은 실내 수영장이 많이 늘어나면서 수영 인구가 확대되어가고 있다. 여름은 물론 한겨울에도 수영을 즐길 수가 있게 되었다. 심폐기능 강화와 전신운동의 이점을 가지고 있는 수영은 특히(실내 수영장일 경우) 장소가 한정되어 있으므로 규칙과 예의를 철저하게 지키지 않으면 안 된다.

푸울에 들어가기 전에는 얼굴과 손발을 씻고 들어가야 한다. 하루 종일 밖에서 돌아다니다 보면 얼굴과 손발이 불결해지기 쉽다. 만약 그대로 푸울 속으로 들어가서 수영을 하게 되면 자연히 푸울 안의 물은 더러워지게 될 것이다.

여자의 경우는 수영장에 들어가기 전에는 반드시 화장기를 지우도록 하며, 푸울 속에 들어갈 때에는 수영모를 착용하도록 해야 한다.

수영도중 몸이 차가와지거나 춥다고 느껴지면 즉시 물속에서 나와야 하며, 물속에서 소변을 보는 행위는 엄금해야 한다.

여성의 경우 너무 과다 노출도 좋지 않다. 다른 사람을 희롱하는 행위도 역시 인품에 어긋나는 행위이다. 너무 멋을 낸다고 목걸이나 귀중품 등을 그대로 몸에 찬 채 수영을 하는 것도 좋지 않

다. 술을 마시고 함부로 아무데나 드러누워 있는 행위 등도 삼가
해야 할 예의 중의 하나이다.

6. 공공장소에 관한 예절

■ 도서관에서

인간에게 배움이 있는 한 도서관의 이용은 필요하다. 도서관은
책을 빌려볼 수 있는 대출 장소도 되지만, 마음놓고 책을 읽을 수
있는 안전한 장소이기도 하다. 일반 사회인에게는 교양의 축적지
이며, 배우는 학생들에게는 학문의 창고가 바로 도서관이다. 여러
사람이 함께 이용하는 장소인 만큼, 도서관에서는 적어도 다음과
같은 몇 가지 사항 만큼은 지켜야 한다.

ㄱ) 도서관에서는 항상 정숙한 분위기가 되도록 소리를 내지 않
   아야 한다. 휴대폰 사용은 금하고 걸어 다닐 때에는 발소리
   가 나지 않도록 발끝으로 걷도록 하며 문을 여닫을 때에는
   손에 힘을 주어 소리가 나지 않게 한다. 의자소리, 책장 넘
   기는 소리 등도 나지 않도록 신경을 쓴다.

ㄴ) 도서관에 들어가기 전에는 손을 씻도록 한다. 더러워진 손
   으로 책을 만지면 책이 지저분하게 된다. 책을 사랑하고 아
   끼는 마음이 없이는 도서관을 올바로 이용할 자격이 없다고
   본다.

ㄷ) 도서관의 규칙을 지키도록 한다. 정해진 절차에 따라 수속

을 밟고, 규칙에 따라 도서관을 이용하도록 한다.

ㄹ) 남의 책을 보는 도중에 함부로 책장을 떼는 일, 책장을 접는 일, 책에 밑줄을 긋는 일 등은 엄금해야 한다.

ㅁ) 도서관 안에서는 친구와 잡담을 하는 일이 없어야 한다. 껌을 씹는다든지, 주판을 놓는 일 등은 주위 사람에게 피해를 주게 되므로 삼가해야 한다. 소리를 내어 책을 읽는 일 등도 삼가해야 한다.

ㅂ) 도서관에서 빌린 책은 되도록 깨끗하게 보존하도록 하고, 책장사이에 연필이나 노트 등을 끼워서 책 모양에 변화가 생기지 않도록 한다.

ㅅ) 잘못하여 책을 훼손 하였다든지 분실하였을 때에는 즉시 계원에게 연락하여 조치를 취할 수 있도록 한다.

ㅇ) 도서관에서 빌린 책은 기간 내에 반드시 반환하도록 해야 한다.

ㅈ) 항상 계원의 지시에 따라 행동을 조심하도록 하고, 다른 사람에게 피해가 되지 않도록 유의한다.

■ 병원에서

병원 역시 대표적인 공공 시설에 속한다. 특히 병원은 심신이 나약한 환자들이 드나드는 곳이므로 공중 도덕을 철저히 지키지 않으면 안 된다. 서로가 남을 이해하고 남을 위하여 노력할 때 우리의 삶은 한결 명랑해질 것이다.

요즈음은 병원의 수효가 엄청나게 많아졌으나, 이를 이용하는 환자의 수효도 더욱 많아져서 개인 병원이든 종합 병원이든 환자들과 그 가족들로 초만원을 이루지 않는 곳이 없다. 병원마다 많은 환자를 돌보기 위한 의사나 간호원, 사무원들이 많이 있으나, 그 업무가 쫓기다 보면 일일이 환자나 방문객들에게 다 만족을 줄 만큼 서비스가 충분하지 못하다. 뿐만 아니라 환자의 진료나 입원 수속도 까다롭고 복잡하여 시간이 매우 오래 걸리는 일도 많다. 그러므로 대단한 인내심을 갖지 않는 한 오히려 병원에서 마음의 병을 얻는 경우도 생긴다고 한다.

이처럼 시간이 많이 걸린다고 해서 새치기를 한다거나, 병원에 아는 의사가 있다고 하여 남보다 늦게 도착하여 남보다 우선적으로 일을 보고 가는 파렴치한 행위를 해서는 안 된다.

병원에 들어설 때에는 먼저 마음의 안정과 여유를 갖는 일이 필요하다. 느긋하게 참고 기다릴 줄 아는 인내심이야 말로 자기 자신은 물론 남을 위해서도 필요하다. 항상 차례를 지키고, 의사나 간호원이 묻는 말에는 또박또박 대답을 하고, 진찰을 기다릴때에는 여러 사람이 함께 기다릴 수 있도록 자리를 너무 넓게 차지하지 말아야 한다.

병원 안에서는 큰 소리로 떠들거나 웃지 말아야 한다. 대화를 나눌 때에도 조용조용한 목소리로 다른 사람에게 피해를 주지 않도록 해야 한다. 병원은 그 어느 곳보다도 조용한 분위기와 청결한 환경을 요구하는 곳이다 따라서 주위는 항상 깨끗하게 정리될 수 있도록 노력해야 하며, 남에게 자극을 주는 언동은 삼가해야 한다.

담배를 피울 때에는 반드시 휴게실이나 복도 등에서 피우도록 하며 환자에게 영향을 미칠만한 곳이나 금연 구역에서는 절대로 담배를 피우지 말아야 한다. 침이나 쓰레기를 버릴 때에는 꼭 쓰레기통을 이용하고, 가급적이면 밝은 표정을 짓도록 노력한다.

상대방이 불친절하다고 해서 자기까지 불친절해서는 안 된다. 병의 70%는 마음에서 비롯된다는 말을 항상 염두에 두어야겠다.

■ 은행에서

공중 도덕의 절실함을 실감하는 또 한 곳이 바로 은행이다.

사실 은행을 이용하는 사람들은 모두 문화인이라고 할 수 있다. 그러나 은행 창구에서 용무를 보는 대다수의 사람들의 행동을 보면 도저히 문화인들이라고 믿어지지가 않는다. 한 마디로 질서 의식이 너무나 결여되어 있다.

창구에서 자기 이름을 부르려면 아직도 멀었는데도 혹시 창구 직원이 도망이라도 칠까봐 겁이 나는 사람 모양 창구 테이블에 착 달라 붙어서 한 발자욱도 양보하지 않는 사람들이 많다. 조용히 순서대로 접수를 시킨 후 번호표를 받아쥐면 이미 그것으로서 자기의 차례는 정해진다. 제아무리 창구 앞에 바싹 붙어 있는다 하더라도 자기 차례가 앞당겨지는 것도 아니다. 멀찌감치 물러나 있어도 때가 되면 은행원이 자기의 이름(또는 번호)을 부른다. 그때 앞으로 나가도 늦지 않다.

그러나 우리의 현실은 아직 그와 같은 여유가 없는 것 같다. 서로가 조금이라도 빨리 일을 보려고 안달이다. 불필요한 초조감은 사고를 유발시킬 확률이 많다. 특히 은행은 현금을 취급하는 곳이므로 돈관리에도 신경을 써야 한다. 창구에서 받은 돈은 일단 그곳에서 헤아려본 후 소중하게 간직하도록 한다. 그 때 만약 돈의 액수가 틀리든지 통장의 잔고가 틀릴 경우에는 즉석에서 은행원에게 이야기하여 조치를 취하게 한다. 은행원에게 이의를 제기할 때에는 조용한 목소리로 또박또박하게 말하며, 너무 큰 소리로 떠들어대지 않도록 한다.

■ 시장에서의 예절

시장은 인간의 삶이 가장 적나라하게 나타나는 곳이다. 마치 인생의 축소판이라고 할 만큼 시장의 분위기는 살아있다. 이 세상의 온갖 재물이 다 모여드는 곳이기도 하다.

우리는 시장을 통하여 생활 필수품을 팔고 산다. 온갖 부류의 사람들이 다 모여드는 곳이 바로 시장이다. 그런만큼 시장은 항상 왁자지껄하고 생기가 넘쳐 흐른다.

이와 같이 시장은 필요한 사람들이 모여들어 물건을 사고 파는 곳이므로 어떤 지정된 법률이 있는 것이 아니라 '이런 경우는 이렇게 한다'고 하는 인습적인 규범이 자연스럽게 지켜지고 있는 곳이기도 하다. 그러므로 시장에서 물건을 사고 팔 때에는 항상 공정하고 즐겁게 거래를 하지 않으면 안 된다.

까다로운 흥정은 사는 쪽은 물론 파는 쪽도 골탕을 먹게 된다. 그러므로 물건을 살 때에는 꼭 필요한 것만을 골라서 사되, 너무 집요하게 물건값을 깎으려고 하지 말 일이다. 파는 사람도 역시 손님에게 항상 친절함을 보여 주어야 한다. 일단 흥정이 이루어지면 기분좋게 사야 하고 한 번 산 물건은 크게 흠이 없는 한 다시 바꾸지 말아야 한다.

시장에서는 사람들이 항상 붐비기 마련이므로 소지품 관리에 주의하여야 하며, 질서를 지켜서 길을 오가도록 한다. 이 사회의 밝은 분위기는 항상 자기 자신의 하기에 달려 있다는 것을 염두에 두어야 한다.

■ 공중 목욕탕에서

공중 목욕탕은 많은 사람들이 번갈아가며 들어가서 몸을 씻는 곳이다. 공중 목욕탕을 찾는 목적은 바로 청결이지만, 어떤 때는 그 목적이 무색해지는 때가 있다. 많은 사람들이 함부로 씻어낸 더러운 때가 그대로 목욕탕의 욕조 속에 녹아들어 있고 지저분한 바가지 등의 비품을 그대로 쓰지 않으면 안 될 때가 있다.

그러므로 공중 목욕탕에서는 특히 모든 비품을 청결하게 사용할 수 있도록 노력하지 않으면 안 된다. 먼저 탈의실에서는 옷에서 먼지가 나지 않도록 조심스럽게 옷을 벗고 입는다. 분실되기 쉬운 물건은 주인에게 맡겨놓는 것이 안전하다.

욕조 안에 들어가기 전에는 반드시 몸을 씻고 들어가도록 한다. 욕조 안에서는 몸을 문지르거나 때를 벗기지 않는다. 욕조 안에서는 그대로 가만히 앉아 있다가 몸이 불으면 조용히 나오도록 한다. 욕조 밖에서 물에 불린 때를 밀 때에도 옆의 사람에게 피해가 가지 않도록 유의해야 한다. 더러 보면 옆에 있는 사람은 생각지도 않고 일어서서는 물을 죽죽 퍼붓는 얌체같은 사람이 있는데, 이러한 일은 삼가해야 한다.

목욕을 마치면 자기가 쓰던 비품은 깨끗이 씻어서 제자리에 갖다놓고 주위를 청결하게 정리한 다음에 탈의실로 나온다. 탈의실에 나오면 몸에 묻은 물기를 수건으로 깨끗이 닦아낸다. 이 때, 젖은 수건을 아무 곳에나 내려놓지 않도록 한다. 다른 사람이 눈살을 찌푸릴만한 언동은 절대로 삼가도록 한다. 아름다운 인품 속에서 질서있는 행동이 싹틀 수 있다는 진리를 기억하기 바란다.

■ 공중 화장실에서

'그 나라의 문화의 척도를 알고 싶거든 그 나라의 공중 화장실을 가보라' 는 말이 있다. 진실한 문화는 보이지 않는 곳에서 이루어진다는 것을 강조한 말이기도 하다. 아무튼, 공중 화장실은 많은 사람이 출입하기 때문에 더러워지기 쉬우므로 그 어느 곳보다도 주의를 요하는 곳이기도 하다.

화장실은 청결하고 아름답게 관리되어져야 하며, 사용하는 사람 역시 청결을 유지할 수 있어야 한다.

공중 화장실에서 지켜야 할 예절을 살펴보면 다음과 같다.

ㄱ) 공중 화장실을 사용할 때에는 반드시 사용중인지를 확인하고 문을 열도록 한다.

ㄴ) 화장실을 사용중에는 반드시 잠그도록 하고, 사용 후에는 주위가 더럽혀지지 않았나를 확인하고 나오도록 한다. 주위가 더러워졌을 때에는 자기가 깨끗이 정리하여 다음에 사용하는 사람이 기분좋게 사용할 수 있도록 한다.

ㄷ) 용변은 바른 자세로 보도록 하고, 수세식 변소인 경우에는 반드시 휴지를 사용하도록 한다. 사용 후에는 물을 틀어서 충분히 흘러 내려가도록 한다.

ㄹ) 화장실의 거울앞에 너무 오랫동안 서있는 것은 다른 사람에

게 방해가 되므로 피하도록 한다.

ㅁ) 다른 사람에게 방해가 되는 행위는 삼가도록 한다.

7. 전화의 예절

(1) 전화를 걸 때

■ 먼저 자기를 밝힌다.

우리의 생활에서 전화만큼 요긴한 통신수단도 없을 것이다. 급한 일이나 연락을 취해야 할 때 일일이 방문하여 일을 처리한다면 어떻게 될까? 이런 때 사용하는 전화야말로 문명이 낳은 최고의 이기(利器)임에는 틀림이 없다.

그런데 전화는 상대방의 얼굴을 직접적으로 보지 않기 때문에 자칫 소홀하기가 쉽다. 하지만 얼굴은 보이지 않지만 목소리만 듣고도 누구인가를 금방 알게 된다. 전화는 한 마디로 소리의 얼굴인 것이다. 따라서 전화를 사용할 때에는 거기에 알맞은 예절을 지켜야 한다. 전화를 걸때에는 먼저 자기가 누구인가를 밝혀야 한다.

더러는, 무조건 전화를 해놓고는 자기는 누구인지 밝히지도 않은 채 상대방의 신원만을 확인하려 하는 몰상식한 사람이 있다. 전화를 걸었으면 먼저 자기가 누구라는 것을 밝힌 후, 상대방을 호출해야 한다. 상대방이 나오면 무슨 일로 전화를 걸었는지를 밝히는 것이 예의이다. 자기가 누구인지를 밝히기도 전에 상대방의 신원부터 묻는 것은 예의에 어긋나므로 삼가해야 한다.

■ 미리 전화내용을 준비한다

전화를 걸기 전에 미리 전화할 내용을 준비하는 것도 전화를 효과적으로 사용하는 하나의 방법이다. 무조건 전화 다이얼을 돌려 놓고는 무슨 말부터 해야 좋을지 몰라서 주춤거리는 사람이 많은데, 이는 서로의 시간만을 낭비하는 일이 될 뿐이다. 그러므로 이 편에서 먼저 전화를 걸 때에는 미리 전화의 용건을 메모해서 정리한 후에 상대방에게 전화를 걸어서 필요한 용건을 계획적으로 말한다면 보다 신속하고 요령 있는 대화가 이루어질 수 있을 것이다.

■ 상대방의 시간을 고려한다

전화를 걸 때는 먼저 상대방의 입장을 생각해보고, 상대방이 비교적 한가한 시간을 택하여 전화를 걸도록 한다. 제아무리 반가운 사람이라 할지라도 한창 바쁜 때에 걸려온 전화는 별로 반갑지가 않다.

또한 부득이한 사정으로 전화를 받기 거북한 때도 있는 법이다. 가령, 직장에서 결재를 받는 시간이라든지, 가정에서 한창 설거지를 하고 있을 때라든지, 이런 시간은 되도록 피하는 것이 좋다. 상대방이 나쁘지 않은 시간이여야만 전화로 차분하게 대화를 나눌 수가 있고, 전화를 건 목적을 달성할 수가 있을 것이다.

그러나 상대방이 한가한 시간을 택한다고 하여 한밤중에 전화를 해서는 안 된다. 하루의 일과를 마친 후 피곤한 몸을 휴식하며 잠을 청하고 있을 때 갑자기 울리는 전화벨 소리는 그다지 유쾌한 것이 못된다. 적어도 밤 10시 이후에는 가급적이면 전화를 걸지 않는 것이 좋다.

■ 잡음이 심할 때의 전화 예절

전화를 걸었을 때 혼선이 되었거나 잡음이 유난히도 심할 때가 있다. 이런 경우, 어떤 사람은 상대방이 전화 목소리를 알아듣거나 말거나 무조건 자기의 할 말만 지껄이는 사람이 있다. 또 어떤 사람은 혼선이 되었거나 잡음이 들리면 다짜고짜 수화기를 놓아 버리는 사람도 있다. 어떤 경우이든간에 전화의 예절을 모르고 있다고 밖에 얘기할 수 없다.

전화를 걸었을 때 혼선이 되었거나 잡음이 심하면, 반드시 상대방에게 미안하다는 인사말과 함께 다시 걸겠다는 말을 한 후에 수화기를 놓았다가 다시 걸도록 한다. 잡음이 심한 가운데서도 계속 대화를 하게 되면 상대방은 이쪽의 대화 내용을 잘 알아듣지 못하여 자꾸만 재차 묻게 된다. 그렇게 되면 서로가 피곤해지게 된다. 결국 이쪽에서는 이익될 게 하나도 없다. 전화는 항상 먼저 건 쪽이 약자라는 사실을 기억해야 한다.

■ 말은 간명하고 밝게

전화를 사용할 때의 말은 되도록 간명하고 밝은 음성으로 하는 것이 좋다. 전화 목소리를 들어보면 의외로 발음이 뚜렷하지 않은 사람이 많다. 자기 자신은 그것을 모르고 있지만 상대방으로서는

여간 답답한게 아니다. 자기의 목소리를 직접 들을 수 없으므로
자칫 소홀해지기 쉬운 일이다. 평소부터 명확한 발음연습을 하지
않으면 결국 말의 습관이 되어버릴 수도 있으니 주의해야 한다.

자기 자신의 발음이 평소에 좋지 않다고 느끼는 사람은, 전화를
걸 때에는 입모양을 바르게 하고 천천히 또박또박하게 말하는 습
관을 들이도록 한다. 특히 동음이의어(同音異議語)나 유사한 말,
전문용어, 숫자 등 알아듣기 어려운 말은 더욱 신경을 써서 천천
히 말하도록 한다. 그래도 상대방이 잘 알아듣지 못할 경우에는
다른 말로 바꾸어서 설명하도록 한다.

또한 전화는 얼굴을 대하지 않고 목소리로만 대화를 나누므로
잘못하면 오해하기가 쉽다. 사실은 그렇지도 않은데 목소리가 너
무 어두운 탓으로 상대방의 기분을 곡해하는 경우가 생길 수도 있
는 것이다. 그러므로 전화로 이야기를 할 때에는 항상 밝고 명랑
하게 하지 않으면 안 된다. 전화는 소리의 얼굴이라는 사실을 다
시 한 번 기억해 두기 바란다.

(2) 전화를 받을 때

■ 벨이 울리면 즉시 받는다

전화를 걸었을 때 상대방이 한참만에야 수화기를 드는 경우가
있다. 이런 때에는 이유야 어떻든간에 기분이 별로 상쾌하지가
않다.

전화벨이 울리면 즉시 받아야 한다. 전화는 신속을 목적으로 하

는 공공물(公共物)이다. 전화벨리 오래도록 울리는 것을 방치한다는 것 자체가 곧 전화에 대한 방해이다. 전화를 건 쪽은 항상 상대방이 나와서 일을 빨리 끝내고 싶은 심정이라는 것을 기억해야 한다.

만약 급한 용무로 손님과 이야기를 나누고 있는 중이라면 손님에게 잠깐 양해를 구하고 전화를 받도록 한다. 전화벨이 두 번 세 번 울릴 때까지 받지 않는다는 것은 전화 예절에 어긋나는 일이다.

■ 먼저 자기쪽을 밝힌다

전화가 걸려오면 즉시 수화기를 들고 먼저 자기가 누구라는 것을 밝히도록 한다. '네, ○○과 ○○○입니다' 하고 자기 편을 먼저 밝힌 후 상대방의 신원을 확인하도록 한다. 수화기를 들고도 '여보세요, 어디십니까?' 하고 상대방의 신원만을 캐묻는 행위는 상대방에게도 실례가 될 뿐만 아니라 시간적으로도 비능률적이다. 이쪽에서 상대방의 신원을 먼저 묻게 되면 상대방은 '네, ○○○의 ○○○인데요, 실례지만 누구십니까?' 하고 되묻게 된다. 그러면 이쪽에서도 그 때에야 '네, ○○○의 ○○○입니다만, 무슨 일이십니까?' 하고 말하게 된다.

처음에 아예 이쪽에서 먼저 신원을 밝히면 상대방에서 재차 묻는 시간이 절약된다. 전화는 한가한 시간에 여가를 적절히 이용하기 위해서 필요한 놀이 도구가 아니다. 바쁜 시간을 보다 효과적으로 이용하기 위해서 존재하는 공공물이다. 자기의 시간도 절약해야 되겠지만 상대방의 시간도 절약해 줄줄 아는 마음의 여유도 가져야 할 것이다.

■ 펜과 메모지를 준비한다

전화의 통화는 빠르고 정확하게 이루어져야 한다. 따라서 전화기 옆에는 항상 필기구와 메모지를 준비해 두는 것이 바람직하다. 전화벨이 울리면 왼손으로 수화기를 들고 오른손으로는 펜을 들도록 한다. 통화중에 메모를 해두어야 할 경우에는 곧장 메모를 할 수 있어야 한다.

통화를 하다말고 '저, 죄송합니다. 잠깐만 기다려 주세요. 메모용지를 준비하겠습니다' 하고, 상대방의 말을 가로막는 사례가 있어서는 안 될 것이다. 통화중에 거침없이 메모가 되고 중요한 용건이 기록이 된다면 당신의 업무 능률은 한결 더 향상될 것이다.

■ 잘못 걸려온 전화에 대한 예절

전화를 받다보면 잘못 걸려온 전화도 많다. 바쁜 일과속에서 허덕이다 보면 잘못 걸려온 전화는 확실히 귀찮다. 그렇다고 해서 무조건 짜증섞인 목소리로 상대방을 힐난한다든지 무뚝뚝하게 끊어버려서는 안 된다.

잘못 걸려온 전화라는 것을 친절하게 가르쳐 주도록 한다. 무조건 '아닙니다' 하고 끊어버리게 되면 상대방은 다이얼을 잘못 돌린 줄로 착각하고 다시 걸게 된다. 그러므로 이쪽편 전화 번호를 확인시켜주며, 상대방이 전화번호를 잘못 알고 있음을 주지시켜 주어야 한다. 이럴 때에는 차분하고 부드러운 목소리로 친절하게 가르쳐 주는 것이 상대방에게도 좋은 인상을 남기게 된다.

■ 전화를 늦게 받았을 때

부득이한 사정으로 전화를 늦게 받았을 경우에는 곧 사과를 하도록 한다. '네, OOO입니다. 기다리게 해서 죄송합니다' 하고 일단 사과를 한 후에 본론으로 들어가도록 한다. 통화중에 '잠깐만 기다려 주세요' 하고 상대방을 기다리게 했을 때에는 '오래 기다리게 해서 죄송합니다' 하고 정중하게 사과를 한 후에 용건을 말하도록 한다.

전화벨 소리가 한참을 울린 후에 겨우 수화기를 들고도 전화벨 소리가 귀찮다는 식으로 미안하단ㄴ 말 한 마디 없이 전화를 받는 사람을 보면 웬지 한심한 생각이 든다. 전화도 일종의 비즈니스이다. 작은 실수가 인간관계를 손상시키기도 하고, 일순간의 소홀함이 두고두고 후회하게 만들기도 한다. 전화를 끊고 나서 후회하는 것은 이미 때가 늦다. 평소에 차분하게 통화를 할 수 있도록 노력하는 일이 무엇보다 중요하다.

(3) 전화를 끊을 때

■ 건 쪽에서 먼저 끊는다

전화는 건 쪽에서 먼저 끊어야 한다. 전화의 용건이 필요한 사람은 건 쪽이다. 그런데 몇 마디 용건을 듣고 나서는 곧장 '네, 알

았습니다' 하고는 받은 쪽에서 먼저 전화를 끊어버리는 사람이 있다. 상대방은 아직 용건이 다 끝나지도 않았는데 받은 쪽에서 성급하게 끊어버린 것이다. 이런 경우, 전화를 건 사람은 다시 전화를 걸기도 쑥스럽고, 그냥 두자니 용건이 미흡하고, 여간 씁쓰레하지 않은 것이다.

그러므로 전화는 항상 건 쪽에서 먼저 끊는 것이 상례이다. 받은 쪽에서는 건 쪽에서 수화기를 완전히 놓는 것을 확인한 후에 조용히 수화기를 내려놓도록 한다.

통화 중에 부득이하게 전화가 끊겼을 때에는 전화를 건 쪽에서 다시 거는 것이 예의이다. 그때 전화를 받은 쪽에서는 수화기를 놓고 다시 걸려오기를 기다리고 있으면 되는 것이다.

■ 간단하고 따뜻한 작별 인사를

전화의 용건이 끝나면 작별 인사를 하게 된다. 용건만을 다 말하고 나서는 번개같이 전화를 끊어버리는 사람이 있는데, 그런 사람이라면 결코 세상에서 성공할 수가 없을 것이다. 제아무리 전화가 용무를 위한 기계라고는 하지만 그러한 행위는 너무나도 인정머리가 없는 몰상식한 행위이다. 아무리 바빠도 '실례했습니다' 또는 '그럼 안녕히 계십시오' 하는 작별 인사 정도는 하고 나서 전화를 끊도록 해야한다. 상대방이 자기보다 윗사람일 경우에는 반드시 상대방이 수화기를 놓는 것을 확인한 후에 조용히 수화기를 놓도록 한다. 상대방에게 건방지다든가, 경솔하다는 인상을 주지 않도록 유의해야 한다.

(4) 올바른 통화의 예절

■ 남에게 걸려온 전화를 받았을 때

자기에게 걸려온. 전화가 아니라고 해서 함부로 취급해서는 안 된다. '여보세요, 죄송합니다만 ○○○씨좀 부탁합니다'라고 하는 전화를 받고도 마냥 수화기를 책상위에 올려놓는 무책임한 사람도 있다. 그런 사람일수록 자기 전화는 알뜰히 챙긴다. 전화를 건 쪽에서는 초조하게 기다리고 있다는 사실을 잊어서는 안 된다.

남에게 온 전화라고 하여 '○○씨 전화받으세요' 하면 그만인 줄로 생각하고, 상대방이 들었거나 말았거나 신경도 쓰지 않고 자기할 일만 하고 있는, 인간미라고는 찾아볼 수 없는 사람이 있다. 남에게 걸려온 전화라도 친절하게 받아서 찾는 사람에게 정확하게 전달해 주어야 한다.

본인이 수화기를 받아들때까지는 처음에 받은 사람이 책임을 져야 한다. 그때 만약 본인이 다른 전화를 받고 있거나 당장 전화를 받을 수 없는 입장일 경우에는 '지금 ○○○씨가 통화중이오니 잠깐만 기다려 주시겠습니까?' 하고 정중하게 말하고 상대방으로 하여금 기다리게 한다.

상대방이 급한 듯하면 '제가 대신 전해드리면 안될까요?' 하고 친절하게 물어보는 것도 좋은 일이다. 상대방이 직접 기다렸다가 본인하고 통화하기를 원한다면 본인에게 책임지고 전달하여 전화를 바꾸어 주도록 해야 한다.

■ 남의 전화로 불러낼 때

전화를 빌려서 거는 경우가 있다. 이때 전화를 너무 오랫동안 사용하지 않도록 한다. 또한 상대방의 전화가 아닌 다른 사람의 전화로 상대방을 불러내어 바꾸어 달라고 할 경우에도 아주 급한 용무가 아니면 함부로 걸지 않는다.

더러 보면 '여보세요, 거기 옆방(또는 건넌방)에 사는 ○○네 좀 바꾸어 주세요' 하고 단도직입적으로 상대방을 호출하는 사람이 있다. 아주 얌체족이 아닐 수 없다.

남의 전화로 부득이하게 상대방을 불러낼 때에는 정중한 태도로 '여보세요, ○○동이지요? 폐를 끼쳐서 죄송합니다. 그 옆방에 사는 ○○네 좀 부탁드릴까요?' 하고 부탁한다면 받는 사람도 곧 협조를 하게 될 것이다. 이때 만약 상대방이 호출되어 통화가 이루어졌을 때에는 되도록 간단하게 용건만을 말하고 빨리 전화를 끊도록 한다. 이쪽에서 남의 전화로 이야기하고 있는 사람은 마치 바늘 방석에라도 앉은 기분으로 전화를 받고 있다는 사실을 알아야 한다.

■ 본인이 없을 때

전화를 받아야 할 사람이 부재중일 때에는 무조건 '지금 안계시는데요' 하고 전화를 끊을 것이 아니라 '지금 안계시는데요, 무슨 용건이신지 들어오시는대로 전해드리면 안될까요?' 하고 상대방의 의향을 물어본다. 그리고 상대방이 전해주는 용건을 정확하게 메모하여 본인에게 틀림없이 전해주도록 한다.

　전화를 건 사람이 누구인지도, 또 무슨 용건으로 전화를 했는지
도 모르면서 전화를 받을 사람에 대해서 너무 많은 얘기를 하는
것은 좋지 않다. 가령, '그 분은 지금 어떠어떠한 일로 어디에 나
가셨는데요……' 하는 따위이다. 개인적인 프라이버시에 저촉되는
사항이라든지, 사생활에 관계되는 일은 일체 입밖에 내지 않는 것
이 예의이다.

■ 비밀스런 이야기는 직접 만나서 하라

　흔히 전화에 대고 비밀스런 이야기를 함부로 내뱉는 사람들이
있다. 말하는 사람은 느끼지 못하지만 듣는 사람은 여간 난처한
게 아니다. 요즈음은 전화기의 감도가 좋아서 송화기나 수화기로
부터 1～2m 떨어진 곳에서도 전화의 목소리를 엿들을 수가 있다.
'야, 너 어제 그 바보같은 남자 있잖니, 그 남자가 글쎄……' 하는
식의 이야기라든지, 전화 통화를 하고 있는 중에 옆에서 작은 소
리로 '야, 그 바보같은 남자가 또 전화했니?' 하는 등의 이야기는
곧장 송수화기를 통해서 상대방에게 전달된다. 전화를 걸 때나 받
을 때 특히 주의하여야 할 사항이다. 특히 남의 단점이나 별명같
은 것은 절대로 입밖에 내지 않도록 한다.

(5) 삼가해야 할 전화 예절

■ 용건이 긴 경우

전화는 아주 편리한 통신 수단임에 틀림없다. 그러나 그 성질상 전화로는 부적당한 용건이 있다. 용건의 내용이 긴 경우이다. 복잡한 사정이 얽힌 이야기나 장시간 대화를 나누지 않으면 안 될 경우에는 전화 통화가 부적당하다. 그런 경우에는 직접 만나서 이야기하는 것이 좋다. 상대방을 별로 탐탁지 않게 생각하는데도 혼자서만 떠들어댄다고 해서 일이 성사되는 것은 아니다. 전화는 편리한 이기(利器)이지만 잘못 사용하면 역효과를 낸다는 사실도 알아야 한다.

■ 부탁이나 문안의 경우

남에게 무슨 용건을 부탁한다든지, 문안인사를 드릴 경우에는 전화가 부적당하다. 그런 때에는 직접 찾아 뵙고 용건을 자세하게 설명하는 것이 더 효과적이다. 부탁을 하면서 전화로만 얘기를 하면 상대방은 이쪽의 심정을 제대로 이해하지 못할 것이다. 또한 문안인사를 드리면서 전화로만 말씀을 드리는 것은 '건방지다'는 인상을 주게 된다.

■ 사과할 때와 오해를 풀어야 할 때

잘못된 일에 대한 사과를 해야 할 때는 오해를 풀어야 할 때는 전화가 부적당하다. 잘못된 일에 대한 해명을 전화 한 통화로 끝내려고 한다면 상대방의 노여움만을 더 사게 될 것이다. 또한 서로가 오해를 하고 있을 때, 이를 풀기 위해서는 직접 대면해서 이야기를 하는 것이 효과적이다. 전화로 제아무리 떠들어대어 보았자 오해가 풀리기는 어려울 것이다.

■ 내용이 부적당한 때

전화로 이야기하기가 부적당한 경우는 이 외에도 많다. 감정을 표현할 때는 전화가 적합하지 않다. 얼굴을 마주하고 서로가 표정을 살피면서 대화를 나누는 것이 효과적일 때에는 전화로 통화를 하지 말고 직접 만나서 대화하도록 한다.

자칫 소홀하기 쉬운 것이 전화 예절이다. 그런 만큼 인격의 척도가 되어 상대방으로부터 불의의 평가를 받게 되기 쉬운 것도 또한 전화예절이다. 따라서 평소부터 전화예절에 관한 습관이 몸에 배일 수 있도록 노력해야 한다.

제 **7** 장

연중행사에 관한 예절

1. 국민의례

■ 국기(國旗)에 대한 예절

국기는 나라의 얼굴이다. 국기에는 그 나라 민족의 얼이 담겨 있다. 나라가 겪어온 수난과 영광의 온갖 역사가 국기에는 담겨 있는 것이다. 우리 나라의 국기는 태극기이다. 태극기에는 우리 나라의 역사와 우리 겨레의 전통과 얼이 담겨져 있다. 태극기는 우리 민족을 대표한다. 우리는 우리 민족의 전통과 얼을 상기하면서 날마다 우리의 국기인 태극기에 대하여 경의를 표한다.

나라를 대표하는 국기는 어느 무엇보다도 소중히 다루지 않으면 안 된다. 국기를 소중하게 여기고 경건하게 다루는 것은 곧 자기의 민족과 국가를 소중하게 여기고 경건하게 대하는 것과 같은 것이다. 그러므로 우리는 우리의 국기인 태극기에 대하여 참으로 소중하게, 경건한 마음으로 국기에 대한 예의를 지키지 않으면 안 된다.

□ 태극기의 유래

우리 나라의 국기인 태극기가 처음 만들어지게 된 것은 1882년 8월이었다. 당시 수신사(修信使)로 일본에 건너가게 된 박영효(朴永孝)가 배 안에서 우리 나라를 상징하고 대표하는 국기를 만들어 사용할 것을 결정하고 태극과 사괘로 국기를 만든 것이 그 시초였다.

박영효는 일본 코오베에 이르러 태극기를 옥상에 처음으로 게양하였다. 이것이 우리 나라의 국기인 태극기가 탄생하게 된 역사이다.

박영효가 태극기를 만든 그 이듬해인 1883년 음력 1월 27일 태극기를 국기로 사용할 것을 왕명으로 정식 발표하였다. 이로써 태극 도형이 우리 나라 국기의 기장(旗章)으로서 확정되었던 것이다.

그러나 그 당시의 태극기는 다만 태극을 가운데 두고 그것을 중심으로 한 네 모퉁이에 건(乾)·곤(坤)·감(坎)·이(離)의 사괘를 배치한 것이었다. 그 구체적인 도식(圖式)과 확고한 규격을 확정한 것은 그로부터 훨씬 뒤의 일이었다.

1948년 8월 15일 대한민국 정부 수립을 보게 되었고, 그 이듬해인 1949년 1월 4일에 당시의 이승만 대통령은 우리 나라의 국기로서 통용될 수 있는 통일된 국기를 만들어 쓰도록 지시하였다. 이와 같은 지시에 따라 그해 1월 7일 국무회의에서 국기제정 위원회를 구성할 것을 의결하였고 이를 문교부에 위촉하였다.

이리하여 1949년 10월 15일 국가에서는 처음으로 국기 제작 방법을 발표하였고, 그 다음해인 1950년 1월 25일 이를 개정 발표함으로써 우리 나라의 국기는 비로소 확정된 규격과 도안으로 그 모습을 드러내게 되었다.

그 후 1950년 5월 16일 국기에 대한 경례법을 발표하였고, 1966년 4월 25일 국기 게양 방법을 개정 발표(국기 게양 방법의 처음 발표는 1950년 1월 6일)하였다. 이리하여 국기에 대한 국민의 자세와 그 존엄성에 대한 국민의식을 국가적인 차원에서 드높이도록 하였다.

□ 태극기의 뜻

태극은 역학(易學)에서 말하는 우주 만물이 생긴 근원인 본체

(本體)이다. 다시 말하면 하늘과 땅이 아직 나뉘기 전의 세상 만물의 원시(元始)상태로 이 세상의 모든 물건은 이 이치에서 생겨난 것이다. 또한 이 모든 사물(事物)은 서로 대립해서 존재하는 것으로 태극에서 음과 양의 두 기운이 생겨났다. 따라서 양은 하늘(天)에 비유할 수 있고 음은 땅(地)에 비유할 수 있으며, 밤낮에 비교하면 양은 낮이요 음은 밤이 되는 것이다.

음과 양은 계속해서 서로 돌고 도는데 양이 돌아서 다하면 음이 돌고 음이 돌아서 다하면 양이 돌아 매우 신비로운 변화를 일으킨다.

우리 나라 국기인 태극은 이러한 생성과정을 통하여 이루어지는 진리를 나타낸 것으로 태극의 원(O) 모양은 음과 양의 작용을 통일되게 조정하는 것을 나타낸 것이고 태극의 원에서 청과 홍으로 분류해 놓은 것은 음과 양의 변화에서 이루어지는 끝없는 순환의 법칙을 나타낸 것이다.

그러므로 태극의 음과 양은 국가와 민족의 영원한 발전과 창조적 의지를 표현한 것이고, 태극의 원은 이를 통일되게 조정하는 것을 나타내고 있다.

네 개의 괘도 마찬가지로 음과 양으로 되어 있으며 이은선(-)은 양을 나타내고, 끊어진 선(--)은 음을 나타낸다.

≡은 하늘을 나타내는 것으로 건(乾)이라 하고, ≡≡은 땅으로 곤(坤)이라 한다. ≡는 불을 나타내는 것으로 이(離)라고 하고 ≡≡은 물로서 감(坎)이라 한다.

이렇게 네 개의 괘는 태극과 함께 질서 정연하게 움직여서 만물을 생성하고 발전하게 하는 뜻이 담겨 있다. 이(離)·감(坎)괘는 우리 민족의 광명 정신을 상징하고 있으며, 건(乾)·곤(坤)의

괘는 우리 나라의 영원 무궁한 발전을 상징하고 있다. 이상 태극기의 각 부분이 나타내고 있는 뜻은 다음과 같다.

① 흰색 바탕(□): 평화를 상징
② 태극(○): 단일과 통일을 상징
③ 음과 양(◉): 창조
④ 이 · 감 괘 (☲ · ☵): 광명의 세계를 상징
⑤ 건 · 곤 괘 (☰ · ☷): 영원 무궁한 발전을 상징

□ 국기를 게양할 때와 게양하는 방법

국기는 동쪽에서 아침 해가 돋을 무렵에 달아야 하며 저녁 해가 질 무렵에 내려야 한다.

단, 특별한 행사가 있을 때에는 그 행사 때에만 다는 경우가 있다. 이 때는 식순에 따라 다는 것이 원칙이지만 식장이 실내일 경우에는 미리 식이 시작되기 전에 달며 행사가 끝나면 바로 내린다.

□ 국기에 대한 경례

국기를 게양할 때와 내릴 때에는 바른 자세로 서서 경례 또는 주목을 한다.

국기가 이미 게양되어 있을 때에는 오른손을 왼편 가슴에 대고 모자를 썼을 경우에는 모자를 벗어서 왼쪽 가슴에 대고 국기를 주목한다. 제복 제모의 차림일 경우에는 반드시 거수 경례를 한다.

걸어가는 중에 국기를 게양하거나 내리는 것을 보게 되면 걸음을 멈추고 바른 자세로 서서 경례 또는 주목을 한다.

국기가 자기 앞을 지나갈 때는 경례 또는 주목을 한다.

옥내외의 집회나 어떤 행사에서 국기에 대하여 경례를 할 때에

는 주변에 있는 사람들은 물론 차 안에 타고 있던 사람들도 모두 내려서 엄숙하게 국기에 대해서 경례 또는 주목을 해야 한다.

□ 국기의 취급과 보관

국기를 게양할 때는 기폭을 거꾸로 다는 일이 없도록 주의해서 양(빨강)건(≡)이 위로 가게 달아야 하며, 국기를 맬 때에는 위에서부터 매고 풀 때에는 아래서부터 푼다. 국기를 풀었으면 땅에 닿지 않게 양쪽에서 잡고 깨끗하게 털어서 세로로 두 번 접은 다음 가로로 두 번 접어서 깃봉과 함께 국기함 또는 종이 봉지 속에 잘 넣어 일정한 장소에 보관한다. 국기를 보관하고 있는 곳은 온 가족이 반드시 말고 있어야 한다.

경축 행사나 행렬을 할 때에 종이로 만든 수기(手旗)가 땅에 떨어지거나 더럽혀지지 않도록 주의한다. 만약 땅에 떨어져 있거나 찢어져 있을 경우에는 바로 주워서 불에 태운다.

또 국기를 오래 사용하여서 낡았으므로 못쓰게 되었을 경우에도 반드시 불에 태운다.

그리고 해가 서산에 넘어 갔는데도 국기를 내리지 않거나 비를 맞히는 일이 있어서는 안 된다. 교실이나 사무실 정면에 액자에 넣어 걸어 놓은 국기도 항상 먼지를 털어서 깨끗이 보관해야 한다. 이 밖에도 국기는 항상 정중한 마음가짐으로 소중히 다루어야 한다.

□ 국기에 대한 벌칙

우리 나라는 1953년 9월 18일 법률 제293호로 개정 공포한 형법에 다음과 같이 그 벌칙을 규정하고 있다.

제105조[국기 · 국장(國章, 국기 · 육해군기 · 공사관 휘장 등)의 모독] 대한민국을 모욕할 목적으로 국기 또는 국장을 손상(떨어지게 함) 제거(없애버림) 또는 모욕(더럽히고 욕되게 함)한 자는 5년 이하의 징역이나 금고 10년 이하의 자격정지 또는 10만원 이하의 벌금에 처한다.

제106조[국기 · 국장의 비기(誹譏)] 대한민국을 모욕할 목적으로 국기 또는 국장을 비기(誹譏)한 자는 1년 이하의 징역이나 금고 5년 이하의 자격정지 또는 4만원 이하의 벌금에 처한다.

제109조[외국의 국기 · 국장의 모독] 외국을 모욕할 목적으로 그 나라의 공용에 공하는(이바지하는)국기 또는 국장을 손상 제거 또한 모욕한 자는 2년 이하의 징역이나 금고 또는 6만원이하의 벌금에 처한다.

이와 같은 벌칙은 내국인에게 한정하지 않고 외국인에게도 적용되며 우리 나라의 주권이 미치는 영역은 물론 주권이 미치지 않는 국외에서 발생한 행위에 대해서도 똑같이 적용된다.

우리는 이러한 벌칙에 관계없이 존귀한 국기에 대하여 우리 나라의 국기나 외국의 국기에 상관없이 국기는 항상 소중히 다루고 공경하는 마음을 지니도록 하여야 한다.

■ 애국가에 대한 예절

□ 애국가의 유래

우리 나라 국가의 애국가를 작곡한 사람은 안익태이다. 그러나 작사자는 누구인지 확실하게 알려져 있지 않다.

서재필이 독립신문을 발행한 후 개화 사상에 영향 받은 자주 독립 사상과 자아를 일깨워주는 내용의 개화시를 발표했으며 이러한 개화시가 애국가의 시초가 되었다. 1896년 11월 21일 독립문 정초식(獨立門定礎式)에서 애국가가 처음으로 불리워졌다. 이 때의 애국가는 윤치호(尹致昊)가 작사를 했으며, 당시 배재학당의 음악 교사인 번커어가 자기 나라인 영국의 민요곡을 붙여서 불렀다.

성자 신손 오백 년은 우리 황실이요,
산고 수려 동반도는 우리 본국일세,
(후렴)무궁화 삼천리 화려 강산,
대한 사람 대한으로 길이 보전하세.

이것이 그 당시에 부른 애국가의 가사이며 그 후렴이 오늘날 우리가 부르는 애국가의 후렴과 똑같은 것을 볼 수가 있다.

오늘날 우리가 부르고 있는 애국가의 작사자에 대해서는 윤치호설과 안창호설의 두 가지 설이 있다. 그러나 1896년 윤치호가 지은 애국가의 후렴과 오늘날 부르는 애국가의 후렴이 똑같다는 점과 윤치호 작품의 '찬미가집'에 수록되어 있는 애국가가 오늘날 우리가 부르는 애국가와 같다는 점이 윤치호 작사설에 유력한 증거로 제시되고 있어 윤치호가 작사한 것이 아닌가 생각된다.

한편 당시 애국가 제4절의 '임금을 섬기며……'를 '충성을 다하여……'로 수정한 것은 1950년 '도산 안창호 전기전집'에 안창호가 수정한 것으로 되어 있어서 작사자에 대한 확실한 자료가 아직 없다.

이렇게 지어진 애국가는 아일랜드 민요곡에 곡을 붙여서 불리어 오다가 안익태에 의해서 새롭게 작곡이 되어 오늘날의 애국가가 되었다.

안익태(安益泰)는 1905년 평양에서 출생했으며 일본과 미국 그리고 유럽으로 건너가 음악 공부를 하였다. 애국가는 1937년 오스트리아 비인에서 작곡을 하였으며 1948년 8월 15일 대한민국 정부 수립과 함께 국가(國歌)로서 채택 되었기에 이르렀던 것이다.

□ 애국가의 뜻

1900년대 초 외세(外勢)의 각축 속에서 나라의 운명이 크게 기울어진 것을 보고 위기를 극복하여 기어이 자주 독립을 하고자 하는 온 국민의 뜨거운 열망이 애국가를 낳게 하였다.

제1절은 우리 나라의 영원한 발전을 기원하고 있으며,
제2절은 나라를 위하고, 꿋꿋하게 지켜온 조상들의 용감하고
          씩씩한 기개(氣槪)를 나타내고 있으며,
제3절은 나라를 위하는 충성을 말하고 있으며,
제4절은 애국 애족의 결의를 나타내고 있다.
후렴은 우리 배달 민족의 희구(希求)와 다짐을 나타내고 있다.

이렇게 숭고한 뜻을 가지고 있는 애국가를 통하여 조상의 커다란 뜻과 얼을 되새겨 국가 발전과 민족 번영을 위해서 힘써야 할 것이다.

□ 애국가에 대한 예절

애국가는 나라를 사랑하는 조상의 얼과 민족의 기원과 국민의 다짐이 깃들인 경건한 노래이다. 그러므로 우리가 참으로 나라와 민족을 아끼고 사랑한다면 애국가를 국기와 마찬가지로 소중하게 생각하고 경건하게 기릴 것이다.

애국가의 곡에다가 다른 가사를 붙여서 부르는 것은 예에 어긋난다. 애국가를 부를 때에는 항상 경건한 마음으로, 바른 자세로 명랑하고 엄숙하게 불러야 한다. 길을 걸어가다가도 애국가가 울려오면 발걸음을 멈추고 바른 몸가짐으로 서서 애국가를 봉창하도록 하며, 식사를 하다가도 애국가가 울려오면 수저를 놓고

바르게 일어서서 경건한 마음가짐으로 국가와 민족의 영원한 번영을 기원하여야 한다. 손에 물건을 들고 있다가도 애국가가 울려오면 손에 든 물건을 내려놓고 바르게 서서 역시 경건한 마음으로 애국가가 끝날 때까지 예의를 지켜야 한다. 이러한 자세가 국민으로서 지켜야 할 올바른 자세이다.

■ 국가 원수에 대한 예절

국가 원수는 나라를 대표하는 분이다. 국가원수에 대한 예의를 지키는 것은 곧 나라에 대하여 예를 지키는 것과 같다. 그러므로 우리는 국민된 도리로서 반드시 국가원수에 대한 예의를 갖추어야 한다.

□ 국가 원수에 대한 호칭

① 국가 원수에 대해서는 '각하'라는 존칭을 쓴다.
② 국가 원수의 이름을 함부로 불러서는 안 된다.
③ 대통령과 부인을 함께 부를 때에는 '대통령 각하 내외분'이라고 한다.

□ 국가 원수의 근영을 달 때

① 국기와 함께 국가 원수의 근영을 실내에 걸어 놓을 때에는 실내에 들어서서 바라볼 때 눈에 확 뜨이는 벽면 중앙에 건다.
② 규격은 가로 30cm, 세로 40cm 크기의 액자로 한다.
③ 벽면의 크기에 의해서 액자의 크기를 어쩔 수 없이 다르게

해야 할 경우에는 정해진 규격과 같은 크기의 비율로 한다.

□ 국가 원수에 대한 경례

① 국가원수가 식장에 들어오면 모두 일어서서 바른 자세를 취하고 박수로 환영한다. 국기를 들었을 때는 오른손에 쥐고 국기를 흔든다.
② 식장에서 경례곡이 연주되면 바른 자세로 바라보며 제복차림일 경우에는 거수 경례를 한다.
③ 국가 원수가 축사를 끝냈을 경우에도 바른 자세로 일어서서 바라보며 박수를 친다.
④ 국가 원수가 거리를 지날 때에는 바른 자세로 박수를 치고 국기를 들었으면 오른손으로 흔든다.
⑤ 국가 원수가 개별 접견을 할 때에는 경례하고 바른 자세를 취한다.
⑥ 국가 원수가 출국을 하거나 귀국을 할 때에도 박수를 하거나 국기를 흔든다.
⑦ 국가 원수에 대해 경례를 할 때에는 경건한 마음을 갖는다.
⑧ 외국 원수에 대해서도 국가 원수에 대한 예의와 마찬가지로 최대의 경의를 표한다.

2. 국경일과 기념일

■ 국경일의 의의

국경일이란 법률로 정한 나라의 경사스러운 날이나 사적(事蹟)을 전하여 그 정신(精神)을 길이 기억하여야 할 날이다. 국경일로 정한 날은 공휴일로 하며 국기를 달고 기념행사(記念行事)나 특별(特別)한 축하를 벌인다.

우리 나라의 국경일(國慶日)은 다음과 같다. 신정(新正), 구정(舊正), 삼일절(三一節), 식목일(植木日), 불탄절(佛誕節), 현충일(顯忠日), 제헌절(制憲節), 광복절(光復節), 추석, 국군의 날, 개천절(開天節), 한글날, 성탄절 등이다.

■ 신정(新正 : 1월 1일)

양력 설이라고도 부르며, 1월 1일부터 3일까지가 신정(新正)이다. 새해의 첫 날인 세수(歲首) 즉, 정월 초하루를 말한다.

원래 '섧다'는 단어의 뜻이 변하여 설이라는 말이 되었다. 새해의 첫날에는 특히 1년 동안 무사태평(無事泰平)하게 보내길 바라는 마음에서 행동과 몸가짐을 바르게 가졌다고 한다.

설날에는 조상님께 차례를 지내고 성묘를 하며, 준비하는 음식으로는 떡국, 만둣국, 전유어, 누름적, 식혜, 약식, 강정, 수정과, 생과(生果), 곶감, 나박김치 등이다. 설빔이라 해서 때때옷을 차려입고 집안 어른, 친척 및 평소에 존경하고 있던 분이나 아는 분을 찾

아서 세배를 올린다. 세배하러 온 손님에게는 세배상을 절식으로
차려서 대접한다. 설날에 즐길 수 있는 놀이로는 윷놀이로 가족이
나 세배하러 온 사람과 함께 편을 짜서 즐길 수 있다. 옛날에는 널
뛰기도 하였다.

■ 삼일절(三一節 : 3월 1일)

1919년 3월 1일에 우리 민족의 역사적인 독립을 기념하기 위해
제정한 날이다. 기미운동(己未運動)이라고도 한다. 죽음으로 자유
와 독립을 찾으려고 한 삼일운동의 정신은 우리 민족 정신(精神)
의 근원이다. 이 정신을 우리 모두의 가슴 속에 새겨두고 받들기
위하여 3월 1일을 국경일(國慶日)로 정하여 기념하고 있다.

■ 식목일(植木日 : 4월 5일)

산림녹화(山林綠化)를 위한 국가적인 행사로 나무를 심는 날로
제정한 날이다. 또한 1978년부터 11월 첫 토요일을 육림의 날로
정하여서 4월 5일 식목일에 심은 나무가 잘 자라고 있는지 살피
고 추운 겨울에도 잘 견딜 수 있도록 끝까지 보호하도록 하고 있
다.
나무를 심음으로써 우리의 국토를 사랑하게 되고 나무를 사랑
하는 정신이 싹터서 자연보호(自然保護)를 할 수 있다.

■ 불탄절(佛誕節 : 음력 4월 8일)

1975년부터 국경일로 정하여서 석가의 탄신을 축하하고 있다. 이 날은 어린 부처의 상을 여러 가지 꽃으로 장식해서 관등(觀燈)놀이를 하고 기념행사를 벌인다.

불교는 모든 세계가 무상(無常)하다는 것을 깨닫고 영원한 세계로의 해탈(解脫)과 구제를 목적(目的)으로 하는 자비(慈悲)의 종교(宗敎)이다. 불교의 이러한 사상은 아시아 각국에 퍼져 커다란 영향을 주었으며 세계(世界)3대 종교의 하나가 되었다.

■ 현충일(顯忠日 : 6월 6일)

현충일(顯忠日)은 전선에서 순직한 병사, 장병, 군노무자와 애국단체원 등의 나라에 대한 충성(衷誠)을 영원히 기리기 위한 날이다. 또한 국군묘지에서 육군, 해군, 공군의 삼군(三軍)이 함께 전몰장병을 위해 추도식을 올리고 참배를 한다. 그리고 유가족들을 위로하기도 한다.

■ 제헌절(制憲節 : 7월 17일)

헌법의 공포를 기념하는 국경일이다. 헌법(憲法)은 나라의 근본이 되는 법으로 최고의 법이다. 다른 어떤 법률이나 정부의 명령 등은 이 헌법에 따라야 한다.

■ 광복절(光復節 : 8월 15일)

1945년 8월 15일에 해방된 조국의 광복을 기념하는 국경일이
다. 일제 압박 밑에서 신음하던 36년간의 수난을 물리치고 연합군
의 도움으로 우리 나라는 숙원이던 광복을 맞이하게 된 것이다.
그 후 1948년 8월 15일 대한민국 정부수립이 국내외에 선포되었
고, 초대 대통령으로 이승만이 선출되었다.

■ 추석절(秋夕節 : 음력 8월 15일)

우리 민족의 명절이다. 중추절(仲秋節)이라고 하며 가배(嘉俳)또
는 한가위라고 한다. 일년 동안 땀을 흘려 지은 햇곡식과 햇과일
이 많으며 햇쌀로 송편을 빚는 등 절식을 차려서 차례를 지내고
성묘를 가기도 한다.

■ 국군(國軍)의 날(10월 1일)

국군의 위용을 과시하고 장병의 사기를 높이기 위하여 정한 날
로 국군의 창설(創設)을 기념하는 날이다.
육군, 공군, 해군이 서로 창설(創設) 일이 다르기 때문에 각 군
별(軍別)로 기념행사(記念行事)를 벌여왔다. 그러던 것이 1956년
10월 1일부터 국방부(國防部)가 주관하여 삼군(三軍)이 공동으로
국군의 창설(創設)기념행사를 한다.

■ 개천절(開天節 : 10월 3일)

우리 나라 건국을 기념(紀念)하는 국경일이다. 단군(檀君)이 처음 조선(朝鮮)을 세웠다는 날로 우리 나라의 기원(紀元)은 기원전 2333년을 단기(檀紀)로 한다.

■ 한글날(10월 9일)

세종 대왕이 창제한 훈민 정음의 반포를 기념하고 널리 보급?연구를 장려하기 위하여 정한 날이다.

한글날은 세종 대왕이 우리의 좋은 한글을 만들어 반포한 날로 국경일의 하나이다. 1443년 훈민정음 28자를 제정하여 1446년에 반포하였다.

■ 성탄절(聖誕節 : 12월 25일)

12월 25일을 크리스마스라고 하며 12월 24일부터 12월 25일 또는 26일까지의 성탄을 축하하는 명절이다. 교회에서는 이 날 예배를 보면서 경사스런 축하 잔치를 벌인다. 크리스마스 카드 (christmas card)를 서로 보내고 가족이 함께 크리스마스 트리 (christmas tree)를 장식하며 온 가족이 모여서 즐겁게 저녁식사를 든다.

3. 행사(行事)에 관한 예절

■ 세시풍속(歲時風俗)과 행사(行事)

풍속은 예로부터 사회에 행하여 온 의·식·주나 그 밖의 모든 생활에 관한 습관을 말한다. 세시풍속은 원래 신에게 제의(祭儀)를 바친 것에서 시작한다.

따라서 세시풍속이란 해마다 일정한 시기에 관습적으로 되풀이하여 행하는 행사로 이 날에는 절식을 차려서 예(禮)를 올리고 여러 가지 행사를 하여 즐기고 있다.

세시풍속은 조상의 슬기와 얼이 전해지는 우리 민족의 문화이며 명절이다. 이처럼 우리의 아름다운 생활풍속은 오늘날까지 그대로 이어져 내려와 우리의 생활에 깊숙이 자리 잡고 있다.

이러한 우리 민족의 명절로는 정월 대보름과 단오날, 동짓날, 까치설날 등이 있다. 그리고 우리의 일상생활에서 행해지고 있는 연중행사를 보면 어린이날과 어버이날이 있으며 가족의 생일, 회갑과 고희, 회혼 등과 같은 기념일이 있다.

■ 대보름(음력 정월 15일)

보름날은 약식을 먹으면 액을 멀리할 수 있어서 좋다고 한다. 이에 대한 유래는 소지왕(炤智王) 10년에 내전의 승(僧)과 궁주(宮主)가 몰래 먹는 것을 알려 주었다. 그리하여 까마귀의 은혜에 보답하기 위해 약밥을 만들어 제사했다고 동경잡기(東京雜記)에 적혀있다.

보름날 아침에 일찍 일어나 부럼 즉 호도, 밤, 은행, 잣 등을 깨물어 부스럼이 나지 않도록 빌었으며 재수가 있기를 기원했다. 또한 이른 아침에 술을 한 잔씩 마시면서 귀가 밝기를 빌었으며 이 술을 이명주(耳明酒)라 했다.

보름날에는 다섯 가지 이상의 곡식을 섞은 오곡으로 잡곡밥을 지어 배춧잎이나 김으로 싸서 먹었는데 이를 복쌈이라 했다. 오늘날까지도 이들 음식의 풍습은 거의 전해지고 있다.

행사로는 대보름날 저녁에 동쪽에서 달이 솟아오를 때면 사람들은 먼저 달을 보기 위해서 앞을 다투어 동산에 올랐다. 떠오르는 보름달을 보며 두 손을 합장하고 제 각기 행운과 소원을 빌었다. 농부들은 달의 빛깔을 보고 그 해의 농사가 어떤지 풍흉을 점치기도 했다.

놀이로서는 달불놀이가 있다. 농가의 논이나 밭뚝, 산봉우리에 불을 놓고 연기를 내면서 춤추며 놀았다. 또한 마을끼리 횃불을 가지고 횃쌈을 하였으며 그 외에도 줄쌈, 편쌈을 하여서 마을 주민들끼리 똘똘 뭉쳤고 더욱 즐겁게 놀았다.

■ 단오절(端午節 : 음력 5월 5일)

단오는 음력 5월 5일로 4대 명절의 하나에 속한다. 수리 천중절(天中節)이라고도 부른다. 천중절이라는 이름은 이날 태양이 달하기 때문에 일년 중 가장 또렷하고 정오가 되면 해가 하늘의 한가운데 오기 때문에 붙여졌다고 한다.

단오날에 즐기는 행사로는 창포를 캐어다가 물에 넣고 삶아서 그 물로 머리도 감고 목욕도 하였다. 창포비녀를 꽂으면 두통을 앓지 않는다고 하여 창포 뿌리를 깎아 머리에 꽂기도 하였다. 또한 귀신을 쫓기 위해서 비녀를 수(壽)자 복(福)자를 새겨 넣고, 연지를 붉은 연지를 바르기도 하였다.

단오날에는 젊은 여자들이 한복을 곱게 차려 입고 누가 더 높이 오르는가, 누가 오래 뛰는가 하는 것을 경쟁하기도 하였다.

남자들은 남산이나 북악산 밑에서 우리 고유의 씨름 놀이를 했다 한다. 씨름에서 우승한 사람에게는 황소 한 마리를 상으로 주었다.

■ 동지(冬至 : 12월 22일 ~ 23일경)

일년 중 밤이 가장 길고 낮이 가장 짧은 날이 동지이다.

동짓날에는 팥죽을 쑤어 먹는데 찹쌀가루나 수수가루로 새알 모양과 같이 둥글게 빚어 팥죽속에 넣어서 끓였다. 팥죽이 맛있게 다 되었으면 팥죽을 벽과 대문 등에 뿌려서 잡귀를 내쫓는다 한다.

동짓날은 기온이 따뜻해야 다음 해의 농사가 풍작이라 한다. 오늘날에도 연말 행사로 잊혀지지 않고 팥죽을 쑤어 먹는 풍습이 전하여지고 있다.

■ 까치설날(12월 말일 날 밤)

1년의 마지막 날인 12월 말일을 섣달 그믐이라 한다. 또한 그믐날 밤을 제야(除夜), 제석(除夕), 까치설날이라고 했다. 이 날은 한 해의 끝남을 알렸다. 오늘날에는 삼십삼천(三十三天)에 울려 퍼지는 제야의 종소리를 들을 수 있다. 이날 친척, 어른들을 찾아 뵙고 묵은 세배를 드렸다.

이 날은 온 집안에 등불을 밝혀 놓고 잡귀를 막았는데 이를 수세(守歲)라 한다. 섣달 그믐날 잠을 자면 눈썹이 세어진다고 해서 잠자지 않으려고 윷놀이 같은 것을 했다. 잠자는 아이가 있으면 하얀 밀가루를 발라 주고 눈썹이 하얗게 세었다고 놀려 주었다.

■ 가족의 생일

생일이란 출생한 날을 말한다. 해마다 그 달의 그 날에 가족들이 한 자리에 모여 태어난 날을 기념하고 주과와 음식을 나누며 축하한다.

일생에서 가장 뜻있는 생일은 첫돌과 환갑이다.

우리 나라에서 생일을 중히 여기기 시작한 것은 조선시대부터이다.

아랫사람이 태어난 날은 생일이라고 말하고 어른은 생신(生辰), 선성(先聖)은 탄일(誕日), 왕은 탄신(誕辰)이라고 부른다.

■ 어린이날과 어버이날

어린이 날은 5월 5일로 어린이들을 위해서 제정한 날이다.

어린 새싹들을 보호하고 그들의 건강과 행복을 축복하기 위하여 소파 방정환 선생님의 지도아래 1923년 5월 1일을 기념일로 정했다. 그 후 조국이 해방됨에 따라 1946년에 국가의 정식 법령으로 5월 5일을 어린이 날로 개정하였다.

또한 어린이들의 권리와 복지를 보장하기 위하여 어른들 전체,
즉 국가, 사회, 가정이 책임져야 하는 요건을 조문화하여 1975년 5
월 5일에 대한민국 어린이 헌장을 다음과 같이 공포하였다.

어린이는 나라와 겨레의 앞날을 이어나갈 새 사람이므로 그들
의 몸과 마음을 귀히 여겨 옳고 아름답고 씩씩하게 자라도록 힘써
야 한다.

① 어린이는 인간으로서 존중하여야 하며, 사회의 한 사람으로
서 올바르게 키워야 한다.

② 어린이는 튼튼하게 낳아 가정과 사회에서 참된 애정으로 교
육하여야 한다.

③ 어린이에게는 마음껏 놀고 공부할 수 있는 시설과 환경을
마련해 주어야 한다.

④ 어린이는 공부나 일이 몸과 마음에 짐이 되지 않아야 한다.

⑤ 어린이는 위험한 때에 맨 먼저 구출하여야 한다.

⑥ 어린이는 어떠한 경우에라도 악용의 대상이 되어서는 안 된다.

⑦ 굶주린 어린이는 먹여야 한다. 병든 어린이는 치료해 주어야
하고 신체와 정신에 결함이 있는 어린이는 도와 주어야 한
다. 불량아는 교화하여야 하고 고아와 불량아는 구호하여야
한다.

⑧ 어린이는 자연과 예술을 사랑하고 과학을 탐구하여 도의를
존중하도록 이끌어야 한다.

⑨ 어린이는 좋은 국민으로서 인류의 자유와 평화와 문화 발전
에 공헌할 수 있도록 키워야 한다.

또한 1679년은 유엔에서 세계 아동의 해로 정하여 세계 각국에서 어린이를 위한 많은 행사가 있었다.

어버이날은 어버이를 위해 제정한 날로 기념일은 5월 8일이다. 원래 어머니 날이라고 불렀었는 데 1970년부터 어버이 날로 개정하였다. 이 날은 빨간 색의 카네이션을 마련해서 달아 드리고 더욱 부모님을 기쁘게 해 드린다. 그리고 부모님의 은혜와 자비로움에 감사드리며 그동안 못 다했던 효도를 맘껏 해 드린다.

■ 회갑(回甲)과 고희(古稀)

회갑은 사람이 세상에 태어나서 60년이 되는 해를 말한다. 이것은 간지가 60년만에 한 번 돌아오는 것이기 때문에 60년이 되는 이 날을 성대히 기념하는 것이다. 우리 나라는 태어나면 한 살이 되므로 61세에 회갑을 맞는다.

그 외에도 70살이 되면 고희(古稀)라고 하고 77세는 희수(喜壽)라 한다.

□ 상 차리는 법

음식은 경제적 사정이 허락하는 범위에서 정성스럽게 장만한다. 요즈음에는 외형적인 형식보다는 내적으로 풍부한 음식을 장만해서 친지, 가족과 즐거운 하루를 보내고 있다.

특별히 상차리는 것에 구애받지 말고 정성스럽게 차리면 된다.

□ 헌수(獻壽)하는 법

회갑을 맞은 분에게 큰 상을 차려서 술잔을 올리고 절을 하면서 축하하며 오래살기를 기원했다.

큰 상의 정면에 회갑을 맞이한 주인공을 모시고 배우자가 살아 있으면 함께 모신다. 이 때 아버지는 사모관대를 하고 어머니는 예복을 입으시도록 한다.

잔을 드리는 사람을 중심으로 해서 남자는 왼쪽에, 여자는 오른 쪽에 앉는다. 헌수는 맏아들 내외가 먼저 헌수하고 헌수할 때는 예복을 입어야 한다. 여기서 부모 중 한 분이 생존해 계시지 않을 때는 지방을 모신다.

헌수가 모두 끝나면 잔치가 벌어지고 다함께 즐길 수 있다.

□ 회갑축의(回甲祝儀)

회갑을 축하하기 위해서 돈으로 부조를 할 수 있으며 기념이 될 만한 선물을 성심껏 만들어 축의문구에 곁들여서 당일, 또는 당일 전에 도착하도록 하여야 한다.

축의 문구는 다음과 같이 쓸 수가 있다.

□ 축의문구(祝儀文句)

○축수연(祝壽宴) ○축희연(祝禧筵) ○축의(祝儀) ○축수연(祝晬 筵) ○축수연(祝壽筵) ○수의(壽儀) ○수의(晬儀) ○경의(慶儀) ○ 하의(賀儀)

□ 단자서식(單子書式)

[회갑주(回甲主)에게 보낼 때]

祝　壽　宴

一，食　器　한 벌
二，담뱃대　한 대
　　　　　年　月　日
　　　　　　　　　　○○○ 座前
　　○○○ 伏

[회갑주의 자녀에게 보낼 때]

○○氏
春堂(慈堂)　壽宴時

一，食　器　한 벌
二，담뱃대　한 대
　　　　年　月　日
　　　　　　　○○○ 謹

[축의(祝儀) 봉투]

```
            祝   壽   宴

  ○ ○ ○  氏宅    吉宴所    入
```

■ 결혼기념일

결혼한 날을 기념하는 행사이다. 우리 나라는 회혼예(回婚禮)라 하여 결혼 60년을 성대히 잔치를 베풀어 기념하고 있다. 이 날은 회갑(回甲)에 못지 않게 자손들이 성대히 잔치를 베풀어 드리며 회혼(回婚)을 맞는 두 분은 결혼할 때 입었던 혼례복을 입고 자손들과 함께 즐겁게 하루를 보낸다. 서양에서는 결혼 기념일을 햇수에 따라 이름을 붙여 부르며 기념하고 있다. 그 내용은 다음과 같다.

① 지혼식(紙婚式) 1주년
⑤ 목혼식(木婚式) 5주년
⑦ 석혼식(錫婚式) 10주년
⑨ 동혼식(銅婚式) 15주년, 수정식(水晶式)이라고도 한다.
⑩ 도혼식(陶婚式) 20주년
⑪ 은혼식(銀婚式) 25주년
⑫ 진주혼식(眞珠婚式) 30주년
⑬ 산호혼식(珊瑚婚式) 35주년
⑭ 홍옥혼식(紅玉婚式) 40주년
⑮ 금혼식(金婚式) 50주년
⑯ 금강혼식(金剛婚式) 70주년

제 **8** 장
의식절차에 관한 예절

1. 가정의례

■ 가정의례

사람은 이 세상에 태어난 후 성장하여 성인이 되면 배우자를 만나 혼인을 하고 가정을 이루게 된다. 그리고 자녀가 태어나 어버이가 되면 그 자녀를 양육하며, 부모를 모시고 조상의 제례(祭禮)를 받든다. 이렇게 한 평생의 삶을 영위하다가 세상을 떠나면 장례(葬禮)를 치르게 된다. 이러한 과정은 인간이면 누구나 겪어야 하는 공통된 운명이다.

삶이라는 인생의 여정에는 즐거운 일도 있고 슬픈 일도 있으며, 어렵고 고통스러운 일도 있고 영광스러운 일도 있다. 이러한 희노애락의 과정을 겪으면서 인간은 저마다의 삶을 살아가는 것이다.

그 가운데에서 인간이면 누구나가 다 겪지 않으면 안되는 크고작은 행사가 있다. 그 중에서도 가장 중요한 행사로는, 인간으로 성장하여 성인이 되는 관례식(冠禮式)과 배우자를 맞이하여 저마다 독립된 가정을 만드는 혼례식(婚禮式), 그리고 세상을 떠날 때 맞이하는 상례식(喪禮式)과 이미 죽은 조상을 위하여 그 자손들이 지내는 제례식(祭禮式)이 있다. 이것을 합쳐서 사례(四禮)라고 하며, 주로 가정에서 지낸다하여 가정의례(家庭儀禮)라고 한다.

이상의 사례는 또한 관혼상제례(冠婚喪祭禮)라 하여, 사람이면 누구나 다 치르게 되는 의식으로서 중요하게 여겨져 왔다. 본인이 죽은 후에 행하여지는 것이 제례(祭禮)이다. 관례나 혼례, 또는 상례(喪禮)는 본인의 영육(靈肉)이 함께 하는 가운데 행하여지는 의식이지만, 제례는 죽은 육신마저도 없는 가운데 행하여지는 의식의 절차이다. 하지만 이미 죽은 그 자신이 살아서 조상의 제례를 받들었고, 이로 인하여 그 자손들과의 인연이 소멸되지 않고 이어진다는 점에서 평생 동안의 예(禮)로 받아들여 중요한 행사로 거행한다는 것이다. 사람이 죽으면 육신으로부터 그 영혼이 빠져나간다고 믿었다. 그래서 육체적인 동작은 없다고 할지라도 그 영혼의 힘은 계속해서 자손들에게 영향을 미친다고 생각하여 왔다. 이러한 관념은 죽은 사람과 산 사람과의 관계를 부단히 이어주는 구실이 되어 왔다. 산 사람이 죽은 사람의 영혼과 만나고 그를 대접하는 일종의 의식이 바로 제례인 것이다.

이와 같은 사례(四禮)의 결과가 어떻게 진전되든 간에 그 사례가 가지고 있는 의의는 우리의 삶에 지대한 영향을 미치고 있다. 의례(儀禮)를 통하여, 한 개인이 그 자신이 속해있는 사회에 대한 새로운 소속감을 확인하게 되며, 자신의 지위와 역할을 사회에 널리 알리게 된다. 또한 의례를 경험하는 본인으로서는 새로운 지위나 신분에 대해서 보다 각별한 인식을 가질 수 있게 된다. 새로운 신분과 사회적인 지위가 바뀌는 과정에서 생겨날 수 있는 복합적인 절차를 익힐 수 있는 계기가 될 수도 있다.

가정의례는 세계 어느 나라에서나 한결같이 인간 생활에 가장 큰 비중을 두고 있다. 각 지방의 풍속에 따라 그 예(禮)가 약간씩 다르기는 하나 그 근본정신은 같다고 할 수 있다. 인간의 존엄성을 인정하고 하늘의 섭리에 순응하면서 인정(人情)과 사리(事理)에 맞는 생활을 영위하고자 하는 마음이 의식(儀式)과 예(禮)라는 자율적인 규율로서 나타난 것이다. 그런만큼 의례에 관해서 너무 어렵게 생각하지 말고 자기 자신의 환경이나 종교, 또는 능력에 맞게 의식의 절차를 가려 정중하게 갖추는 것이 바람직하다 하겠다.

□ 가정의례의 근본

의례는 인간이 살아가면서 인정(人情)을 겉으로 나타내는 하나의 형식이라고 할 수 있다. 그러므로 허례(虛禮)와 낭비를 없애고, 모든 사람이 함께 모여 함께 기쁨과 즐거움을 나누고, 또한 슬픔과 어려움을 함께 극복하면서 인생을 축복하고 반성해보는 의의 있는 계기가 되도록 해야 할 것이다.

사람의 마음은 그 깊이나 양을 측정할 수 없는 무형의 것이다. 그러므로 겉으로 표현하지 않는 이상 그 속마음을 알기 어렵다. 여기에 인정의 교류가 어떤 형태로든 나타나야 한다는 필요성이 있다. 옛말에 '예출어정(禮出於情)'이라는 말이 있다. 예의는 바로 인정을 표현하는 것이라는 뜻이다. 이는 바로 사람의 마음에 예(禮)의 본질이 있음을 의미하는 말이다.

따라서 의식의 예를 행할 때에는 항상 정성과 예식의 비중이 같아야 할 것이다. 형식에만 너무 치우치면 속이 빈 의례가 될 것이고, 그렇다고 형식을 너무 무시하면 예의 본질에 어긋나게 된다.

가장 적당한 의례는 바로 주인과 손님의 정성이 일치되는 엄숙한 분위기 속에서 화합과 반성의 계기를 삼도록 하는데 있다고 본다. 관 · 혼 · 상 · 제 · 기타 행사 등의 목적을 조용히 생각해 보며, 삶에 대한 반성의 시간을 가져보는 것이 바람직하다고 할 수 있다.

□ 우리 나라의 가정의례

의례는 사회적인 전통이며 문화의 소산이라고 할 수 있다. 따라서 남의 강요나 체면에 의해서 의례를 갖추기 보다는 자기 스스로 가치관을 살릴 수 있도록 예를 지키는 것이 바람직한 방법이다.

고대의 문헌을 살펴보면, 우리 나라에서는 신라 시대부터 의례가 행하여져 왔음을 알 수 있다. 그러나 의례의 내용이 체계적으로 정리되어 책자로서 나타난 것은 고려 시대에 편찬된「고금상정예문」(고종 21년)이 처음이다. 그 후 조선 시대에 들어와서는「사례편람(四禮便覽)」이 편찬되었는데, 이 책은 중국의「주자가례」를 바탕으로 하여 지어졌으며 이조 시대의 가례의 대본이 되어 왔다.

의례는 그 시대적인 상황과 사회적인 풍속에 맞게 걸러져서 우리의 생활에 맞는 규범이 되어야 한다고 생각한다. 너무 과거의 전통만을 고수한 나머지 케케묵은 의례가 되어서도 안되겠지만 그렇다고 해서 너무 현대적인 감각만을 살린다고 하여 지나치게 형식에만 얽매이는 의례가 되어서도 안될 것이다. 발전하고 변화해 가는 사회의 상황에 알맞게 갖추어 나아가는 것이 가장 바람직한 방법이라 하겠다. 남이 한다고 하여 무조건 따라서 한다든지, 남이 하지 않으니까 자기도 할 필요성을 느끼지 않는다든지 하는, 무조건 따라가는 식의 의례는 결국 자신없는 삶을 살아가고 있는 무능한 자기 자신을 드러내 보이는 일이다. 의례는 상부상조하는 우리 사회의 미덕인 것이다. 그러므로 서로 기쁜 마음으로 돕고 의지하는 데에서 우리의 사회는 보다 건전하게 발전해 갈 수가 있는 것이다.

요즘 우리 사회에는 옛날의 형식적인 유교 사상이 아직 그대로 남아 있는 경우가 있어서 때로는 사회적인 폐습을 낳기도 한다. 그런가 하면 너무 지나칠 정도로 우리의 사회와는 맞지 않는 서구 문화를 그대로 받아들여 정성이 결여된 의식을 행하는 경우도 있는 것 같다. 과거의 관습이라고 해서 무조건 타파하고, 외국의 문화라고 하여 검토해 보지도 않은채 외면하는 식의 생활이 되어서는 안 될 것이다. 과거의 것이든 외국의 문화이든 간에 그것이 우리 국가와 국민의 복지를 향상시키고 생활을 더욱 알차게 해줄 수 있는 것이라면 망설이지 말고 받아들여 수용해야 할 것이다.

■ 관례(冠禮)

□ 관례란 무엇인가?

관례(冠禮)란 어린아이가 다 자라서 어른이 되었다는 것을 알리고 축하하는 의식(儀式)이다.

옛날에는 대부분 길일(吉日)을 택하여 거행하거나 또는 정월 초하루나 결혼 전에 의식을 거행하기도 했다. 남자는 상투를 틀어 올리고 관(冠)을 썼으며, 여자는 머리를 틀어 올려 비녀를 꽂고 쪽을 쪘다.

이러한 관례의 의식을 행할 때에는 삼사일 전에 미리 조상을 모셔놓은 사당(祠堂)에 고하고 일가 친척들과 동네 어른들을 모셔놓은 자리에서 성인이 되었음을 선언하였다. 그러나 성인이 되었다 하더라도 부모가 돌아가셨을 때에는 돌아가신지 1년이 지나야만 관례의 의식을 거행할 수가 있었다.

옛날에는 관례를 치루어야만 성인의 대접을 받을 수가 있었다. 관례를 치르지 않은 사람은 혼례를 올릴 수가 없었다. 그러므로 종복에 이르기까지 관례는 꼭 치루었다.

그러나 오늘날에는 '성인의 날'을 법률로 정하여 누구나 만 20세가 되면 성인의 대접을 받도록 하고 있으며, 복잡하고 까다로운 관례의 의식은 행하지 않고 있다.

□ 관례의 의식

관례를 거행할 때에는 의식을 치르기 3일 전에 선조를 모셔놓은 사당(祠堂)에 간단한 음식(과일, 과자, 포 등)을 차려놓고 성인이 된다는 것을 조상에게 알린다.

의식을 치르는 당일에는 사당에서 일가 친척과 동네 어른들이 지켜보는 가운데 그 집의 가장(家長)이 관례의 축문을 읽는다. 그런 다음 당사자의 머리를 틀어 올려 상투를 하고 그 위에 관(冠)을 씌우고 초가(初加), 재가(再加), 삼가(三加)의 순서로 의식을 거행한다. 이 때에는 마을에서 덕망이 높고 어진 사람을 청해서 의식의 행사를 주관하게 하기도 한다. 이런 경우 행사를 주관하는 사람을 계빈이라 한다.

관례에 필요한 준비물은 다음과 같다.

장막(帳幕: 차일), 병풍, 자리(3개: 손님이 앉을 자리, 관례자가 앉을 자리, 초례용 자리), 대야(2개), 술잔(2개), 수건(2개), 탁자(3개), 치포관(緇布冠: 검은 베로 만든 관), 비녀, 복건(福巾), 심의(深衣), 모자, 신, 대대(大帶 : 심의를 입고 그 위에 두른다), 조삼(早衫: 청색이나 검정으로 된 도포의 등속), 혁대(革帶: 조삼위에 맨다), 혜(鞋: 가죽신), 복두(?頭: 사모와 비슷한 모자의 일종), 난삼(欄衫: 예복), 약(掠: 망건처럼 머리를 싸는 물건), 대(帶), 각사(角柶), 소반, 포혜(포육과 식혜), 술병, 술잔, 술잔의 받침대 등이다.

이상과 같은 준비물이 갖추어지면, 먼저 음식을 차례놓은 다음 관복을 준비해 놓는다. 주인은 동쪽 섬돌 아래에서 서쪽을 향해 서고, 일가 친척과 손님들은 그 뒤에서 서쪽을 보고 나란히 두 줄로 선다. 마을에서 예의범절이 밝은 사람을 청하여 빈으로 삼고, 그 빈으로 하여금 대문 밖에서 서쪽을 향하여 서도록 한다. 관례

자는 머리를 묶어서 상투를 틀고, 예복을 입은 채 방 안에서 남쪽
을 향해 서도록 한다. 관례자가 맏아들인 경우에는 주인 자리에
서고, 관례자가 맏아들이 아닐 경우에는 아버지가 관례자의 오른
쪽에 선다. 의식을 진행하는데 있어서 보조자의 역할을 하는 사람
을 찬(贊)이라고 한다. 찬(贊)은 대문 밖에서 서쪽을 향해 서 있도
록 한다. 손님이 오면 찬은 빈에게 이르며, 빈은 안으로 들어가서
이를 주인에게 알린다. 빈의 연락을 받은 주인은 밖으로 나와 손
님을 맞이한다. 주인이 손님을 맞아 서쪽을 향하여 절을 하면 손
님도 이에 답하여 절을 한다. 손님을 맞은 주인이 읍을 하며 먼저
안으로 들어가면 빈과 찬도 따라서 읍을 하며 안으로 들어간다.
주인은 동쪽 섬돌로 올라가 서쪽을 향해서 서고, 손님은 서쪽 섬
돌로 올라가 동쪽을 향해서 선다. 이때 빈은 대청에서 약간 동쪽
으로 자리를 펴고, 찬은 방안에서 서쪽을 향하여 선다. 그러면 관
례자는 방에서 나와 방문 바로 앞에서 서쪽을 향해 서고, 가장(家
長: 아버지나 큰형)이 밖으로 나가서 다시 손님들을 맞아들인다. 그
런 다음 관례의 본행사가 시작된다.

먼저 초가(初加: 시가라고도 한다)를 거행한다. 관례자를 향해서
빈이 읍을 하고 자리에 앉는다. 그러면 찬자는 빗과 약(掠)을 가져
온다. 관례자의 왼편에 그것들을 놓고 관례자의 오른편에서 서쪽
을 보고 꿇어 앉는다. 찬은 조심스럽게 관례자의 머리를 빗겨준다.
그런 다음 약(掠: 망건)을 씌운다. 주인의 지시에 따라 심부름하는
사람이 관의 띠(冠帶)를 서쪽 섬돌 아래에서 올려주면 빈이 계단
을 내려가 그것을 받아 관례자에게 씌우고 나서 축사를 읽는다.
그런 다음 관례자에게 건을 매어주고, 찬이 대를 매어주도록 지시
한다. 빈의 지시에 따라 찬은 관례자에게 대를 미어준다. 관례자는

처음에 입었던 관복을 벗고 심의(深衣)를 입는다. 그런 다음 대대
(大帶)를 하고, 밖으로 나와 선다. 만약 관례자가 종자(宗子: 맏아
들)일 경우에는 빈이 읍을 하고 관례자를 자리에 앉게 한다. 그런
후에 빈이 세수를 한다.

초가(初加)가 끝나면 재가(再加)를 거행한다. 빈이 얼굴을 씻고
나면 주인은 읍을 하고 제자리에 선다. 심부름을 하는 사람이 모
자를 올리면 주인은 읍을 하고 제자리에 선다. 심부름을 하는 사
람이 모자를 올리면 빈이 이를 받아서 관례자에게 씌운다. 그런
다음 축문을 읽는다. 빈이 축문을 읽기 전에 찬은 관례자의 관과
건을 벗긴다. 그리고 나서 모자의 끈을 매어준다. 빈이 축문을 다
읽고 나면 관례자는 심의와 대대를 벗고 대신 난삼(欄衫)과 혁대
를 두르고 다시 제자리에 가서 선다.

재가(再加)가 끝나면 다시 삼가(三加)를 거행한다. 심부름을 하
는 사람이 복두를 올리면 빈이 이를 받아 관례자에게 씌운다. 이
때 심부름을 하는 사람은 반드시 서쪽 섬돌 밑에서 물건을 올리도
록 한다. 빈은 서쪽 섬돌의 계단을 한단 내려가서 이를 정중하게
받아야 한다. 빈은 관례자에게 복두를 씌운 후에 축문을 읽는다.
그 때 심부름을 하는 사람은 관례자가 입고 있는 옷과 모자를 걷
어 가지고 방으로 들어간다. 빈이 축문을 다 읽고 나면 관례자는
방으로 들어가 조삼을 벗은 다음 난삼(欄衫)으로 갈아 입는다. 그
런 다음 띠를 두르고 밖으로 나가서 다시 제자리에 선다.

三加의 의식이 끝나면 내초(乃醮)의 의식에 들어간다.

빈이 자리를 다시 편다. 당(堂)의 중간에서 약간 서쪽으로 기울
게 펴되 남쪽을 향하도록 한다. 그때 찬은 방안으로 들어가 깨끗
한 잔에 술을 따루어서 밖으로 가지고 나와 빈에게 올린다. 올리

는 방향은 서쪽을 향하게 한다. 빈은 술잔을 받은 다음 축문을 읽는다. 그 다음 관례자는 두 번 절을 하고 자리에서 남쪽을 향해 빈이 주는 술잔을 받는다. 빈은 관례자에게 술잔을 올린 후에 자리로 돌아가 관례자에게 답배(答拜)를 한다. 관례자는 왼손으로 술잔을 잡고 오른손으로는 포혜(脯醢)를 잡아 빈 자리에 놓은 다음 자리에 꿇어 앉아서 술을 조금 마신다. 관례자가 술을 마시고 물러나면 심부름을 하는 사람이 잔과 포혜 등을 거두어 방안으로 가지고 들어간다. 그때 관례자가 남쪽을 보고 두 번 절을 하면 빈은 동쪽을 향하여 답배(答拜)를 한다. 관례자는 빈에게 절을 한 후에 찬에게도 절을 한다. 찬도 역시 동쪽을 향하여 답배를 한다.

내초의 의식이 끝나면 빈은 서쪽 섬돌로 내려가 그 앞에서 동쪽을 향해서 선다. 주인은 서쪽을 향해서 서고, 관례자는 서쪽 섬돌로 내려가 빈의 동쪽 편에서 남쪽을 향해 선다. 그러면 빈은 관례자의 자(字)를 지어준다. 이를 자관자(字冠者)라 한다. 그런 후에 축문을 읽는다. 이것으로서 관례의 의식이 모두 끝난다.

관례가 끝나면 일가 친척과 마음 사람들이 모두 돌아간다. 주인은 관례자를 데리고 다시 사당에 들어가 조상의 신위에 현알토록 한다. 사당에서 물러나온 후에 관례자는 부모에게 절을 한다. 그때 부모는 북쪽에 위치하고 관례자는 남쪽에 위치한다. 그리고 나서 일가 친척에게 모두 다니면서 인사를 드린 다음 손님들을 대접하도록 한다.

□ 성년식(成年式)

성년의 날은 5월 6일이다. 이날을 기하여 만 20세 되는 사람에게 성년(成年)으로 대우해 주도록 하고 있다. 가정과 학교, 또는 사회에서 성년식을 올려주고 있으나 요즈음 의식은 행하여지지 않고 있다.

성년이 되었다는 것은 정신적으로나 육체적으로 성숙하였고 가정이나 사회에서 철부지가 아닌 어른으로서 스스로 생활해 나갈 수 있는 기본적인 자세와 능력이 갖추어졌음을 사회적으로 인정을 하는 것이다. 또한 성년식을 통하여 어른으로서의 대접을 받을 수 있는 권리가 주어진다. 따라서 성인으로서 해야 할 역할과 의무도 아울러 다해야 할 것이다.

옛날에는 효경(孝經)과 논어에 능하고 예의(禮儀)를 알게 된 후에 비로소 성년식(관례식)을 거행해야 한다고 하였으나, 요즈음에는 스스로 판단할 수 있는 능력과 생활 능력, 그리고 윤리적인 질서 의식의 이해와 화합력, 대화의 능력 등을 갖추어야만 비로소 성인(成人)이 될 자격이 있다고 할 수 있다.

2. 혼례(婚禮)

■ 혼례의 의의

혼인이란 서로 다른 성(姓)을 가진 남녀 두 사람이 서로 만나 새로운 인생의 출발을 약속하는 의식을 말한다. 한평생을 함께 늙고 함께 살아갈 영원한 반려의 관계를 맺는 것이다. 옛말에 혼인이란 만복(萬福)의 근원이라 했다. 그것은 바로 혼인의 중요성을 말해주는 하나의 예이다. 결혼이란 저절로 이루어지는 것이 아니라 인위적인 하나의 제도이고 관례이다. 다시 말하면 혼인이란 도

덕과 관습에 관한 이념보다도 더 강한 의의를 갖는 총체이며, 사
회적으로나 법률적으로도 제한을 받는 의식적인 제도이다. 혼인은
또한 인간이 가진 성적인 본능의 발로이기도 한 것이다. 결혼은
거의 모든 사람이 다 경험한다. 이렇듯 모든 사람들이 거역하지
않고 결혼을 하는 이유는, 혼인을 함으로써 개인적인 욕구 충족은
물론 사회적인 의의도 가질 수 있기 때문이다. 우리는 혼례를 통
하여 새로운 세계에로의 출발, 새로운 인생에의 닻을 올리게 된다.
이것이 바로 진정한 의미의 혼례가 아닌가 한다.

■ 혼례의 유래

우리 나라의 혼인의 유래를 살펴 보자면 부여(扶餘)시대로 거슬
러 올라간다. 부여시대에는 일부 일처제였다. 하지만 실제에 있어
서는 일부다처제가 이루어지고 있었다. 남녀가 너무 음란하면 중
벌로 다스렸고, 부인이 질투를 하게 되면 죽이는 관습이 있었다.
또한 그 형이 죽으면 그 아내를 동생이 맡아서 아내로 삼았다. 그
리하여 법률상으로는 일부일처제였지만 사실상으로는 일부 다처
제가 성행하고 있었다.

옥저(沃沮)에서의 결혼 풍습은 민며느리제였다. 결혼하게 되는
여자는 남편이 될 소년의 집으로 가서 살다가 남편 될 소년이 어
느 정도 자라면 다시 집으로 돌아와 정해진 값의 돈을 받고 혼인
을 하는 일종의 매매 결혼이었다.

고구려에서는 남녀가 서로 혼담이 오가서 이루어지게 되면 여
자 집에서는 집 뒤에 조그만 집을 지어놓고 사위가 와서 묵게 하
였다. 이 집 이름을 서옥이라 하였는데, 사위 될 남자는 날이 어두

워진 뒤에 대문 밖에서 꿇어 앉아 절을 하며 자기 이름을 알리고 여자와 함께 자기를 몇 번이고 간청한다. 그러면 여자의 부모가 결국 딸과의 동침(同寢)을 허락하여 사위될 남자로 하여금 서옥에서 딸과 함께 묵게 하였다. 이 때 여자와 동침하여 낳은 자식이 자라여만 비로소 남자는 아내를 데리고 집으로 돌아올 수가 있었다. 이러한 제도는 바로 모계 중심의 사회에서 비롯되고 있었다.

이처럼 여러 가지의 혼인 풍습이 삼국시대로부터 고려를 거쳐 조선으로 옮겨오게 되었다. 그리하여 조선시대에서는 과거의 풍습에다 유교의 사상을 더하여 사례(四禮)의 하나로서의 혼례가 이루어지게 되었다.

■ 전통혼례의 의식 절차

옛날의 전통적인 혼례는 반드시 육례(六禮)라 하여 매우 엄격하게 격식을 차렸다. 납채(納采), 문명(問名), 납길(納吉), 납징(納徵), 청기(請期), 친영(親迎)의 여섯 가지 예를 육례(六禮)라고 한다.

신랑의 집에서 신부의 집으로 보내는 서신이 납채(納采)이며, 문명(問名)은 글자 그대로 신부의 성명을 묻는 것이다. 문명을 하는 것은 신랑 신부의 궁합을 보기 위한 것이다. 이때 궁합이 맞으면 이것을 신부 측에게 알리는데, 이것을 납길(納吉)이라고 한다. 이러한 납채와 문명과 납길은 혼담을 성립시키기 위한 의혼(議婚)을 의미하는 사주이다.

혼담이 이루어지면 신랑 측에서는 혼수함과 혼서(婚書)를 신부 측에게 보내는데 납징(納徵)이라고 하며, 이는 봉채(奉采)를 의미한다. 혼인날을 정하여 신부 측에게 알리는 것을 청기(請期)라고 하는데, 이는 곧 택일을 뜻한다. 혼례날 신랑이 신부 집으로 가서 혼례식을 올리고 신부를 맞아오는 것을 친영(親迎)이라 한다.

□ 의혼(議婚)

의혼이란 신랑집과 신부집에서 서로 사람을 보내어 상대편의 사람 됨됨이와 학식, 인물, 가족관계, 가정형편 정도를 살펴서 궁합을 본 후에 서로 궁합이 맞으면 양쪽 집의 합의에 의하여 결혼을 허락하는 것을 말한다. 의혼을 면약(面約)이라고도 한다.

의혼이 이루어지기까지의 과정을 살펴보면 대개 중매와 궁합을 보는 일, 그리고 청혼 편지에 의한 의사 타진 등으로 대별할 수가 있다.

옛날의 결혼은 중매혼(中媒婚)을 원칙으로 하였다. 따라서 중매인이 있어서 양쪽집의 의견을 조정하여 알리고 그 결과에 따라서 양가의 부모들이 혼인을 결정하였다. 중매인을 매파, 중매꾼, 중매장이 등으로 불렀는데, 중매는 주로 신랑과 신부될 사람의 집안을 잘 아는 사람이 나섰다.

결혼은 일생일대의 중대사인 만큼 양가의 부모나 부모를 대신할만한 사람이 직접 나서서 상대방의 내막을 알기 위해 지나가는 길손으로 가장을 하고 상대방의 마을에 가서 염탐을 하기도 하였다.

궁합이란 혼인하게 될 신랑과 신부의 사주(四柱)를 오행(五行)에 맞추어 앞으로의 길흉을 점치는 것을 말한다. 궁합에는 겉궁합과 속궁합이 있는데, 겉궁합은 십이지(十二支)를 기준으로 하여 나이에 따른 혼인문을 맞추어 보는 것을 말하며, 속궁합은 두 사람의 생년월일시를 사주에 따라 맞추어서 길흉을 점치는 것을 말한다.

　중매가 있은 후 양가의 부모가 서로 다 좋다고 승낙을 하면 비로소 혼인이 이루어지게 된다. 이때 신랑과 신부의 부모들만이 신랑 신부와 선을 보게 되며, 신랑과 신부될 당사자들은 서로 만나볼 수가 없다. 양가의 부모가 사위나 며느리될 사람을 만나본 후에 혼인 승낙의 여부가 결정된다. 결혼을 허락할 때에는 청혼 편지를 상대편 집으로 보낸다.

□ 납채(納采)

　청혼 편지를 주고받는 절차를 거쳐서 혼인이 결정되면 신랑집에서 신부집으로 신랑의 사주(四柱)를 써서 보낸다. 그리고 연길(捐吉: 택일)을 정하여 혼인 날짜가 결정되면 신부집으로 납채를 보낸다.

　사주는 신랑의 생년월일시를 간지에 쓴 다음 여덟 겹이 되게 왼쪽에서 오른쪽으로 접어 흰 봉투에 넣는다. 이 때 봉투는 봉하지 않는다. 이 때 사주를 보내는 것은 일종의 형식에 지나지 않는다.

사주 쓰는 법의 예

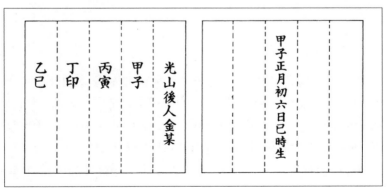

사주 봉투 쓰는 법의 예

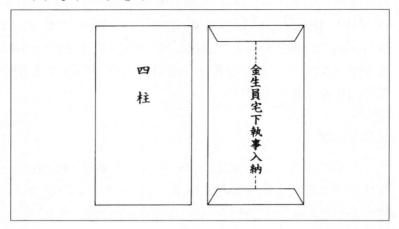

다만 천간(天干)과 지지(地支)에 의하여 궁합을 보고, 혼례식 날짜를 정하는 데 도움을 주기 위함이다

사주를 쓰는 요령은 백지를 사용하여 길이 10센티, 폭 13센티 정도를 다섯 칸으로 접어서 중앙에 육십갑자(六十甲子)에 따른 간지(干支)를 쓰면 된다.

□ 연길(捐吉)

연길(捐吉)이란 혼례 의식을 치르기에 좋은 날을 선택하는 것을 말한다. 신랑집으로부터 사주가 오면 신부집에서는 혼례 날짜를 택하여 신랑집으로 보낸다. 택일한 내용을 백지에 써서 편지와 함께 사주 보자기에 싼 후에 근봉에 끼워 신랑집으로 보낸다.

연길서장(捐吉書狀)을 받은 신랑집에서는 신랑의 옷길이와 품을 알리는 의제장(衣製狀)을 신부집으로 보낸다. 이 때 편지 겉봉에는 '의양동봉(衣樣同封)'이라고 써서 보낸다.

□ 납폐(納幣)

납폐(納幣)는 다른 말로 봉채(奉采), 또는 함(函)이라고도 한다. 이것은 혼인을 허락해준 데 대한 감사의 뜻으로 보내는 예물이다.

옛날에는 납폐를 두 번 보냈다. 하나는 신부용 혼수감이 든 납폐로 혼인 예정일로부터 약 한 달 전에 보냈으며, 또 하나는 혼서지와 채단인데 이것은 결혼식 전날 보내는 것이 관례였다. 납폐를 일찍 보내는 것은 혼수감을 이용하여 옷가지 등을 만들 수 있는 기간을 주기 위해서였다. 그러나 요즈음은 대부분 신부가 폐백을 올릴 때 함에 넣은 옷감으로 만든 옷을 입게 되므로 약 일주일 정도의 시간 여유를 주고 납폐를 보내는 것이 적당하다고 본다.

함을 보낼 때는 신랑집에서 찰떡을 만든다. 대추와 밤을 박은 봉치떡을 정성껏 쪄서 이 위에 함을 올려놓고 지고 간다.

함을 지고 가기 위해서는 여덟 자 길이의 무명으로 만든 끈을 준비한다. 석자 정도는 땅에 끌리게 하고 나머지로는 고리를 만들어 함을 둘러멜 수 있도록 한다. 대개 함은 이미 부부가 된 사람으로 부부 사이에 금슬이 좋고 첫아들을 본 사람이 지고 가도록 한다. 또한 옛날에는 주로 날이 어두워진 다음에 함을 지고 갔기 때문에 횃불을 든 사람이 함을 진 사람의 앞을 인도하면서 갔다.

신랑측에서는 함을 지고 가면 신부집에서는 함을 받기 위해서 대청에 화문석이나 돗자리 등을 깔고 김이 무럭무럭 나는 봉치떡을 해서 시루째로 소반에 얹어놓고 함을 맞는다. 함이 도착되면 봉치떡이 든 시루 위에 함을 얹어 놓고 신부의 아버지와 함을 지

고 온 사람은 서로 맞절을 한다. 서로 맞절이 끝나면 신부의 아버지는 함을 열고 혼서지를 꺼낸다. 근봉(謹封)을 뜯고 혼서지를 사당에 고한다. 이 때 함을 지고 온 사람에게 얼마간의 돈을 봉투에 넣어서 전한다. 일가 친척들이 함께 지켜보는 가운데서 신부의 어머니는 함 속에서 채단을 꺼내어 확인한다. 채단을 다 풀어본 후에는 다시 함에 잘 간수한다.

□ 친영(親迎)

친영은 신랑이 신부집으로 가서 혼례식을 올리고 신부를 맞아오는 의식을 말한다. 그러므로 친영은 육례(六禮)중 가장 중요한 의식 절차라고 할 수 있다. 초례(醮禮)의식을 밟기 위해서 신랑이 신부집을 향해서 출발하는데서부터 친영은 시작된다. 혼례식 날 신랑은 단정히 옷을 차려입고 아버지와 함께 사당에 가서 조상에게 알린다. 이날 아버지는 아들에게 예를 지켜 신부를 맞이해올 것을 훈계조로 명한다. 사당에 알린 후에 아버지는 아들에게 술을 따라 주고 다시 신부를 맞이해올 것을 명한다. 신랑은 성복(盛服)을 하고 청사초롱을 든 많은 사람들을 거느리며 신부집으로 향한다. 이때 한 사람이 나무로 만든 오리나 혼은 산 기러기를 들고 신랑의 앞에 서서 걸었다. 신랑은 신부집에 도착하면 말에서 내려 기다린다. 그러면 신부의 아버지는 문밖으로 나가서 반갑게 신랑을 맞아들인 후 전안식(奠?式)을 올린다.

이 때 신부는 족두리를 쓰고 연지?곤지를 찍고 황색 저고리에 홍색 치마를 입는다. 그 위에 다시 활옷(袖衣)을 입고 옆에서 부축하는 수모의 도움을 받아 밖으로 나와 남쪽을 향해서 앉는다. 신부의 아버지는 동쪽에서 서쪽을 보고 앉고, 신부의 어머니는 서쪽

에서 동쪽을 보고 앉는다. 이때 수모는 신부를 안내하여 어머니의
옆 동쪽에 서게 한다. 그런 다음 시녀에게 명하여 술을 따르게 하
여 그것을 신부로 하여금 맛보게 한다. 신부가 술을 맛본 후에 수
모는 다시 신부를 안내하여 어머니의 왼편으로 나간다. 이때 여러
일가 친척들이 중문까지 따라 나오며 신부를 배웅한다.

신부의 부모는 신부를 보내면서 훈계하여 타이른다.

"이제 너는 시부모를 공경하되 언제나 삼가 그 말씀과 뜻을 어
기지 말라."

아버지가 훈계하면 어머니도 딸을 타이른다.

"밤낮으로 힘쓰고 노력하여 시댁의 예의를 더럽히지 말라. 시부
모의 뜻을 절대로 거역하지 말라."

이렇게 부모는 딸에게 훈계하고 타일러서 중문 밖에까지 배웅
을 해준다.

□ 전안례

혼례식을 올릴 때, 옛날에는 살아있는 기러기를 놓고 의식을 거
행하였지만, 근세에 와서는 대개 나무로 만든 목기러기를 사용하
고 있다. 혼례식에 기러기를 사용하는 까닭은, 기러기는 한 번 상
대에게 몸을 허락하면 후에는 절대로 상대방을 배신하지 않고 죽
을 때까지 깨끗한 정절을 지키기 때문에 신랑 신부로 하여금 이러
한 지조를 본받도록 하기 위함이다.

신랑이 신부집에 도착하면 신부의 아버지는 신랑을 문밖에서
맞이하여 집안으로 들어오는데 그때 신랑은 하인으로부터 기러기
를 받아 기러기의 머리를 쥐고 대청으로 들어간다. 신랑이 대청으
로 올라가면 주인은 서쪽을 보고 앉고 신랑은 북쪽을 보고 꿇어

앉는다. 그리하여 신랑이 이미 준비해 놓은 쟁반에다 올려 놓으면 신부집의 하인이 기러길ㄹ 받아간다. 그러면 신랑은 머리를 숙이고 엎드려 있다가 일어나서 재배(再拜)한다. 이러한 절차를 전안례(奠?禮)라고 하는데 구체적인 의식 절차의 순서는 다음과 같다.

처음에 신부의 아버지가 문밖으로 나가 신랑을 반갑게 맞이한다. 신부 아버지의 안내로 신랑이 읍을 하며 안으로 들어온다. 하인이 기러기(목기러기)를 들고 신랑을 안내한다. 신랑은 하인의 안내를 받아 자기의 자리로 들어선다. 자리에 들어선 신랑은 기러기의 머리를 왼쪽으로 가도록 해서 안는다. 그런 다음 북쪽을 향하여 꿇어 앉는다. 꿇어 앉아서 기러기를 쟁반 위에 올려 놓은 다음 일어난다. 이것으로서 전안례가 끝난다.

□ 교배례(交拜禮)

대청이나 앞마당에서 병풍을 치고 한가운데에 교배상을 놓아 초례청(醮禮廳)을 만든다. 신랑이 초례청에 들어오면 안에서 신부가 나온다. 이때 신랑은 동쪽을 보고 외면하여 서 있고, 신부는 서쪽에서 자리를 마련한다. 신랑 신부가 초례상을 가운데 두고 서로 마주 선다.

신랑이 사발에 술을 따루어 조금 마시고 신부에게 넘겨 주면 신부는 남기지 말고 모두 마신다. 다시 신랑이 술을 따루어서 신부에게 건네어 주면 신부는 이를 받아서 약간 땅에 부은 후 조금 마시고 다시 신랑에게 넘겨 준다. 신랑은 신부가 건네 주는 술을 받아서 남기지 않고 다 마신다. 결국 신랑 신부가 서로 한 번씩 술을 권한 셈이다.

서로가 술을 권한 후에는 신랑이 바로 서서 신부를 마주 대한

다. 신랑 신부가 꿇어 앉는다. 이것으로서 교배례(交拜禮)가 끝난
셈이다.

□ 근배례

하인이 술상을 주면 신부는 사발에 술을 부어서 신랑에게 보
낸다. 신랑은 받아서 땅에 조금 붓고 약간만 마신다. 그리고 그
것을 표주박에 부어서 신부에게 다시 보내면 신부는 교배례 때
와 같이 술을 마시고 다시 신랑에게도 술을 권한다. 이와 같이
하여 교배례가 끝나면 신랑과 신부는 각각 처소로 돌아간다.

신랑이 신부집에 갈 때는 말(馬)을 타거나 또는 교자(轎子)를 타
고 당상관(堂上官)이 입는 관복을 입고 당당하게 간다. 신랑이 관
복차림으로 입는 것을 '성복(盛服)'이라 한다. 혼례날 이렇게 관복
을 입는 것을 일평생에 단 한 번 뿐인 귀한 날이므로 신랑에게는
혼례날 하루 만큼은 당상관과 같은 대우를 해주자는데 그 의의가
있다. 그리하여 옛날에는 혼례날 만큼은 신랑은 제아무리 지체가
높은 사람이라 하더라도 먼저 인사를 하지 않는 관습이 있었다.

□ 견구례(見舅禮)

견구례(見舅禮)라 함은 신부가 혼례를 마치고 신랑집으로 가서
처음으로 신랑의 부모와 그 일가 친척들에게 인사를 하는 의식을
말한다.

이 때 신부는 신랑의 직계 존속에는 네 번 절을 하고 술을 권
하며, 그 이외의 사람들에게는 한 번씩 절을 한다.

□ 폐백(幣帛)

폐백이란 신부가 신랑집에 와서 처음으로 시부모와 신랑의 가족을 정식 대면하여 인사를 드리는 예(의식)를 말한다. 이는 견구례(見舅禮)와 같다.

폐백을 올릴 때 주의하여야 할 것은 음식의 종류를 짝수로 하지 않고 홀수로 한다는 것이다. 대개 3가지나 5가지로 준비를 하였다.

□ 폐백의 준비물

폐백을 올릴 때에는 주로 대추를 준비하는데, 대추는 폐백에서 거의 필수적이라고 할 수 있다. 대추는 신선의 과일로 장수를 의미한다. 대추는 굵고 깨끗한 것으로만 골라서 물에 적당히 불려서 다홍실에 꿰어서 예쁘게 장식한다.

음식으로는 대추 이외에 포나 전 정도면 족하다. 날씨가 더울 때에는 상하기 쉬운 음식을 되도록 피하고, 대신 육포나 강정 등 신선미를 오래 간직할 수 있는 음식을 준비하도록 하는 것이 효과적이다.

음식을 쌀 때 겉보자기는 가로 세로가 각각 1미터쯤 되는 홍색의 천으로 만든 보자기를 쓴다. 속보자기는 폐백을 올릴 때마다 따로 싸는 것이 예이다. 따라서 시부모만 계실 때에는 2개를, 시조부모가 함께 계실 때에는 4개를 준비도록 한다.

폐백을 드릴 때에는 보통 때 입는 한복도 무방하나 다홍색 치마나 노랑색 치마에 자주색으로 된 삼화장 저고리를 입는 것이 좋다. 그 위에 활옷을 입고 비녀를 꽂은 다음에 족두리를 쓴다. 이때는 신랑도 한복으로 갈아입은 뒤 함께 폐백을 드리도록 하는 것이 좋다.

□ 폐백 드리는 법

폐백을 드릴 때에는 신랑집 대청 마루나 앞마당에 병풍을 치고 돗자리를 깐다. 그런 다음 신부집에서 차려온 폐백을 놓고 시부모 님과 일가친척에게 인사를 드린다.

시부모에게 인사를 드릴 때에는 바로 선 자세에서 두 손과 팔을 눈 높이로 들고 고개를 숙여 시선을 아래로 향하게 한다. 그런 자세에서 한 발은 뒤로 빼어 딛고 꿇어 앉은 다음 눈높이에 있는 손을 무릎위에 내려 놓는다. 그러면서 고개와 가슴을 약간 앞으로 숙여 잠시 멈춘 후에 손을 다시 눈높이로 이마에 대는 듯이 올렸다가 무릎위로 내려 놓는다. 한 발씩 세워 일어나며 허리 높이로 손을 내리도록 한다. 이상과 같은 자세로 절을 다했으면 어깨 높이에 있는 양 손을 허리 높이로 내리고 조용한 몸짓으로 꿇어 앉는다.

■ 일반 혼례의 의식 절차

□ 현대의 결혼은 성인의 인준 의식

사람은 누구나 다 혼례라는 문화적인 의식을 통해서 새로운 책임과 의무를 갖게 된다. 다시 말하면 혼례란 성(姓)이 다른 두 이성(異性)이 만나 함께 행복을 추구하는 성스러운 결합인 것이다. 또한 혼례를 통하여 두 남녀가 남편과 아내라는 새로운 신분으로 탈바꿈하는 의식이라고 할 수 있는 것이다.

이러한 의식이 신랑과 신부를 아끼고 사랑하는 양가의 일가 친

척과 모든 지기(知己)가 지켜보는 가운데에서 이루어진다는 것은
여러 사람들로부터 축복을 받는다는 의미도 있지만, 하나의 사회
적인 인정의 절차로서의 의미도 가지고 있다고 할 수 있다. 말하
자면 혼인을 한 지금부터는 독립된 가정으로서 행복한 인간 생활
을 누릴 수 있기를 바란다는 사회적인 인정과 기대감을 의식화하
는 것이라고 할 수 있는 것이다.

이와 같이 신랑과 신부는 행복한 가정인으로서의 출발을 약속
하고, 일가친척과 손님은 두 사람에 대한 인정과 기대의 표시를
형식화한 것이 바로 혼례라고 할 수 있는 것이다.

□ 독립과 자아 만족

혼례의 또 다른 의의는 독립된 가정을 갖는다는 것과 두 사람
의 부부 관계에서 얻는 자아 만족이라고 할 수 있다. 혼인은 두 사
람의 남녀가 얻을 수 있는 가장 가까운 관계임에 틀림이 없다. 이
'가까운 관계'에서 남편과 아내는 가장 편안한 소속감을 얻을 수
있으며, 서로가 상대방에 대해서 가장 귀중한 존재라는 자아의식
을 만족시키는 것이다.

□ 결혼 준비와 시작

요즘은 연애 결혼도 많이 하지만, 연애 결혼이 아닌 경우에는
결혼 적령기에 이르게 되면 으레 혼담이 오가게 된다. 혼담이 오
고갈 때 자기에게 알맞은 배우자를 골라 혼례를 치르는 것이 여러
모로 바람직한 일이라 하겠다.

결혼 적령기에 이른 남녀에게 어느 정도 혼담이 오가게 되면 적
절한 시기에 맞선을 보게 된다.

옛날에는 사실 혼담이라는 것은 대개 남성 위주로만 되어 있었기 때문에 여성의 입장에서는 마치 시장에서 사갈 사람을 기다리는 상품과도 같은 존재였다. 그리하여 맞선 볼 때에도 공손하게 앉아서 남성에게 선택 당하기를 기다리는 자세로 일관해야 하는 것을 당연하게 여겼다. 그러다가 만약 남성에게 거절이라도 당하게 되면 그것이 여성에게 있어서는 영원한 결함으로 따라 다니게 되었던 것이다.

하지만 이제는 옛날과 같은 관념은 사라졌다. 사회의 발달과 의식구조의 변화로 여성의 지위가 많이 향상된 것이다. 요즘은 오히려 여성쪽에서 신랑감을 고르는데 더 적극적인 자세를 취하는 사례가 많아졌다. 상대방이 마음에 들지 않을 때에는 몇 번이고 맞선을 되풀이하여 본다. 그래도 여성들은 당당하게 자기의 행복의 조건인 평생의 반려를 올바로 찾으려고 한다. 이것은 매우 바람직한 발전이라고 생각한다.

한 가지 유의할 것은, 맞선이라는 것은 어디까지나 결혼에의 시작이므로 신중히 생각하여 진지한 마음으로 임하는 것이 중요하다 하겠다.

3. 상례(喪禮)

■ 가장 슬프고도 가장 엄숙한 의식

사람이 그의 생애를 마치고 이 세상을 떠난다는 것은 너무나도 엄청난 슬픔이다. 죽음이라는 것은 그 사람과 함께 한 평생을 살아온 가족과 친척들과 많은 지인(知人)들과 영원히 헤어지는 비극을 의미한다. 사람으로 태어난 이상 누구든지 겪지 않으면 안되는 엄연한 자연의 섭리인 죽음이지만, 이 엄청난 슬픔을 예(禮)로써 나타내면서 마지막 헤어짐의 의식을 거행하는 것이 바로 상례(喪禮)이다.

특히 우리 나라에서는 예부터 효도를 인륜의 근본으로 삼아왔기 때문에 우리의 조상들은 그 어느 것보다도 상례(喪禮)를 중요하게 여겨왔다. 살아계실 때의 효도도 중요하지만 돌아가신 후의 효도도 그에 못지 않게 중요하다고 생각한 것이다. 그리하여 부모님이 돌아가신지 3년 동안은 참으로 애통한 심정을 나타내야 하고 부모님의 유덕(遺德)을 기리는 빈소를 만들어 아침 저녁으로 통곡하며 부모님의 애틋한 정을 그리워해야만 하였다. 또한 부모님의 무덤 앞에 묘막을 지어놓고 돌아가신 이의 영혼을 시중드는 '시묘(侍墓)'를 하는 것이 자식된 도리라고 여겼다. 이러한 사상은 집안 살림을 줄여서라도 장례를 성대하게 치루어야 한다는 허례(虛禮)의 풍조를 가져오기도 하였다.

아무튼 상례는 예로부터 전통적으로 이어져 내려온 우리 민족의 가장 엄숙한 의식이었다. 죽은 사람을 추모하고 애도하는 것은 인간이 가진 본능의 발로라고 할 수 있다. 그러나 이 본능의 발로를 어떤 형식에 치우친 제도로써 지나치게 억제하는 것은 오히려 하늘의 뜻을 거역하는 결과를 가져오는 것이라고 할 수 있다. 강제성이 개입된 의식은 진정한 의미의 예(禮)라고 할 수 없다.

죽은 사람을 애도하고 살아 생전 그의 뜻을 추모하는 것은 매우 바람직한 일이라고 할 수 있다. 그러나 시대가 달라지는 만큼

불필요한 형식적인 제도는 개선되어야 한다고 생각한다. 우리의
생활과 동떨어진 관습을 그대로 받아들여 지키는 것보다는 보다
정성이 깃들인 의식의 거행이 이루어져야 할 것이다. 옛말에 '예
를 다하여 장례를 치루어라'고 하는 말의 참뜻은 바로 정성을 다
하여 장례를 치루어야 한다는 것을 강조한 말이다.

함께 지내던 사람이 어느 날 죽으면 그 가족은 물론이고 모든
일가친척들과 망인의 지인(知人)들은 한결같이 슬퍼하고 애통해
할 것이다. 하지만 '인명(人命)은 재천(在天)'이라는 말이 있듯이
사람의 목숨은 인력(人力)으로는 어찌할 수 없는 것이다. 따라서
사람이라면 누구나 다 맞이해야 하는 이 크나큰 슬픔을 우리는 보
다 질서있고 진실되게 당면한 슬픔을 나타내면서 마지막 헤어지
는 의식을 예(禮)로써 갖추어 절차있게 행하여야 할 것이다. 인간
은 참으로 존엄한 것이다. 그런 까닭에 그 인정 또한 존귀하기 그
지없는 것이다. 돌아가신 이의 참다운 삶과 인간적인 정(情)은 현
재에 살아가고 있는 후손들에게 영원히 기억될 것이며, 새로운 영
혼을 탄생시킬 것이다. 올바른 삶을 살다가 돌아가신 조상의 영혼
은 우리의 곁에 영원히 남아서 우리의 인간적인 삶을 지켜봐줄 것
이다.

우리가 정성을 다하여 거행하는 상례(喪禮)는 우리의 후손에게
역시 인간적인 삶의 규범을 보여주는 하나의 실례(實例)가 될 것
이다. 그러므로 우리는 보다 엄숙하고 보다 정성스럽게 진실된 상
례를 치룰 수 있도록 노력하여야 한다.

사례(四禮)중에 가장 절차가 많고 복잡한 의식이 바로 상례(喪
禮)이다. 효도를 인륜의 으뜸으로 삼고 있는 우리의 전통 사회에
서 상례에 대한 비중을 크게 두고 있는 것은 어쩌면 너무나도 당

연한 일이라 하겠다. 너무 허례에 치우치는 형식적인 의식보다는 정중하게 정성을 다하여 조상의 얼을 받드는 아름다운 풍속은 길이 받아들여 빛내야 할 것이다.

요즈음에는 자기의 환경이나 종교, 또는 가정 형편에 따라 알맞게 상례 절차를 선택하고 있는데, 이는 참으로 바람직한 일이라 하겠다. 예로부터 전해 내려오는 우리 나라의 상례 절차를 알아보면 다음과 같다.

■ 초종(初終)

초종(初終)이란 일상적으로 말하는 초상(初喪)을 의미한다. 사람이 죽은 후에 장사 지내기 전을 말하는 것이다.

환자가 운명할 때가 가까워지면 그동안 입었던 옷을 벗기고 다시 깨끗한 옷으로 갈아입힌다. 만약 환자가 가장(家長)인 경우에는 상좌에 바르게 눕히도록 한다. 그런 다음 가족들은 모두 환자의 머리맡에 모여 앉아 조용하게 지켜본다.

이때 환자가 유언을 하면 곁에서 그것을 받아 적도록 한다. 되도록 편안하게 돌아가실 수 있도록 안정된 분위기를 만들도록 한다.

■ 임종(臨終)

환자가 숨을 거두면 그 가족은 환자의 눈을 잘 감겨 주고 입을 제대로 다물게 해 드린다. 그런 다음 흰 종이와 새 솜으로 얼굴을 덮어 드린다. 이때 솜을 접어서 턱을 고여 머리를 바로 하고 한지(韓紙)나 베 등으로 양 팔과 양 어깨와 양 다리를 매어서 몸이 흐트러지지 않게 바로 잡는다.

그 다음 시상(屍床)위에 시신을 눕히고 기울어지지 않게 맨다. 그후 홑이불로 시신을 덮고 병풍을 친다. 시신을 안치시킨 방은 방문을 꼭 닫아서 방안의 공기를 차게 한다. 방안의 공기가 더우면 시신이 상할 염려가 있기 때문이다.

시신의 안치가 끝나면 뜰아래에 밥 세 그릇과 술 석 잔, 백지 한 권, 명태 세 마리, 동전 몇 닢을 차려놓고 촛불을 켜놓는다. 이것을 사자(使者)밥상이라 한다.

■ 고복(皐復: 招魂)

고복이라 함은 혼백을 다시 불러들인다는 뜻으로 초혼(招魂), 또는 호복(呼復)이라고도 한다. 돌아가신 이가 살았을 때 즐겨 입던 옷가지(저고리나 두루마기)를 가지고 지붕 위에 올라가 북쪽을 바라보며 왼손으로 옷깃을 잡고 흔들면서 '○○○공 복복복' 하고 큰소리로 길게 세 번을 부른다. 그렇게 하면 이미 육신을 떠났던 혼백이 다시 돌아온다는 것이다. 고복(皐復)할 때 사용한 옷가지는 지붕 위에 그냥 두거나 아니면 가지고 내려와서 시신 위에 덮어둔다. 그런 다음 곡(哭)을 한다. 이 옷가지는 시신을 안치시킨 자리에 두었다가 장례가 끝난 후에 유품으로 잘 보관했다가 대상을 치른 다음에 불사르도록 한다.

■ 상제(喪制)와 주상(主喪)

돌아가신 이의 배우자와 그 아들 딸을 상제(喪制)라 한다. 상제

중에 맏아들을 주상(主喪)이라 한다. 만약 맏아들이 이미 세상을 떠나고 없으면 그 맏손자가 아버지 대신 주상이 된다. 만약 부인이 세상을 떠났을 때는 그 남편이 주상이 된다. 주상(主喪)은 한시도 시신 옆을 떠나서는 안 된다.

■ 발상(發喪)

발상(發喪)이란 글자 그대로 상례(喪禮)에 대한 출발을 의미한다. 말하자면 상례의 시작인 것이다.

고복이 끝난 다음 상제(喪制)는 머리를 풀고 맨발이 된다. 이때 남자 상제들은 흰 도포나 두루마기를 입고 부친상(父親喪)일 때에는 왼쪽 소매를, 모친상(母親喪)일 때에는 오른쪽 소매를 빼어 어깨에 비스듬히 매어입고 헛간에서 거적을 깔고 짚 베개를 베고 잔다. 복(상복)을 입은 사람들은 값나가는 패물을 지니지 않으며, 화려한 옷을 입지 않는다. 가장 검소한 몸차림으로, 가장 경건한 마음가짐으로 상례에 임하는 것, 이것이 바로 상례의 시작인 발상에 임하는 자세라고 할 수 있다.

■ 호상(護喪)

상(喪)을 당하면 주인인 상제는 일반적인 일은 할 수가 없다. 따라서 전반적인 상례 절차를 올바로 지휘하고 주관할 수 있는 사람이 필요하다. 상주(喪主)는 가까운 친지 중에서 예의가 밝은 사람을 택하여 상례 절차를 지휘하도록 부탁한다. 상주의 부탁을 받아 상례를 지휘하는 사람을 호상(護喪)이라고 한다. 상주는 아울러 호상을 도와서 일을 볼 수 있는 몇 사람을 정하여 일을 맡긴다. 조문객을 안내하고 상주를 대신하여 대접할 사람과 부고를 써서 보내는 임무를 맡을 사서(司書), 그리고 모든 장례 비용을 맡아 관리하고 지출하는 일을 맡아볼 사화(司貨)를 각각 정하여 맡은 일에 전념하도록 한다.

■ 부고(訃告)

부고(訃告)란 일가 친척이나 지인(知人)들에게 상(喪)을 당하였음을 알리는 일이다. 옛날에는 주로 상주와 상제의 이름으로 부고를 하였지만 요즈음에는 호상의 이름으로 부고를 내기도 한다.

부고를 쓰는 요령은 'OOO(성명) 공부인(公夫人)(만약 벼슬이 있을 경우에는 벼슬이름을 쓴다) O월 O일 O시 이숙환별세(以宿患別世)전인고부(專人告訃)' 라고 쓴 다음 보내는 사람의 이름을 적는다.

부고를 받은 사람은 상가(喪家)로 찾아가서 상제를 위로하고 곡을 하기도 하고 또는 글이나 부의를 보내어 조의를 표하기도 한다. 이때 부의로 보내는 물건은 주로 향이나 양초, 또는 돈이나 팥죽 등이다. 부의로 죽을 끓여서 보내는 것은 상제의 건강을 위해서이다. 상제는 상(喪)을 당한 슬픔을 견디느라 건강이 좋지 못하고 평소의 식욕도 무디어져서 밥을 제대로 먹지 못할 것이다. 이를 위하여 죽을 끓여 보냄으로서 상제가 쉬이 먹을 수 있도록 하기 위함이다. 이러한 관습은 매우 인정이 깊고 마음 씀씀이가 따뜻한 아름다운 풍속이라 아니할 수가 없다.

■ 입관(入棺)

입관(入棺)은 글자 그대로 시신을 관에 넣는 의식의 절차이다. 입관에는 습(襲)과 염(殮)의 절차가 있으며, 염에는 다시 소렴과 대렴이 있다.

□ 습(襲)

시신을 목욕시키는 것을 습(襲)이라 한다. 시신의 옷을 벗긴 후에 홑이불로 덮어놓고 쑥을 삶은 물이나 향나무를 삶은 물을 그릇에 담아 시신의 좌우에 하나씩 갖추어 놓는다. 그리고 나서 깨끗한 솜이나 수건으로 향물이나 쑥물을 찍어서 시신의 머리칼을 감기어 단정하게 빗질을 하고 수건으로 닦아 말린 후에 머리를 댕기로 동여서 남자는 상투를 하고 여자는 쪽을 쪄서 버드나무로 만든 비녀를 꽂는다. 그런 다음 시신의 몸을 씻긴 후 손톱과 발톱을 깎아서 다른 주머니에 넣어 놓았다가 입관할 때 자리를 갖추어 넣도록 한다. 시신을 다 씻긴 후에는 적삼과 속옷을 입히고 버선을 신기도록 한다. 그런 다음 망건을 씌우고 홑이불로 덮어 놓는다.

□ 염(殮)

염(殮)에는 소렴(小殮)과 대렴(大殮)이 있다. 시신에게 수의를 입히는 것을 소렴이라고 하며, 시신을 관(棺)에다 넣는 것을 대렴이라고 한다.

소렴을 할 때에는 먼저 수의가 빠진 것이 없는가를 확인하도록 한다. 수의가 다 갖추어졌으면 깨끗한 요를 깔고 그 위에 속포(束布)를 덮어 깐 다음 베개를 놓는다. 그런 다음 시신을 그 위에 모시고 머리를 괴어 반듯하게 고정시킨다. 수의를 아래에서 위로 올려 입히고 버드나무로 만든 숟가락으로 쌀을 떠서 시신의 입 오른편과 왼편, 그리고 중앙에 각각 조금씩 넣는다. 쌀을 떠넣는 것은 주상(主喪)이 하되, 주상은 손을 깨끗이 씻은 다음에 행한다. 이것을 반함(飯含)이라고 한다.

반함이 끝나면 깨끗한 솜이나 백지로 시신의 양편 어깨를 감싸서 거두어 매고 명목과 두건을 머리에 씌운다. 손은 악수로 묶어서 이불로 싼다. 다시 장포로 위아래를 묶고 속포는 묶을 만큼 잘라서 아래에서 위로 묶어 올라간다. 이때 옷감의 폭 수는 일곱 폭이고 묶은 수는 스물한 매가 된다. 돌아가신 이가 여자일 경우에는 수의를 입히는 과정까지는 여자가 하도록 하고 그 다음 순서부터는 남자가 하도록 하는 것이 상례이다.

소렴이 끝나면 다음에는 대렴으로 들어간다.

시신을 다시 시상(屍床)에다 모신다. 관(棺)을 시신이 안치된 방안 한가운데 갖다 놓고 관속에 석회(石灰)를 골고루 펴도록 한다. 그런 다음 백지를 깔고 칠성판을 얹은 다음 대렴포(大殮布)를 깐다. 대렴포는 약 30척 정도면 된다. 그 위에 상의(上衣)와 산의(散衣)를 놓은 다음 시신을 잘 받들어 그 위에 올려 모신다. 시신을 모실 때에는 발을 먼저 여민 다음 머리를 여미도록 한다. 그리고 왼편을 먼저, 오른편을 그 다음에 여미도록 하는 것이 순서이다. 머리와 팔과 다리를 모두 여민 다음에는 장포를 매고 뒤이어서 횡포(橫布)를 맨다. 다음에 손톱과 발톱, 머리카락 등을 담은 주머니를 제위치에 넣는다. 그런 다음 돌아가신 이가 평소에 입던 옷가지 등으로 관속을 치운다. 공간이 많이 비면 백지로 채우도록 한다. 그리고 천금(天衾)으로 덮은 다음 천개(天蓋)를 덮는다. 천개란 관뚜껑을 말한다. 천개를 덮고 나서 못을 박는다. 입관이 끝나면 관 위에 붉은 명주나 비단, 또는 면포 등에 흰 글씨로 명정(銘旌)을 써서 덮는다. 그런 다음 시상(屍床)을 치우고 장지(壯紙: 두꺼운 종이)로 관을 싸고 내결관(가는 새끼줄 50발로 관을 묶는 것)을 하고, 다시 외결관(굵은 새끼줄로 관을 묶는 것)을 한 다음 정침에 모셔서 홑이불로 덮는다.

여기서 명정(銘旌)이란 돌아가신 이의 신분을 적은 명찰이라고 할 수 있다. 명정은 영좌의 오른편에 세워 두었다가 운구를 할 때에는 영구(靈柩)앞에 세워 그 행차를 표시하고 길잡이를 하도록 하며, 하관할 때 관위에 덮어서 함께 묻는다.

■ 영좌(靈座)

영좌란 글자 그대로 혼령(魂靈)의 자리라는 뜻이다. 관을 정침에 모시고 나서 그 앞에 휘장이나 병풍을 두른다. 그 앞에 제상을 차려놓고 혼백을 모신다. 아울러 돌아가신 이가 평소에 즐겨서 사용하던 물건들을 그곳에 함께 갖다 놓는다. 제상 앞에는 또한 향상(香床)을 놓고 향을 피우도록 한다.

■ 명정(銘旌)

명정을 쓰는 요령은 다음과 같다. 혼령의 자리를 갖춘 다음 길이 일곱 자에 폭이 한 자 반 정도의 명주, 또는 비단이나 면포 등에 '(벼슬이름) (본과) ○○공의 구'라고 쓴다. 그리고 그것을 관의 동편에 세우도록 한다.

■ 성복(成服)

성복(成服)이란 상제와 복인(服人)들이 상복(喪服)을 입는 것을 말한다. 성복(成服)은 입관의 절차가 끝나면 한다. 상복으로 다 갈아입고나면 성복제를 올린다. 혼백이나 사진을 교의에 모셔두고 제상을 차린 다음 상제와 복인들이 차례로 분향 재배한다. 상제가 내외일 때에는 내외가 서로 마주하고 상백례(相帛禮)를 한다.

성복제가 끝나면 조문객들의 조상을 받는다.

상복(喪服)은 참최와 재최가 있는데, 참최는 상복의 가장자리를 꿰매지 않고 만들며, 재최는 상복의 가장자리를 접어 꿰매어 만든다. 아버지가 돌아가셨을 때에는 참최를 입어야 하며, 어머니가 돌아가셨을 때에는 재최를 입는다.

■ 조석전(朝夕奠)

조석전은 소렴이 끝난 다음에 올리는 제사를 말한다. 상제들이 아침 일찍 상복을 입고 영좌에 들어가 혼백이나 사진을 모시고 곡을 한다.

그리고 나서 해가 뜨면 아침 진지를 올린다. 진지는 소채와 과일, 포혜 등을 차리고 분향한 후에 술잔을 올리고 상주와 상제가 재배한 후 모두 곡을 한다. 그 다음 진지 때가 되면 상식을 올리도록 한다. 상식은 그대로 술잔만 치우고 밥과 국, 나물, 고기 등을 차린다. 그 다음 분향한 후 다시 잔을 올리고 진지 그릇 뚜껑을 연 다음 수저를 진지에 꽂고 저를 고른다. 그때 상주와 상제는 모두 곡을 한다. 잠시 후에 국그릇을 물리고 숭늉을 올리도록 한다. 수저로 밥을 세 번 떠서 숭늉에 말고 수저는 숭늉 그릇에 걸쳐 놓는다. 얼마간의 시간이 지나면 상식 상을 물리도록 한다.

해가 지기 전에 다시 저녁 상식상을 올리도록 한다. 방법은 아침 때와 같이 한다. 밤이 깊으면 다시 영좌에 들어가 혼백을 모셔 놓고 상주와 상제들이 모두 모여 곡을 한다.

■ 장례(葬禮)

□ 계빈(啓殯)

장사를 지내기 전날 아침에 빈소를 열고 장례식을 올리게 되었다는 것을 고하는데 이 의식을 계빈(啓殯)이라 한다.

장지(葬地)가 정해지면 영좌에서 계빈 축문을 읽으며 고사식(告辭式)을 올린다. 계빈축문을 다 읽고 나면 상주와 상제들이 재배하고 곡을 한다.

□ 영철야(靈徹夜)

장사를 지내기 전날 밤에는 온 집안에 불을 켜놓고 밤을 밝힌다. 이것을 영철야(靈徹夜)라고 한다. 초상집의 우울하고 침통한 분위기를 덜어주기 위해서 일가 친척과 이웃들이 모여서 함께 밤을 새워주는 풍습이다. 아름다운 인정이 넘치는 관습이라고 할 수 있다.

□ 조전(祖奠)

장사를 지내는 날 새벽에는 영구를 사당으로 받들고 가서 장사를 지낸다는 것을 고한다. 조조축(朝祖祝)을 읽고 다시 영좌로 돌아온 다음 축관이 천구축(遷柩祝)을 읽는다. 그런 다음 조전(祖奠)을 올리고 조전축(祖奠祝)을 읽는다.

이날 아침에는 상주와 상제를 비롯하여 모든 일가 친척과 지인(知人)들이 함께 참석하여 예(禮)를 올린다.

□ 천구(遷柩)

천구란 영구(靈柩)를 상여에 싣는 것을 말한다.

먼저 상여를 마당 한 가운데에 남향으로 놓는다. 그런 다음 축관이 북쪽을 향하여 보면서 축문을 읽는다. 축문의 내용은 '금천구취여감고(今遷柩就輿敢告)'라 한다. 축문을 다 읽고 나면 영좌에 있는 영구를 조심스럽게 들어 상여에 싣는다. 이때 영구의 머리는 남쪽을 향하게 한다. 영구를 상여에 올려놓은 다음 새끼로 단단히 맨다. 상주는 영구를 싣는 것을 보면서 곡을 한다.

□ 영결식(永訣式)

영결식이란 영구를 상여에 올려놓은 다음에 마지막으로 전을 올리는 것을 말한다. 이것을 유전(遺奠)이라고도 한다.

제상에 제물을 차려놓고 술을 올린 다음 축관이 유전축(遺奠祝)을 읽는다. 이 때 상주와 상제들은 곡을 하며 재배한다. 축을 다 읽고 나면 제상을 물린다.

□ 발인(發靷)

발인이란 상여를 메고 장지로 떠나는 것을 말한다.

영결식이 끝나면 곧 발인을 한다. 상주와 복인들은 곡을 하면서 상여의 뒤를 따른다. 상여 앞에는 요령(搖鈴)을 흔드는 요령잡이가 서서 만가(輓歌)를 선창하면 상도군들은 일제히 받는 소리를 하면서 요령잡이의 뒤를 따라간다.

요령잡이의 앞에는 길을 안내하는 방상(方相)이 있고, 그 바로 뒤로는 명정 · 공포 · 만장 · 요여 · 요여배행 · 영구 · 영구시종 · 상인(喪人) · 복인(服人) · 조객의 순서로 장례 행렬을 이루어 장지로 향해서 나아간다.

■ 묘지(墓地)에서의 예(禮)

□ 정상(停喪)

정상이란 영구가 묘지에 도착하면 이를 안치시키는 것을 말한다. 산소에 묘상각(墓上閣)을 만들고 전(奠)을 드린 다음 혼백(魂帛)을 내어 모신다.

혼백을 내어 모신 후 영구의 외결관을 푼다. 그런 다음 괴임목을 놓고 영구를 제청(祭廳)에다 모신다. 관 위를 공포(功布)로 씻고 구의(柩衣)를 덮은 다음 명정을 풀어서 관에 덮는다. 이 때 상주와 복인들은 영구 앞에서 처절하게 곡을 한다. 일가 친척과 조객들도 재배하고 곡을 한다.

□ 개토제(開土祭)

정상식(停喪式)이 끝나면 상주는 사람들을 거느리고 영지(靈地)로 가서 네 구덩이와 가운데를 판다. 그리고 나서 산신(山神)인 토지신(土地神)에게 제사를 지낸다. 이것을 개토제라고 한다.

□ 천광(穿壙)

천광이란 관을 묻을 자리를 파는 것을 말한다. 관이 들어갈 수 있도록 조심스럽게 충분히 판다.

□ 회격(灰隔)

천광이 끝나면 관이 들어갈 자리에 석회와 모래를 반죽하여 잘 바르는데 이를 회격이라 한다. 회가 다 굳으면 다시 그 위에 종이로 바른다.

□ 하관(下棺)

회격이 다 끝나면 하관포(下棺布)로 관을 요동하지 않게 잘 받들어 광중안에 바르게 내려 놓는다. 이때 상주와 복인들은 곡을 그치고 하관하는 것을 지켜본다.

관이 광중안에 제대로 놓이면 하관포를 빼내고 관이 기울어 졌나를 잘 확인하도록 한다. 관이 기울어지거나 비틀어졌으면 다시 바로 잡는다. 그런 다음 솜으로 관 위를 잘 닦는다. 그 위에 구의(柩衣)를 덮고 다시 명정을 덮는다.

하관이 끝나면 상주는 현훈(玄?)을 폐백드린다. 관의 동편 위에 현을 놓고 그 아래에는 훈을 놓는다. 그런 다음 상주와 복인들은 재배하고 곡을 한다. 일가 친척과 조객들도 함께 곡을 한다.

□ 성분(成墳)

성분은 하관이 끝난 후 관위에 흙을 덮는 것을 말한다. 현훈의 폐백을 드리고 난 후에 횡대(橫帶)를 덮고 봉분(封墳)을 한다. 봉분이란 무덤을 만드는 것을 말한다. 봉분이 다 끝나면 사초(莎草)를 한다. 이것으로서 성분이 끝난다.

성분이 끝나면 지석(誌石)을 무덤 가까이에 묻는다. 지석에는 돌아가신 이의 생년월일과 살아서의 행적, 무덤의 좌향(座向)등을 새긴다.

□ 평토제(平土祭)

성분을 끝낸 후에 토지신(土地神)에게 지내는 제사를 평토제라 한다. 성분한 무덤 앞으로 영좌를 옮기고 가신주(假神主)로 모신다. 그리고나서 제상에 진설하고 상주가 향을 피우며 잔을 올려 제사를 지낸다. 이 때 축관이 평토제 축문을 읽는다. 그동안 상제들은 재배를 하며 곡을 한다.

■ 반우(返虞)

평토제가 끝나면 상제 중에 한 사람만 남아서 뒷일을 지켜 보도록 하고 나머지 상제는 신주를 요여(腰輿)에 모시고 집으로 돌아온다. 이것을 반우(返虞)라 한다.

상제들은 집이 바라보이는 곳에서부터 다시 곡을 하기 시작한다.

집에 돌아와서는 영좌의 교의에 신주나 혼백을 다시 모시고 상제와 온 집안 사람들이 모두 나와서 곡을 한다. 이때 조객들도 함께 애도하며 조상한다.

■ 삼우제(三虞祭)

장사를 지낸 당일부터 3일 동안 지내는 제사를 삼우제라 한다. 장사 지낸 당일에 지내는 제사를 초우제(初虞祭)라고 하며, 그 다음날 지내는 제사를 재우제(再虞祭)라고 한다. 그리고 사흘째 되는 날 지내는 제사를 삼우제라 한다. 상주와 상제는 삼우제를 지낸 다음에 참묘(參墓)를 한다.

4. 제례(祭禮)

■ 제례(祭禮)

제례란 한마디로 제사를 지내는 데 필요한 여러 가지의 예(禮)를 말하다.

인간의 머리가 아직 깨치지 않았을 때는 자연을 정복하지 못하여 천지(天地)의 무쌍한 변화에 대하여 공포심과 함께 대단한 경이심을 가지고 있었다. 그리하여 오곡이 무르익고 풍년이 들어 수확이 많아졌을 때에는 자연에 대하여 더없이 감사하는 마음을 가졌으며, 그 반대로 흉년이 들었을 때에는 자연의 섭리에 대하여 두려운 마음으로 속죄를 하곤 하였다. 자연을 이루고 있는 모든 만물에는 저마다의 정령(精靈)이 있다고 믿었기 때문에 모든 자연물에 대해서도 인간은 경이심을 가지고 일종의 종교를 이루었던 것이다. 이러한 인간의 자연에 대한 믿음은 각종 신(神)에 대하여 제사를 지내는 계기가 되었고, 이러한 신사(神事)는 곧 제례(祭禮)의 근원이 되었다.

원래 제사는 그 수효와 종류가 많고 다양했다. 그러나 우리가 제례로서 지키고 있는 것 중 가장 근본이 되고 있는 것은 다름아닌 조상을 추모하는 제례이다.

예부터 조상의 영전에 지내는 제례야말로 인륜의 으뜸으로 간주되어왔다. 그것은 바로 제례는 효에서 비롯되는 인간의 가장 엄숙한 예(禮)의 하나이며, 효(孝)야말로 인간생활의 바탕이 되는 이념이었기 때문이었다.

조상숭배의 의식인 제례가 언제부터 지금의 예와 같은 체제를 갖추었는지는 확실하게 알 수 없다. 아마 씨족사회에서부터 조상의 얼을 받들어 섬김으로써 자손의 번영을 기원했을 것이라는 추측이 있을 뿐이다.

기록상으로 보아 전통적인 제례가 확립된 것은 유교문화에 의한 주자가례(朱子家禮)가 만들어진 후부터라고 생각된다.

■ 제구(祭具)와 제기(祭器)

제구와 제기는 제례를 올릴 때 사용하는 모든 기구나 그릇을 말한다. 제주(祭主)는 평소에 제구와 제기를 잘 보관했다가 제례를 올리기 하루 전날 잘 찾아서 확인하고 챙겨서 제례를 올리는데 부족함이 없도록 각별히 신경을 쓰지 않으면 안되었다.

제구(祭具)와 제기(祭器)에는 대개 다음과 같은 것들이 있다.

* **제상(祭床)**: 제수(제사를 올리는 음식)를 진설할 때 쓰는 상을 말한다.

* **향상(香床)**: 분향기구(향로, 향합, 모사기 등)를 올려놓는 조그마한 상.

* **향로(香爐)**: 향을 피우는 데 사용하는 작은 화로.

* **향합(香盒)**: 사기나 놋쇠, 나무 등으로 만든 그릇으로 향을 담아 놓는데 쓰인다.

* **병풍(屛風)**: 주로 글씨를 쓴 병풍을 사용한다. 먹으로 그려진 그림 병풍도 사용하지만, 원색 그림이 그려진 병풍은 쓰지 않는다. 제상 뒤에 둘러 쳐놓는다.

* **돗자리**: 주로 올이 굵은 돗자리를 사용한다. 두 장을 준비하여 한 장을 제상 밑에 깔고 또 한 장은 제상 앞에 깐다. 제상 앞에 깔아 놓은 돗자리에서 재배하고 분향하는 등 제례를 올린다.

* **촛대**: 촛불을 켜 놓는 대를 말하며, 한 쌍을 준비한다.

* **모사기(茅沙器)**: 모사(茅沙)란 모래와 띠풀이란 뜻이다. 보시기 같이 생긴 굽이 높은 그릇으로 모래와 띠풀을 담는다.

* **신주(神主)**: 돌아가신 이의 위(位)를 모시는 나무로 만든 패를 말한다. 폭은 두 치, 길이는 여덟 치 정도의 크기로 만들며, 주로 밤나무를 사용한다. 이를 위패(位牌)라고도 하며, 경우에 따라서는 종이로 만든 신주를 쓰기도 하는데 이럴 때는 지방(紙榜)이라고 한다.

* **축판(祝板)**: 축문을 올려놓는 판을 말한다.

* **탕기(湯器)**: 국을 담아 진설하는 그릇으로 여러 가지의 크기가 있다.

* **병대(餠臺)**: 위쪽이 사각형으로 생긴 떡을 담아놓는 제기를 말

한다.

* **변(邊)**: 대나무로 굽을 높게 엮어서 만든 제기로 실과와 건육을 담아놓는 데 쓰인다.

* **두(豆)**: 굽이 높고 뚜껑이 있는 제기로 김치나 젓갈을 담는데 쓰인다.

* **준항**: 제례시에 쓰이는 술병을 말한다. 주로 용무늬를 그린 것이 많다.

* **준작**: 사기나 구리로 만든 주기(酒器)이다. 주로 술을 따루는데 쓰인다.

* **주배(酒杯)**: 술잔을 말한다. 잔에 받침대가 붙어 있다.

* **조(俎)**: 나무로 만들어진 제기로서 발이 달려있다. 고기를 담아서 진설할 때 쓴다.

* **적대(炙臺)**: 나무로 만든 그릇으로 편이나 적을 담아놓는데 쓰인다.

* **시접**: 대접 비슷하게 생긴 그릇으로 수저를 올려 놓는데 쓰인다.

　이상과 같은 제구와 제기를 고루 갖추어서 확인한 다음 제례 준비를 한다. 하지만 요즈음에는 제기 대신 일반 사기나 놋그릇 등을 사용하기도 한다. 시대의 변화에 따라서 제례의 관습도 다소 변화해가는 것을 느낄 수 있다.

■ 참례(參禮)

설날 또는 동지, 초하룻날, 보름날 등에 사당에서 제사를 지내는 것을 참례(參禮)라 한다. 이를 참배(參拜)라고도 한다.

사당에 참배를 할 때에는 그 전날 사당을 깨끗이 정리하고 청소를 한다. 제주(祭主)는 될 수 있는대로 육식 따위의 음식을 삼가고 몸을 정결하게 하여 부정이 타지 않게 한다. 보름날의 참례는 신주를 내 모시지 않으며, 술도 올리지 않는다. 그리고 나머지 의식은 다른 참례 때와 같이 한다.

참례 당일이 되면 제주(祭主)는 아침 일찍 일어나서 문을 열고 발을 걷는다. 사당의 자리에 제상을 차려놓고 실과와 포혜 등을 진설한 다음 신주 또는 신위마다 잔반(盞盤)을 올려 놓는다. 그런 다음 모사(茅沙)를 향상(香床) 앞에 마련해 놓고, 향상 위에는 향합과 향로를 놓고 향을 피운다. 그 후에 술병과 잔반을 갖추어 놓는다. 수건과 세수대야 등도 사당 앞 섬돌 동남쪽에 마련해 놓는다.

제주(祭主)와 가족들은 모두 새옷을 갈아입고 사당의 문 안으로 들어가 자리로 나아간다. 제주는 조계 밑에 서되 북쪽을 향하며, 부인은 서쪽에 있는 섬돌 밑에서 역시 북쪽을 향하고 선다. 만약 제주의 어머니가 살아계시면 부인앞에 별도로 자리를 만들어 드린다. 또한 제주의 숙부 등이 계시면 제주의 오른쪽 옆 약간 앞쪽으로 특별히 자리를 만들어 드리도록 한다.

각자의 자리가 정해지고, 정해진 자리에 각자가 서게 되면 주인은 손을 깨끗이 씻은 다음 신주(神主)를 받들어 독 앞에 모신다. 부인도 또한 손을 깨끗이 한 다음 다른 신주를 받들어 제주가 놓은 신주의 동쪽편에 각각 놓도록 한다. 그런 후에 다시 자기 자리

율곡선생 격몽요결 제찬도

한 분을 모실 때

		신위			
수저	메	잔 국		초	
국수	육물	적	어물		떡
	탕	탕	탕		
좌반	포	나물	간장	식혜	김치
밤	대추	곶감	배		은행

제주병　　　향로 향합 모사　　　퇴주그릇

두 분을 모실 때

	신위					
메	잔	국	수저	메	잔	국
국수	떡	육물	적	어물	국수	떡
탕	탕		탕	탕		탕
좌반	포	나물	간장	식혜		김치
밤	대추	곶감	배			은행

제주병　　　향로 향합 모사　　　퇴주그릇

로 가서 선다.

신주를 모신 다음에는 제주가 향상 앞으로 나아가 분향한 후에 재배하고 뒤로 약간 물러가 선다. 다른 사람이 술병에 술을 채워 가지고 건네주면 또 다른 사람이 그것을 받아서 주인의 오른쪽으로 간다. 이 때 다른 또 한 사람은 잔반을 가지고 주인의 왼쪽으로 간다.

제주가 꿇어 엎드리면 다른 사람들도 꿇어 엎드린다. 잔반을 든 사람이 제주에게 잔반을 건넨다. 제주가 잔을 받으면 술병을 든 사람은 술을 따른다. 제주는 술을 받아 모사 위에 부은 후에 다시 옆에 있는 사람에게 술잔을 준다. 이 때 술병과 술잔을 든 사람은 자기 자리로 돌아간다. 제주는 엎드려 있다가 조금 뒤로 물러나서 재배한 후에 자기 자리로 물러나온다. 이 때 다른 모든 사람들도 재배를 한다. 이 과정을 참신(參神)이라 한다.

참신이 끝나면 제주가 올라가서 술을 따루어 차례차례 신주 앞에 올린다. 그런 다음 향상 앞에 서서 재배한 후에 자기 자리로 물러선다. 그 후에 다른 모든 사람들도 함께 재배한다. 이 과정을 사신(辭神)이라 한다.

사신이 끝난 후에 제주와 부인이 함께 올라가 신주를 다시 독(?)안에 넣는다. 이 의식은 처음에 독안에서 신주를 꺼낼 때와 같은 방법으로 한다.

신주를 독안에 넣은 다음에 제주와 부인은 자기 자리로 각각 물러난다. 옆에 있던 사람이 다시 올라가서 제물을 물리고 발을 내린 다음 사당의 문을 닫고 물러나온다. 이것으로써 참례가 완전히 끝난다.

■ 시제(時祭)

□ 시제(時祭)란?

시제는 계절마다 때를 정하여 조상에게 참례하는 것을 말한다. 시제는 주로 중월(仲月)에 올린다. 중월이라 함은 음력 2월과 5월, 8월 11월을 말한다.

시제는 보통 택일(擇日)을 하여 지내는데, 택일을 하는 시기는 사계절중 그 절기의 첫달 하순초에 길일(吉日)을 택한다. 택일을 할 때에는 축관이 축문(택일명사)을 읽고 제주(祭主) 이하 모든 가족들이 재배한다.

택일명사의 예

某 將以來月某日 諏此歲事
適其祖考 尚 饗

택일고사축의 예

孝孫某 將以來某日 祗薦歲
事于 祖考 卜既得吉 敢告

택일이 되면 제주는 향을 피우고 꿇어 엎드려 재배한다. 그때 축관이 제주 옆에서 고사를 읽는다. 제주가 다시 재배하고 물러나면 다른 사람들도 재배를 하고 물러난다.

□ 시제의 의식 절차

시제를 지내기 3일 전에 제주(祭主)는 집안의 모든 남자들을 데리고 밖으로 나아가 깨끗한 물로 목욕을 시킨다. 부인은 집안의 모든 여자들을 데리고 집안에서 몸을 깨끗이 닦는다. 시제를 지내기 전까지는 깨끗한 옷을 입고 고기를 삼가며 술을 마시더라도 취하게 마시지 않으며, 남을 중상모략하지 않고, 어지러운 일에는 간여하지 아니한다.

시제를 지내기 전날에는 제주(祭主)가 집안의 모든 남자들을 데리고 집안을 깨끗이 소제하도록 한다. 그리고 제례(祭禮)를 올릴 수 있는 자리를 배치하며 만반의 준비를 갖춘다. 부인은 집안의 여자들과 함께 진설할 음식들을 정결하게 장만한다. 그리고 의식의 절차는 다른 모든 제사와 같은 방법으로 지낸다.

■ 기제(忌祭)

□ 기제(忌祭)란?

기제란 기일(忌日)에 지내는 제사를 말한다. 기일(忌日)이란 부모님이 돌아가신 날을 뜻한다. 우리가 오늘날 보통 '제사'라고 부르는 것은 곧 이 기제(忌祭)를 가리키는 것이다.

기제를 지낼 때 돌아가신 분을 한 분만 모셔서 지내는 것을 단설(單設)이라 하며, 내외분을 같이 모시는 것을 합설(合設)이라고 한다.

기제는 돌아가신 이를 추모하고 후손으로서 조상의 업록을 기리는데 그 의의가 있다고 할 수 있다. 그러나 '제례'가 돌아가신이를 다시 그 혼백이나마 모셔서 자손의 입장에서 '대접'한다고하는 의의를 지켜 돌아가신 날보다는 살아계셨던 날을 택하여 지내는 것을 상례(常禮)로 하고 있다. 그래서 기제를 지내는 날도 돌아가시기 전날이 되는 것이다.

기제를 지내는 시각은 예전에는 돌아가시기 전날 자시(子時)에지내는 것을 원칙으로 하였다. 자시(子時)란 밤 12시부터 새벽 1시 사이를 말한다. 이 시간을 정한 가장 큰 이유는 바로 혼백이 내리기 쉬운 때가 바로 닭이 울기 전인 자시라고 생각한 때문인 것같다.

□ 신주(神主)

신주(神主)는 조상의 위패(位牌)를 말한다. 우리 나라에서는 대개 밤나무로 만들어서 모셔왔다. 밤나무를 사용하는 이유는 밤나무가 단단하고 오래도록 보존이 가능하기 때문이다.

그러나 근래에는 나무로 만든 위패 대신 종이에다 신위(神位)를써서 모시는 지방(紙榜)을 사용하는 경우가 많이 늘어나고 있다.

위패를 사용할 경우에는 위패를 향상(香床)에 모셔 두면 되지만지방(紙榜)을 사용할 경우에는 병풍을 두르고 병풍 위에다 붙여서신위(神位)를 정한다. 지방은 백지에 가는 붓으로 먹물을 찍어 쓰도록 하며, 합설(合設)일 때에는 남위(男位)는 왼편에, 여위(女位)는 오른편에 각각 쓰도록 한다.

아버지일 경우에는 '현고(顯考)'라 쓰고, 할아버지일 경우에는

조부모의 지방

顯祖考某官府君　神位

顯祖妣某封某氏　神位

顯祖妣孺人某氏　神位

顯祖考學生府君　神位

부모의 지방

顯考某官府君　神位

顯妣某封某氏　神位

顯妣孺人某氏　神位

顯考學生府君　神位

형·형수의 지방

顯兄某官府君　神位

顯兄批某封某氏　神位

顯兄姒孺人某氏　神位

顯兄學生府君　神位

남편·처의 지방

顯辟某官府君　神位

亡室某封某氏　神位

亡室孺人某氏　神位

顯辟學生府君　神位

'현고조(顯考祖)'라 쓴다. 또한 어머니일 때에는 '현비(顯?)'라 쓰고, 할머니일 때에는 '현조비'라 쓴다. 아내일 경우에는 '망실(亡室)', 남편일 경우에는 '현벽(顯?)'이라 쓴다. 벼슬이 있는 사람은 벼슬에 따라 기재하며, 벼슬이 없는 사람은 '학생부군(學生府君)'이라 쓴다. 아내는 남편에 따라 그 벼슬이 정해졌으므로 남편의 벼슬이름과 본성(本姓)을 기재하면 된다.

□ 제수(祭需)와 진설(陳設)

제수(祭需)란 제례(祭禮)에 쓰는 제물(祭物)을 말하며, 진설(陳設)이란 제수를 차려놓는 것을 말한다. 제수는 시제(時祭) 때와 같으며, 제수의 음식은 항상 정결하고 깨끗하게 차려야 한다.

진설의 방법은, 먼저 제사를 지낼 사당이나 대청, 혹은 방의 정면에 병풍을 친다. 그런 다음 돗자리를 깔고 교의(交椅)를 놓고, 교의 앞에 제상(祭床)을 놓는다. 제상 앞에는 향상(香床)을 놓고, 향로와 향합, 모사기 등을 그 위에 올려 놓는다. 향상 오른쪽에는 제주병을 놓고, 그 옆에 퇴주 그릇을 준비해 둔다. 그리고 제상의 진설은 그림(제찬도)와 같이 한다.

□ 제복(祭服)

제사지낼 때 입는 옷은 특별히 정해져 있지는 않다. 그러나 예부터 소복으로 입되, 흰 바지 저고리에 두루마기를 입고 옥색 도포를 입고 머리에는 흰 갓을 썼었다. 여자들은 3년 상까지는 소복을 하였고, 그 후의 기제사에는 옥색 천단복을 입고, 머리는 낭자머리에 족두리를 썼다. 제사를 지낼 때는 패물로 치장을 하지 않았다. 가장 순수하고, 가장 검소한 차림으로 제사에 임했다고 할 수 있다.

초헌 축문의 예

維歲次干支　幾月干支朔　幾
日干支　孝玄孫　某官　某
敢昭告于
顯高祖考某官府君
顯高祖妣某封某氏　氣序流易時
維仲春
追感歲時　不勝永慕　敢以　清
酌庶羞
祗薦歲事　以某親某官府君
某親某封某氏　祔食　尚　饗

■ 제사의 의식 절차

□ 참신(參神)

참신이란 신주(신위)에게 참배하는 절차를 말한다. 제주(祭主)이하 모든 남자들은 재배를 하고, 여자들은 네 번 절한다.

신주를 모셔놓고 제사를 지낼 때에는 참신을 먼저 하지만, 만약 지방(紙榜)을 모셔놓고 제사를 지낼 때에는 강신을 먼저 한다.

□ 강신(降神)

제사를 지낼 때 신위께서 내려오셔서 진설한 음식을 드실 수 있도록 부탁을 하는 의식을 강신이라 한다.

조부모의 기제 축문의 예

유세차간지   기월간지삭   기일
維歲次干支　幾月干支朔　幾日
간지   효손   모   감소고우
干支　孝孫　某　敢昭告于
현조고모관부군   세서천역
顯祖考某官府君　歲序遷易
휘일부임   추원감시   불승영모
諱日復臨　追遠感時　不勝永慕
근이청작서수   공신전헌   상
謹以清酌庶羞　恭伸奠獻　尚
향
饗

제주가 신위 앞으로 나아가서 무릎을 꿇고 분향한다. 분향이 끝
나면 재배를 하고, 오른쪽 옆에 있는 사람에게서 술잔을 받는다.
두 손으로 술잔을 들고 향로에 세 번 돌린 다음 왼손으로 잔대를
잡고 오른손으로 모사기에 세 번 나누어 붓는다. 빈 잔을 옆에 있
는 사람에게 넘겨 주고 다시 재배를 한다.

□ 진찬(珍饌)

강신이 끝나면 제주가 먼저 육적을 올린다. 그 다음 부인이 면
을 올린다. 생선이나 고기적 등은 제주가 올리고, 편 종류는 부인
이 올린다. 그리고 갱은 제주가, 메는 부인이, 탕 종류는 자제들이
각각 올린다.

부모의 기제 축문의 예

남편의 기제 축문의 예

維歲次干支　幾月干支朔　幾
日干支　主婦　某　敢昭告于
顯辟某官府君　歲序遷易　諱
日復臨　追遠感時　不勝感愴
謹以淸酌庶羞　恭伸奠獻　尚饗

□ 초헌(初獻)

초헌이란 제례 때 맨 처음 술잔을 올리는 의식(儀式)을 말한다. 제주가 신위 앞에 무릎을 꿇고 앉아 향을 사루고, 술을 올린다. 이때 술잔을 받들고 술을 올리는 방법은 강신(降神) 때와 같다.

□ 독축(讀祝)

독축이란 축(祝)을 읽는 의식을 말한다. 제주의 초헌이 끝나면 모든 제인(祭人)이 꿇어 앉는다. 그러면 축관(祝官)이 제주 앞에 앉아서 축문을 읽는다. 독축이 끝나면 제주는 일어나서 곡을 하면서 재배한다.

아내의 기제 축문의 예

維歲次干支 幾月干支朔 幾日
干支夫某 敢昭告于
亡室某封某氏 歲序遷易 亡日
復至 追遠感時 不自勝感 玆以
清酌庶羞 伸此奠儀 尙 饗

□ 아헌(亞獻)

제례 때, 두 번째 술잔을 올리는 의식을 아헌이라 한다. 이 때는 부인이 잔을 올리고, 네 번 절한다. 부인이 잔을 올릴 수 없을 때에는 제주의 다음 가는 근친자가 대신 올린다.

□ 종헌(終獻)

종헌은 마지막 술잔을 올리는 의식을 말한다. 제주와 부인, 그 다음 가는 근친자가 술잔을 올리되, 방법은 아헌 때와 같이 한다. 이 때는 술잔에 술을 가득 따루지 말고, 약 7부쯤만 따라 올린다.

□ 첨작(添酌)

첨작은 유식(侑食)이라고도 한다. 종헌 때 가득 채우지 않은 술

이제 때 읽는 축문의 예

잔을 가득 채워 신위께서 흠향해 달라는 뜻으로 베푸는 의식이다.
제주가 술을 따라 다른 사람에게 주면 다른 사람이 잔을 받아 세
번으로 나누어 첨작을 한다. 첨작이 끝나면 제주는 일어나서 두
번 절한다.

□ 개반삽시(開飯揷匙)

제물의 뚜껑을 열고 수저를 꽂아 놓는 의식을 개반삽시라 한
다. 수저를 꽂을 때는 반드시 수저의 바닥이 동쪽으로 향하도록
꽂는다. 신위께서 진설된 제물을 잡수어 달라는 간청이 깃들인 의
식이다.

묘제 때 읽는 축문의 예

維歲次干支 幾月干支朔 幾日
干支 某親某官某 敢昭告于 顯
某親某官府君之墓 氣序流易 雨
露旣濡 瞻掃封瑩 不勝感慕 謹
以淸酌庶羞 祗薦歲事 尙 饗

□ 합문(闔門)

제사에 참석한 모든 사람이 제사를 지낸 사당이나 방에서 나와 문을 닫는 의식이다. 문이 없는 대청에서 제사를 지냈을 경우에는 모두가 뜰 아래로 내려와 잠시 기다렸다가 다시 계문(啓門)한다.

□ 계문(啓門)

합문 후에 다시 문을 여는 것을 계문이라 한다. 계문은 제주가 하되, 기침을 세 번 한 다음 문을 열고 안으로 들어간다.

□ 헌다(獻茶)

제상위에서 국을 내려놓고 숭늉을 올리는 의식을 헌다(獻茶)라 한다. 숭늉에 메를 약간씩 세 번을 떠서 말아 놓고 저를 고른다. 이 때 모든 사람들이 조용히 읍을 하고 있다가 다소의 시간이 흐른 후에 큰 기침을 하며 고개를 든다.

□ 철시복반(徹匙復飯)

숭늉 그릇에 담긴 수저를 거두고 멧그릇을 다시 덮는 의식이다. 신위께서 제물을 다 잡수셨다고 간주하고 행하는 절차이다.

□ 사신(辭神)

사신이라 함은 제사를 마친 후에 신위를 전송하는 의식을 말한다. 제사에 참석한 모든 사람이 함께 재배를 한다. 신주(神主)는 다시 예전처럼 사당에 모시고, 지방과 축문을 불사른다.

□ 철상(撤床)

제사가 끝난 후 제상 위에 진설된 모든 제수를 물리는 의식을 철상이라 한다. 제수는 뒤에서부터 물린다.

□ 음복(飮福)

제사가 끝난 후 가족들이 모여 앉아 제수의 음식을 먹는 것을 음복이라 한다. 조상께서 내려주신 음식과 술을 든다는 뜻이다.

□ 축문(祝文)

사당(조상의 신위)에 고하는 글을 축문이라 한다. 보통 기제사에는 사당에서 신주를 모시고 나올 때 읽는 출주고사(出主告辭)와 초헌이 끝나고 아헌이 시작되기 전에 읽는 축문이 있다.

□ 묘제(墓祭)

묘제란 글자 그대로 묘지에 가서 지내는 제사를 말한다. 묘제의
제례는 시제(時祭) 때와 같은 방법으로 하며, 이날 제주와 제인(祭
人)은 묘소에 재배한 후 묘역을 청소하고 잡초를 잘라준다.

| 판권 |
| 본사 |
| 소유 |

예의범절

2018년 5월 25일 인쇄
2018년 5월 30일 발행

편저자 | 이　청　림
펴낸이 | 최　원　준

펴낸곳 | 태 을 출 판 사
서울특별시 중구 다산로38길 59(동아빌딩내)
등　록 | 1973. 1. 10(제1-10호)

■ **주문 및 연락처**
우편번호 0 4 5 8 4
서울특별시 중구 다산로38길 59 (동아빌딩내)
전화 : (02)2237-5577　팩스 : (02)2233-6166

ISBN　978-89-493-0522-6　　03000